西学东渐研究

第七辑

西方灵魂论进展

中山大学西学东渐文献馆 主编

商务印书馆
The Commercial Press

2018年·北京

图书在版编目(CIP)数据

西学东渐研究. 第7辑,西方灵魂论进展 / 中山大学西学东渐文献馆主编. —北京:商务印书馆,2018
ISBN 978-7-100-16136-7

Ⅰ. ①西… Ⅱ. ①中… Ⅲ. ①西方哲学—影响—现代化建设—中国—文集 Ⅳ. ①B5-53 ②D61-53

中国版本图书馆 CIP 数据核字(2018)第 109257 号

权利保留,侵权必究。

西学东渐研究
第七辑
西方灵魂论进展
中山大学西学东渐文献馆 主编

商 务 印 书 馆 出 版
(北京王府井大街36号 邮政编码100710)
商 务 印 书 馆 发 行
苏州市越洋印刷有限公司印刷
ISBN 978-7-100-16136-7

2018年6月第1版　　开本 640×960　1/16
2018年6月第1次印刷　　印张 19.25
定价:55.00元

西学东渐研究

主　编
中山大学西学东渐文献馆

学术委员会
（按姓氏拼音为序）

蔡　禾	程焕文	程美宝	陈春声	陈少明
杜维明	关子尹	洪汉鼎	黄见德	林　岗
梁庆寅	李明辉	李　萍	刘昭瑞	刘笑敢
梅谦立	倪梁康	沈清松	王　宾	吴义雄
张贤勇	张西平	张志扬	赵仪文	

责任编委：马永康

编者的话

本辑《西学东渐研究》的主要内容是2016年本馆和广州与中外文化交流研究中心(广州市人文社会科学重点研究基地)联合主办的"西方灵魂论进展"国际学术会议上提交的论文。与以往会议围绕某个思想家(如亚里士多德、卢梭)展开不同,此次会议尝试以西方思想的核心概念灵魂为主题。在从古希腊到近现代的西方学术思想传统中,灵魂与"人学"息息相关,涉及现代意义上的本体论、认识论、生理学和心理学等诸多领域,具有丰富而复杂的内容,是一个值得深入探讨的问题。当西方灵魂概念在明清时期传入东亚,特别是中国时,出现了不同思想文化的碰撞。以儒家文化为主的东亚,没有与西方对应的灵魂概念,但这并不意味着完全没有可对比性,如传统儒家道德修养上的身—心与西方传统的灵魂—肉身就存在某种程度的可比性。思想文化背景的不同以及西方灵魂概念本身具有的复杂性,使得西方灵魂概念在传入东亚的过程中出现了多方面的变化,呈现出多元化的特点。透过灵魂概念,可以管窥不同文化的思维方式和理念,为从整体上探究中西方在哲学、思想上的异同提供了较为坚实的基础,同时也为构建一种可供不同文化对话的有效机制提供思想资源。

此次会议的举办及本书的出版,得到了教育部人文社会科学研究规划基金(14YJA72005)、中山大学"三大建设"专项、"西学东渐与广州21世纪海上丝绸之路"项目以及广州市人文社会科学重点研究基地的资助,特此致谢!

中山大学西学东渐文献馆

2017年5月22日

目 录

编者的话 ·· I

西方灵魂论传统：导论
　　············ 马里奥·卡瓦略（Mário S. de Carvalho）撰；齐飞智译（1）
亚里士多德论理性灵魂的可分离性　··················· 田书峰（26）
生命原则与救赎对象
　　——两希融合视域下的灵魂　················· 齐飞智（44）
灵魂体三元论在中世纪陷入沉寂的原因　············· 徐弢（61）
里沃的艾尔累德（Aelred of Rievaulx）的《论灵魂》（De Anima）
　　·· 江璐（78）
利玛窦和艺术作品中的基督灵魂观念
　　······ 塞萨尔·吉伦-努涅斯（Cesar Guillen-Nuñez）撰；祝海林译（98）
从"魂灵"到"灵魂"
　　——罗明坚与利玛窦对"anima"的翻译　········ 刘晓葵（108）
灵魂论在中国的第一个文本及其来源
　　——对毕方济及徐光启《灵言蠡勺》的考察
　　　　　　　　　　　　　　　　　梅谦立撰；黄志鹏译（129）
晚明福建关于灵魂的耶儒对谈　············ 宋刚撰；祝海林译（173）
从灵魂论到伦理学
　　——以《灵言蠡勺》《性学觕述》和《修身西学》为核心
　　·· 黄志鹏（191）
16—18世纪亚里士多德《灵魂论》在亚洲的传布　······ 段世磊（206）

《耶稣会讲义纲要》(1595 年日语版)中的"灵魂不灭"难题
.... 川村信三撰；段世磊译（229）
高一志为 Deus 汉译"上帝"与"天"术语的辩护 .... 段春生（244）
晚明文献中的亚里士多德 .... 梅谦立整理（271）
奥古斯丁的修辞学：灵魂治疗与基督宗教修辞 .... 汪聂才（284）

西方灵魂论传统:导论

柯因布拉大学　马里奥·卡瓦略(Mário S. de Carvalho)撰；
陕西师范大学哲学系　齐飞智译

要处理以16—17世纪为主的西方灵魂论传统,是一个艰巨的任务,因为西方的哲学史家尚未就这一时期的传统达成普遍共识。事实上,迄今为止的绝大多数研究几乎仅限于所谓的经验主义者和理性主义者。① 也就是说,当诸如笛卡尔(1650年卒)或洛克(1704年卒)的哲学举世闻名的时候,没有人介绍葡萄牙耶稣会士佩德罗·达·丰塞卡(Pedro da Fonseca,1599年卒),而他或许是16世纪在亚里士多德的《形而上学》研究方面的极少数顶尖学者之一。

我当前的任务也极为困难,因为要面对非常聪明的东方读者。既然我对如此古老而多样的中国文化的宝藏一无所知,就应该聪明地保持沉默。然而我近年来致力于耶稣会哲学的研究,就不得不用好奇心来弥补我的无知,因为"耶稣会士所面临的最大挑战就是中国"②。你

---

① 总体上的历史考察见:D. Graber & M. Ayers (ed.), *The Cambridge History of Seventeenth-Century Philosophy*, 2 vols., Cambridge: Cambridge University Press, 1998; Ch. B. Schmitt & Q. Skinner (ed.), *The Cambridge History of Renaissance Philosophy*, Cambridge: Cambridge University Press, 1988.

② D. E. Mungello, "European Philosophical Responses to Non-European Culture: China", in Graber & M. Ayers (ed.), *The Cambridge History of Seventeenth-Century Philosophy*, p. 88. 也参见: P. J. J. M. Bakker, "Natural Philosophy, Metaphysics, or Something in Between? Agostino Nifo, Pietro Pomponazzi, and Marcantonio Genua on the Nature and Place of the Science of the Soul", in P. J. J. M. Bakker & J. M. M. H. Thijssen (ed.),　（转下页注）

或许能理解,即便对于这次讲座,我自认如同我的同胞瓦斯科·巴普蒂斯塔(Vasco Baptista)那样犯了骄傲的错误,却不得不接受这样一种苛求的邀请。瓦斯科·巴普蒂斯塔1550年出生在葡萄牙的一个默默无名的村庄(Moimenta da Beira),正是他在地球上所有区域中独独对中国的这种可以理解的惊奇,使得他在《寰球志》(*Annotationes in Sphaeram*,1585)中鲁莽地谈论你们的祖国。①

谈论今天的主题不得不涉及亚里士多德(公元前322年卒)。东方文化对自身过去历史性的文明交流具有浓厚兴趣,也就不难理解"亚里士多德在中国"(Aristotle in China)的重要性。这恰好是罗伯特·沃迪(Robert Wardy)的那部知名著作的标题。沃迪的著作借助亚里士多德《范畴篇》的一个中译本来探索语言和思想之间的关系。这样的一本书与我所来自的城市和葡萄牙柯因布拉大学(University of Coimbra)之间有密切的联系。甚而,正如梅谦立教授最近所表明的,中国学者徐光启出版于1624年的《灵言蠡勺》来源于1598年柯因布拉的《论灵魂》注疏,后者为曼努尔·德·古阿(Manuel de Góis)的一个更为广泛的一系列哲学著作的部分,全称为《耶稣会柯因布拉学院评论》(*Commentarii*

(接上页注) *Mind, Cognition and Representation. The Tradition of Commentaries on Aristotle's 'De Anima'*,Hampshire:Ashgate,2007,pp. 151 - 177;M. W. F. Stone, "Aristotelianism and Scholasticism in Early Modern Philosophy", in S. Nadler (ed.), *Blackwell Companions to Philosophy: A Companion to Early Modern Philosophy*,Malden Oxford:Blackwell Publishers Ltd,2002,pp. 7 - 24;S. Salatowsky, *De Anima. Die Rezeption der aristotelischen Psychologie im 16. und 17. Jahrhundert*,Amsterdam Philadelphia:B. R. Gruener,2006;I. Kern, "Die Vermittlung chinesischen Philosophie in Europa", in F. Uberweg, *Grundriss der Geschichte der Philosophie: Die Philosophie des 17. Jahrhunderts*,Bd. 1,hrsg. J.-P. Schobinger,Basel:Schwabe & Co.,1998,pp. 241 - 273.

① 参见:Biblioteca Pública de Évora (henceforth:BPE) Ms. CXXVI/2 - 4.

Collegii Conimbricensis Societatis Iesu，1592—1606）。① 这种传播的确表明了，"在没有《圣经》的帮助下，仅靠哲学推理是如何在中国建立起一整套关于基督教灵魂的知识"②。因此，我为今天有机会加深柯因布拉自 17 世纪以来在中国人与"费罗所非亚"（*philosophia*）相遇上面发挥的作用，而深感愉悦和荣幸。

我首先主要从伊比利亚的视角，考查亚里士多德的《论灵魂》进入欧洲的历史进程，然后我想简短地涉及两个哲学问题，即智性的单一性和灵魂不朽。这两个问题都与"人论"有关。当然，"人论"一词在 18 世纪已然过时了。③ 最后，我希望能得出两个结论：第一，与一些欧洲学者的结论相反④，我认为灵魂论的探讨并未沉寂；第二，诸如灵魂不朽的观念，对中国文化产生了十分重要的影响，同时也促进了西方哲学的发展。谈到西方哲学，这双重目标或许可以体现

---

① 参见：*Comentários do Colégio Conimbricense da Companhia de Jesus Sobre os três livros do 'Tratado da Alma' de Aristóteles Estagirita*. Tradução do original latino de Mª da C. Camps, Lisboa：Edições Silabo, 2010 [original edition：*Commentarii Collegii Conimbricensis Societatis Iesu, In tres libros de Anima Aristotelis Stagiritae*, Conimbricae：A. Mariz, 1598；henceforth：*De Anima*]. 关于此文本的介绍，请参见：M. S. de Carvalho, *Psicologia e Ética no Curso Jesuíta Conimbricense*, Lisboa：Edições Colibri, 2010 [Italian translation：*Psicologia e Etica nel 'Cursus Conimbricensis'*. Presentazione di F. Mattei. Traduzione di A. Gatto, Roma：Anicia, 2015.]

② Th. Meynard, "The first Treatise on the Soul in China and Its Sources. An examination of the Spanish edition of the 'Lingyan lishao' by Duceux", *Revista Filosófica de Coimbra* 47 (2015), p. 242；Th. Meynard, "Aristotelian Ethics in the Land of Confucius. A Study of Vagnone's 'Western Learning on Personal Cultivation'" *Antiquorum Philosophia* 7 (2013), pp. 145-169.

③ Anthropology，通常译为"人类学"。18 世纪以来的人类学偏重于对异质文化的探索和发现，与传统的 Anthropology 根本不是同一门学科，后者是指对人的本质的思考，诸如灵魂、身体、灵肉关系之类。为区别于现代意义上的人类学，此处译为"人论"——译者注。

④ K. Park & E. Kessler, "The concept of psychology", in Ch. B. Schmitt & Q. Skinner (ed.), *The Cambridge History of Renaissance Philosophy*, p. 463："...psychological discussion declined in manuals and textbooks such as the Coimbra commentaries."

为如下的笛卡尔式的技术性术语:不能否认关于人类灵魂的真实特性和本体论本质的经典追问可能对"广延之物"(res extensa)作为实体而独立存在起到了一定的作用①,而且关于灵魂分离的神学问题(即对其不朽性的探讨)也可能推动了"思维之物"(res cogitans)的近代解放。

一、西方灵魂论传统:一个简短的历史考查

(一) 奥古斯丁

西方的灵魂(psyche/anima)概念具有历史复杂性。除了亚里士多德主义、柏拉图主义、新斯多葛主义、解释学、医学以及帕拉塞尔苏斯学派(Paracelsian)思想之外,这一概念还承载了希腊、阿拉伯、拉丁和人文主义传统。不幸的是,这样一个错综复杂的问题的全史尚有待书写。即便如此,或许已然可以肯定——我认为,考虑到亚里士多德进入东方,这一点十分重要——最终,亚里士多德变得不那么亚里士多德了。

根据最早的基督教神学家之一的奥古斯丁(430年卒)的一些著作可知,亚里士多德的《论灵魂》将遭遇重要的拉丁和基督教传统的融入。我主要指奥古斯丁的《论三位一体》,其中有一些与基督教早期流行的思想学派的对话。例如,斯多葛主义向基督教提出了灵魂的本性和目的的问题,柏拉图主义与新柏拉图主义提出了灵魂与身

---

① K. Park, "The organic soul", in Ch. B. Schmitt & Q. Skinner (ed.), *The Cambridge History of Renaissance Philosophy*, p. 483: "Perhaps the most telling indicator (…) was the evolving state of the classic question 'whether the sensitive and rational souls are really distinct'. Can we assume, in other words, that each human being has two entirely separated souls—an organic one shared with the higher animals and an intellective one unique to man?"

体的关系问题。奥古斯丁认为灵魂的本性是精神性的,非身体性的,最与创造主天主接近。强调灵魂的最后这条性质(与天主相近)得益于柏拉图主义对"灵魂"(psyche)与"智性"(nous)的区分,亚里士多德在可分离的灵魂部分引入了这种二元论(《论灵魂》Ⅱ 2,413b),从而为将来研究"纯粹灵魂"(413a6)奠定了基础。你可能会问,为何当我们处理亚里士多德的时候,总是要倚靠奥古斯丁呢?因为奥古斯丁的观点直到13世纪还占据主导地位,并且他与亚里士多德一样,在16、17世纪成为无可争议的权威。

(二) 阿拉伯阿威罗伊主义与经院哲学的对峙

得益于伊斯兰教的贡献,亚里士多德的《论灵魂》在12—13世纪被翻译成拉丁文。从那时起,拉丁教会基督徒如果要改变奥古斯丁的主导模式,就不得不参考这部书,即:1.将人的独特性理解为来自质料与形式的统一体;2.解释人何以自然地具有知识(通过感官与智性);3.人如何同时在身体上和智性上运动(根据意志的干涉)。这三个要素应该构成人的本质的范围,不幸的是,根据亚里士多德的《论灵魂》,这位希腊哲学家在这个问题上并不清楚了然。不同的拉丁文译本为我们所知道的不同的解读背书。来自已提及的各个学派和传统的一些解释方向也要回应全部或某些特别的智性上的、文献学上的、哲学上的以及宗教上的挑战。

文艺复兴的学者并不成功地试图依靠重要的中世纪哲学家来解决这些挑战。这些哲学家被认为在这些困难问题的某些方面上具有启发性。在这些哲学家中,不得不提及大阿尔伯特(Albert the Great,1280年卒)、托马斯·阿奎那(Thomas Aquinas,1274年卒)、根特的亨利(Henry of Ghent,1293年卒)、罗马的吉尔斯(Giles of Rome,1316年卒)、邓·司各脱(Duns Scotus,1308年卒)以及奥康的威廉(William of Ockham,1347年卒)。阿奎那是一个鲜明的中世纪哲学家的例子,他以极大的亚里士多德主义热情解读《论灵魂》,在需要的时候,依靠希腊逍遥派传统和教父传统对抗阿拉伯传统。①

请让我指出当时的欧洲学者所经历的不断增长的困难。穆斯林阿威罗伊（Averroes, d. 1198）在《亚里士多德〈论灵魂〉详注》（*Long Commentary on Aristotle 'On the Soul'*）中指出每一个人都有各自的"感性灵魂"（sensitive soul），然而在数量上，全部人类仅有一个智性，即"智性灵魂"（intellective soul），这就是所谓的"一元心灵论"（monopsychism）。阿奎那作为基督徒，当然不能接受这样一种很快被称为"阿威罗伊主义"（Averroism）的解释。然而，阿威罗伊的解释其实与希腊人的理解相去并不远。希腊人中至少包括四位主要的亚里士多德《论灵魂》的注释者：亚历山大（Alexander, 209年卒）和忒米斯提乌斯（Themistius, 390年卒），两位作者对于文艺复兴的学者而言，将要在我们下文中论及的两个重要问题上产生争论；还有辛普里丘（Simplicius, 560年卒）和斐洛波努斯（Philoponus, 570年卒），这两位帮助了那些想要使亚里士多德分别与新柏拉图主义和基督教教义相融的人。② 历史上确实是这样做的：引用所有注释亚里士多德《论灵魂》的作者形成某种"超文本"（hypertext）——笛卡尔自己深有体会，他将柯因布拉注疏集否定性地评价为"太过冗长"。③

（三）现代早期哲学（第二次经院哲学）

在这错综复杂的注疏集中，哲学和神学在他们自己的论证与解

---

① P. Porro, *Tommaso d'Aquino. Un profile storico-filosofico*, Roma: Carocci Ed., 2012, pp. 374 - 379.

② 参见：K. Park & E. Kessler, "The concept of Psychology", in Ch. B. Schmitt & Q. Skinner (ed.), *The Cambridge History of Renaissance Philosophy*, pp. 459 - 460.

③ R. Descartes, "Descartes à Mersenne, 3 décembre, 1640", in *Oeuvres de Descartes*, Paris 1899 (= AT III, 251)："…et pour les Conimbres ils sont trop longs; mais je souhaiterais bien de bon coeur, qu'ils eussent écrit aussi brièvement que l'autre [sc. M. De Raconis], et j'aimerais bien mieux avoir affaire à la grande Société, qu'à un particulier…"

释域中能走多远呢?"第二次经院哲学",即"现代早期哲学"尝试处理这个问题。这两个名称无非是历史上的一种标签,遮盖了一种"托马斯路线"(via Thomae),以诸如卡耶坦(Cajetanus,1534 年卒)和费拉拉的弗朗西斯·西尔维斯特(Francisco Sylvester of Ferrara,1528 年卒)的贡献①为代表;一种"司各脱路线"(via Scoti),以诸如司各脱主义者弗朗西斯科·吕彻图斯(Franciscus Lychetus,1512)的编撰作品,以及马可·包迪诺(Marcus a Baudino)的《天堂哲学》(Paradisus philosophicus,1664)和约翰·本多(Joannes Pontius)的《哲学全书》(Philosophiae cursus integer,1643)为代表。后者是在 Wadding 编辑邓·司各脱的全集(1639)②之后撰写的。司各脱主义者之外,方济各会士之间的分歧甚至更大,他们也发展出波纳文图拉主义(Bonaventurian)和奥康主义(Ockhamist)的倾向。

甚至,在第二次经院哲学期间,得益于耶稣会传教士们,亚里士多德不仅仅传播到了西方人称为"远东"的地区,同时也抵达了新印

---

① 参见:*Doctoris Angelici divi Thomae Aquinatis Summae Theologiae* (...) *cum subtilissimis Thomae de Vio Caietani cardinalis*, Venetiis: G. F. Florentini, 1522; *Summa contra gentiles, quatuor libris comprehensa, commentariis eruditissimi viri, Fratris Francisci de Sylvestris, Ferrariensis, doctoris Theologi, ordinis item Praedicatorii*, Parisiis: J. Savetier for V. Gaultherot, 1552. 关于这各说法的全面介绍,请参见: C. Giacon, *La seconda scolastica I*: *I grandi commentatori di san Tommaso*, Milano: Bocca, 1944.

② 参见:*Franciscus Lichetus de Brixia In Iohannem Duns Scotum super primo Sententiarum Commentaria*, Neapoli: S. Mayr, 1512. 更全面的介绍,参见:C. A. Andersen, *Metaphysik im Barockscotismus. Untersuchungen zum Metaphysikwerk des Bartholomaeus Mastrius Mit Dokumentation der Metaphysik in der scotistischen Tradition ca. 1620 – 1750*, Amsterdam Philadelphia: John Benjamin Publishing Company, 2016; Id. *ibid*, pp. 13 - 15, 22 等。司各脱主义阵营的重要人物,需要加上 Bartholomeus Mastrius(1673 年卒)及 Bonaventura Bellutus(1676 年卒)著名的 *Cursus Philosophicus*(1678)。关于葡萄牙著作,参见:Francisco de Macedo, *Collationes Doctrinae S. Thomae et Scoti cum differentiis inter utrumque* (...) *commentariis interpretum Caietani et Lycheti excussis...*, Patavis: P. M. Frambotii, 1671.

度——这是南美大陆在当时的名称。在宗教分裂的欧洲,亚里士多德不仅仅作为中世纪的遗产从巴黎、牛津或博洛尼亚(Bologna)而来。亚里士多德著作的近代译本很快就传播到帕多瓦(Padua)、威尼斯、佛罗伦萨、罗马、萨拉曼卡(Salamanca)、柯因布拉、里斯本,在这些城市的一些耶稣会学院里,历史即将被改变。两百年的时间(1400—1600)足以完全改变当时已知译本的全貌。事实上,绝大多数的工作都在一个世纪里就完成了,即从蓬波纳齐(Pomponazzi)到伽利略,而不需要将波埃修和蓬波纳齐分隔十个世纪之久。① 约翰·阿基洛普罗斯(Johannes Argyropulos,1487 年卒)在 15 世纪卷帙浩繁的翻译工作仅有 13 世纪穆尔贝克的威廉(William of Moerbeke)可与比肩;勒菲弗·戴塔普勒(Lefévre d'Étaples,1536 年卒)、弗郎索瓦·瓦达布勒(François Vatable,1547 年卒)及若阿基姆·佩里翁(Joachim Périon,1559 年卒)的大量新译或修订的译本超越了中世纪的译本;尼古拉·德·格鲁希(Nicolas de Grouchy)编撰了《工具篇》(*Organon*,1567)——他是第一位在柯因布拉教书的译者,在这个学院被移交耶稣会管理之前(1555),在柯因布拉文学院章程委任院长决定选择亚里士多德译本之后(1552)。② 丰塞卡在耶稣会编撰事业(1561/1562),起初为柯因布拉学院(Coimbra Academy)选文,自己编撰并研究《形而上学》(*Metaphysics*);西班牙人弗朗西斯科·苏亚雷斯(Francisco Suárez,1617 年卒)在他的葡萄牙教授生涯的一开始就从国外带来了一些新的译著,填补了柯因布拉图书馆的空白。③

---

① 参见:Ch. B. Schmitt, *Aristóteles y el Renacimiento*, transl., León: Secretariado de Publicaciones, 2004, p. 80.

② C. Casalini, *Aristotele a Coimbra. Il 'Cursus Conimbricensis' e l'educazione nel 'Collegium Artium'*. Prezentazioni di J. W. O'Malley, Roma: Anicia, 2012, pp. 59 ff.

③ 参见 M. Brandão, *A livraria do P. Francisco Suárez*, Coimbra: Universidade de Coimbra, 1927.

（四）耶稣会学院与新教大学

耶稣会学院与新教大学（诸如维滕堡大学或海德堡大学）一样，对于亚里士多德的《论灵魂》并不陌生。在前者，因为耶稣会教育的"大宪章"，即所谓《学业安排》（*Ratio Studiorum*），赋予耶稣会跟随亚里士多德研究哲学的任务（以及跟随阿奎那研究神学）；无论是天主教还是新教的研究者，如果不深植于亚里士多德的《论灵魂》，都不能在人论上有所建树。在新教世界中，有菲利普·梅兰希通（Philip Melanchton，1560年卒）、维特·安姆巴赫（Veit Amerbach，1557年卒，曾改宗天主教）、奥托·卡斯曼（Otto Casmann，1607年卒）；耶稣会成员有佩德罗·达·丰塞卡（Pedro da Fonseca，柯因布拉，1559）、贝尼特·佩雷拉（Benet Perera，罗马，1566/1567）、佩德罗·路易（Pedro Luís，埃武拉，1568）、弗朗西斯科·苏亚雷斯（Francisco Suárez，巴拉多利德，1571/1575）、弗朗西斯科·托莱多（Francisco de Toledo，罗马，1574）以及曼努尔·德·古阿（Manuel de Góis，柯因布拉，1598）——他们是基督教徒在处理《论灵魂》上新的宗教对立趋势的第一批学者。① 当然是在某种意义上的"对立"。一方面，诸如梅兰希通的《论灵魂》"事实上能够加入到他的天主教同事之间的讨论，见证了基督教对待灵魂论的一贯态度，超越了宗教改革所造成的宗教分裂"②。另一方面，因为天主教内部的分歧，也因为不同的宗教团体（耶稣会在这里被作为一个研究案例），对于建立"宗族法理"（*phylum doctrinae*）并不陌生。

---

① 除了这两个宗教运动之外，《论灵魂》也受到Pacius和Zabarella的注意，此处仅列举两个重要的名字。参见 Julius Pacius, *Aristotelous Peri Psyches Biblia Tria. Aristotelis De Anima libri tres, graece et latine, Iul. Pace a Beriga interprete...*, Francoforti: Wechelsiana, 1621, 以及 Jacobus Zabarella, *In III Libros de anima Commentarii*, Venetiis: F. Bolzettan, 1605.

② E. Kessler, "The intellective soul", Ch. B. Schmitt & Q. Skinner (ed.), *The Cambridge History of Renaissance Philosophy*, p. 518.

在进入17世纪之前,不得不提及耶稣会在为了讲授"灵魂知识"(scientia de anima)的课程计划中的讨论与贡献。出于明显的原因,让我们从罗马开始表明所谓耶稣会的托马斯主义是如何转变为某种特别的"比较温和的托马斯主义"①。首先关注我们今天所谓的"二手文献":托莱多(1596年卒)规定,要用克里索斯托穆斯·贾威略(Chrysostomus Javellus,威尼斯,1498)的文献来阅读《论灵魂》;而佩雷拉(1610年卒)则要求采用阿威罗伊及其后继者的文献,诸如让丹的约翰(John of Jandun,1328年卒)、沃尔特·博雷(Walter Burley,1344年卒)、威尼斯的保罗(Paul of Venice,1429年卒)、马尔坎托尼奥·兹马拉(Marcantonio Zimara,1532年卒)以及奥古斯丁·尼佛(Augustine Nypho,1538年卒)。关于教授的主题,热罗尼莫·托雷斯(Hieronimus Torres,1611年卒)规定了灵魂作为身体的真实形式的定义的个体化学习、依据身体的个别性的灵魂的可分性,并且学习"共通感"(common sense)、理性灵魂的不朽、灵魂的繁衍和主动理智的必要性。托莱多以及迭戈·德·莱德斯马(Diego de Ledesma,1575年卒)采取了不同的进路:陈述对于课程而言不合适的内容。他们所列的需要避免的错误清单使我们有可能获知就所谓的耶稣会"灵魂知识"而言,当时敏感的话题是什么。在本文列出所有那些"危险的"话题是不可能的,只提及一部分应该被教授的内容就足够了(我们得要提炼莱德斯马的指导方针)②:理性灵魂属于个体的本

---

① E. Kessler, "The intellective soul", in Ch. B. Schmitt & Q. Skinner (ed.), *The Cambridge History of Renaissance Philosophy*, p. 511. 也参见 R. Ariew, "Jesuit Philosophy in Seventeenth-Century France", in L. M. Carolino & C. Z. Camenietzki (ed.), *Jesuítas, Ensino e Ciência. Séculos XVI - XVIII*, Casal de Cambra: Caleidoscópio, 2005. pp. 9 - 25.

② E. Kessler, "The intellective soul", in Ch. B. Schmitt & Q. Skinner (ed.), *The Cambridge History of Renaissance Philosophy*, p. 508: "As Toledo shows very clearly-putting at the beginning of his commentary ten propositions to be held by faith against any argument — the point was not to explain Aristotle but to rationalise Christian doctrine." See also M. S. de Carvalho, "Introdução Geral", in *Comentários do Colégio Conimbricense da Companhia de* (转下页注)

性,是人的身体的真实形式,是非质料性的,不朽的,被天主所造的;主动理智和被动理智都是理性灵魂的潜能;作为身体的真实形式并不排除理性灵魂本身也能够与身体相分离;灵魂的分离状态本身是一门特殊科学的对象。

(五) 耶稣会的《柯因布拉灵魂论评注》

对于中国读者而言,重要的是要记住柯因布拉同样对欧洲的灵魂讨论有所贡献。主要是因为《柯因布拉灵魂论评注》(Coimbra Commentary On the Soul)在世界范围内的传播,这本书成了在"灵魂知识"上最为知名的耶稣会手册,虽然很快就出现了其他与柯因布拉并行的文集,提及两部主要的托马斯主义的著作就足够了:萨拉曼卡的赤足加尔默罗修会编撰的《萨拉曼卡神学课程》(Cursus theologicus Salmanticensis, 1624—1712) 以及《道德神学课程》(Cursus theologiae moralis, 1665—1709)。①

粗略来讲,罗马和柯因布拉耶稣会在"灵魂知识"上的课程计划出入不大。具体是在 1564 年的罗马,上文提及的莱德斯马坚持:不要与阿奎那的教导相去太远;大体上跟随经院神学;避开所有拉丁和希腊作者之间的明显对立;不过分褒扬阿威罗伊,相反,颂扬阿奎那及其他天主教神学家,诸如大阿尔伯特;以谨慎代替鲁莽;诸如此类。为了寻求智性上的同一性,耶稣会正在建立自己的哲学与神学路径。既然亚里士多德的传统具有极大的复杂性和争议性,就不能在没有任何指导方针的情况下表述亚里士多德。第五次拉特兰会议(Fifth Lateran Council)的法案中,教宗训谕《宗徒训导》

(接上页注) *Jesus Sobre os três livros do 'Tratado da Alma' de Aristóteles Estagirita*. Tradução do original latino de Mª da C. Camps, Lisboa: Edições Silabo, 2010, pp. 45 – 56; D. Des Chene, *Life's Form. Late Aristotelian Conceptions of the Soul*, Ithaca London: Cornell University Press, 2000, pp. 45 – 52.

① 在 Antonio de la Madre de Dios (1583 – 1637) 之后,Juan de la Anunciación (1633 – 1701)及 Domingo de Santa Teresa (1604 – 1660)作为第一课程的作者,António de San José (1716 – 1794)继续完成了第二课程。

(Apostolici Regiminis，1513)具有格外的重要性。根据这个文件，诸如个体的不朽这样的信仰内容能够被哲学地证明，即信仰和真正哲学的相容性。在 16 世纪下半叶，对这样一种相容性的追求依然存在争议，因此基于哲学和神学的"宗族法理"(phylum doctrinae)建立一种自我同一性就成为关键，好让罗耀拉(Loyola)的主要目标得以实现。

当古阿见到他的《灵魂论评注》(Commentary on the Soul)最终出版时(或许在 80 年代末已经完成了)，他并不知道自己的书成了"灵魂知识"上耶稣会葡萄牙传统的标志，而这似乎是最早传播到中国的传统。我们坚持是"葡萄牙的"传统，是因为如果将西班牙的苏亚雷斯为他的《论灵魂》(1571/1575)所写的"前言"(Prooemium)与古阿的前言相对照的话，除了后者更为简短之外，至少会发现在进路上有三个不同之处。西班牙的苏亚雷斯的口吻仿佛一位神学家，而古阿的观点更接近哲学。相比于认识论，古阿的主要旨趣似乎更偏向人论(当然，他没有时间撰写自己的《辩证法评注》)。最后，与西班牙的苏亚雷斯受认识论和神学对话影响的更为现代的进路形成鲜明对照的是，古阿的文本对于文艺复兴的环境更为开放。①

(六) 16—17 世纪的伊比利亚半岛

在亚里士多德主义之中，分歧并非耶稣会初始阶段的特征，且能够得到辩护。因为我的孤陋寡闻，没有办法在欧洲范围内澄清耶稣会和其他修会之间所有的哲学分歧，因此我将范围主要局限在伊比利亚半岛之内，希望在欧洲的其他部分，大致情况不会有太大的

---

① 参见：M. S. de Carvalho, "Beyond Psychology — The Philosophical Horizon of the 'Coimbra Commentary on Aristotle's De Anima' (1598)", in D. Heider (ed.), Cognitive Psychology in Early Jesuit Scholasticism, Neunkirchen-Seelscheid: Editiones Scholasticae, 2016, pp. 67 - 95; S. Castelllote, "Posibilidad de la Antropologia como ciência, según Francisco Suárez", in http://www.salvadorcastellote.com/psicologia_suarez.pdf (accessed: June 2016), pp. 19 - 25.

不同。

首先需要认识到的是萨拉曼卡大学早先(1539/1540)发生的"神学转向"的重要性。当时弗朗西斯科·维多利亚(Francisco de Vitória,1546 年卒)用彼得·隆巴(Peter Lombard)的《箴言四书》(Sententiae)取代了阿奎那的《神学大全》。这样一种针对"存在"(esse)的神学上的"哥白尼革命"(Copernican turn)具有全局的重要性。① 为寻求"善"(bonum)与"存在"的某种统一性,维多利亚旗帜鲜明地写道:"若无存在,一切皆空。"② 在很长的时期,这样一种宣言代表了对阿维森纳(Avicenna)传统的重大打击,后者总是突出强调"本质"(essence),好像存在仅仅是偶性。对自然本性的差异的经验已然抵达了泊满了来自新世界船只的西班牙和葡萄牙的港口。而差异,虽然有时感觉残忍,但却是深陷基督教会纷争的分裂的欧洲的一个事实。

我们业已表明,耶稣会的统一已然在柯因布拉取得了。出于政治原因,菲利普国王想要使柯因布拉而非萨拉曼卡成为他的伊比利亚大学。正如路易·德·莫利那(Luis de Molina,1600 年卒)的例子所表明的,葡萄牙的耶稣会士并不总是与他们的西班牙弟兄友好相处。这就解释了为何只有葡萄牙的神父承担起教授柯因布拉课程的责任。这门哲学课程与其对物理学、自然和存在的真实关切创造了一个标准,甚至是前文所说的"标志"。③ 轻易地说柯因布拉课程体现了多少耶稣会特色还为时过早,但是可以肯定的是,这一课程真正达到了耶稣会哲学的高峰。多明我会的约翰·佩绍图(João Peixoto,也称普安索或圣托马斯的约翰,1644 年卒)的事例能够证

---

① J. L. Fuertes Herreros, *El discurso de los saberes en la Europa del Renacimiento y del Barroco*, Salamanca: Ediciones Universidad de Salamanca, 2012, p. 104.

② S. Orrego Sanchez, *La actualidad del Ser en la 'Primera Escuela' de Salamanca. Con lecciones inéditas de Vitoria, Soto y Cano*, Pamplona: EUNSA, 2004, p. 446, ♯ 195.

③ 参见:Casalini, *Aristotele a Coimbra. Il 'Cursus Conimbricensis' e l'educazione nel 'Collegium Artium'*, p. 11.

明我所试图说明的。普安索在柯因布拉大学从事他的研究之后,有机会接受良好而全面的耶稣会教育,这时他选择了一项用托马斯主义的视角来阐释亚里士多德的任务。从天主教的观点来看,似乎耶稣会士太过于曲解亚里士多德了。普安索认为:"对抗自然哲学家、希腊与阿拉伯的注释者以及对抗邓·司各脱与(西班牙的)苏亚雷斯的权威不应该是亚里士多德,而应该是托马斯。"①这就是为何从哲学的观点来看,也应该陈述天主教内部各个修会为自身的同一性而奋斗的真实原因。并且普安索的《托马斯哲学教程》(Cursus philosophicus thomisticus,1637)可以被解读为一个多明我会的表达,与耶稣会传统以及上文提到的波纳文图拉主义和司各脱主义对手相对立。

即便这与"亚里士多德在中国"的主题没有关系,在葡萄牙,即将取代古代注疏的手册也是如此。或许可以提及一些葡萄牙耶稣会的教材:巴尔塔萨·阿玛拉尔(Baltasar do Amaral)的《哲学要义》(Doctrina Philosophica,1618)、本托·佩拉雷(Bento Pereira)的《普世哲学大全》(Universae Philosophiae,1640)、巴尔塔萨·特莱斯(Baltasar Teles)的《普世哲学大全》(Summa Universae Philosophiae,1641—1642)、弗朗西斯科·苏亚雷斯·卢西塔诺(Francisco Soares Lusitano)的《哲学教程》(Cursus Philosophicus,1651)、安东尼·科尔代鲁(António Cordeiro)的《柯因布拉哲学教程》(Cursus Philosophicus Conimbricensis,1680)、奥古斯丁·劳伦斯(Agostinho Lourenço)的《三分哲学教程:论三重存在》(De triplice ente Cursus philosophicus tripartitus,1688)以及西尔维斯特·阿拉尼亚(Silvestre Aranha)的《论其智性与三重功》(Disputationes de Intellectu eiusque triplice operatione,1738)。我们无法穷究这种文本改变,然而专注于耶稣会士,如果将古阿的评

---

① E. Kessler, "The intellective soul", in Ch. B. Schmitt & Q. Skinner (ed.), *The Cambridge History of Renaissance Philosophy*, p. 508. 参见: *Johannes a Sancto Thoma Cursus Philosophicus Thomisticus*, ed. B. Reiser, 3 vols., Turim: Marietti, 1930, 1933, 1937.

注(1598)与葡萄牙的苏亚雷斯的手册(仅在1714年出版)相比较,就能清楚地知道其间所发生的事情。古阿先是紧随亚里士多德的文本介绍"灵魂知识"的范围,而后主要处理灵魂的部分与定义(10题),全面研究了感官知识(35题,分布于卷二和卷三),然后在一个简短的关于运动的说明(5题)之前,讨论了灵魂的智性维度(14题)。这就是古阿所希望的方式:应该处理人的存在和有灵魂的生命。葡萄牙的苏亚雷斯所撰写的八篇论题则有不同的视域,他不再长篇累牍地引述亚里士多德的文本,而是更多地关注后文将要涉及的认知理论(论题Ⅲ、Ⅳ)。认知问题似乎主宰了灵魂论,或者更恰当地说,改变了"灵魂知识"。然而要注意到,他与他的同乡古阿一样,依然要处理自由的问题,因此跟随了后者关于理智和意志的差别,以及理智相对于意志的微弱优越性的注释。①

撇开耶稣会成立的目的在于反击新教这一事实,针对耶稣会的另一个体系来自天主教内部的方济各会,多数来自司各脱主义,而波纳文图拉主义的阵营较少。这里只提及其中一小部分:马塞勒斯·雷金西斯(Marcellus Regiensis)的《赛拉幅大全》(Summa seraphica,1669)和高登提乌斯·博登普斯(Gaudentius Bontempus)的《天堂神学》(Palladium theologicum,1676)代表了波纳文图拉主义的立场;而克劳狄斯·弗拉森(Claudius Frassen)的《司各脱学园》(Scotus academicus,1672/1674)和弗朗西斯科·何诺(Franciscus Henno)的《教义与经院神学》(Theologica dogmatica et scholastica,1706/1713)代表了司各脱主义的立场。即使在耶稣会士被驱逐出葡萄牙(1759)之前,司各脱主义就已经发展到了成熟时期,然而其

---

① 需要注意的是,"自由"被认为是界定所谓"天主教启蒙运动"的主题,该主题也联结了从萨拉曼卡(Francisco de Vitória, Bartolomé de las Casas)到柯因布拉(the Spanish Suárez, and Molina)的著作家们。详参: J. Pereira, "The Achievement of Suárez and the Suarezianization of Thomism", in A. Cardoso et al. (ed.), *Francisco Suárez (1548–1617). Tradição e Modernidade*, Lisboa: Edições Silabo, 1999, p. 152.

对欧洲现代哲学的贡献尚未得到全面的研究。① 17 世纪初是司各脱主义在哲学上的极盛时期,特设的司各脱主义教席活跃于重要的学术中心,诸如巴黎、罗马、柯因布拉、萨拉曼卡、阿尔卡拉(Alcala)、帕多瓦以及帕维亚(Pavia)。最近有人提出所谓的巴洛克哲学文本中存在四个时间分期(1600、1640、1650、1750)。② 的确,在 18 世纪的葡萄牙,很可能"根据玛利亚博士、最精致的教授约翰纳·邓·司各脱的思想"③来解读《亚里士多德普遍哲学教程》(*Universae Aristotelis Philosophiae Cursus*)。这种"根据司各脱学园思想"④解读亚里士多德的书目的显著增长成为事实,并且这些哲学著作也都反映了现代哲学的折衷主义(Eclecticism)倾向,无怪乎一次又一次地出现"司各脱折衷主义哲学"这样的表达,葡萄牙的方济各会修道院认为这样的表达更加适合现代的时代气息(*iuxta palatum moderni eruditioris saeculi accomodata*)⑤。

二、智性统一性与灵魂的不朽, 16—17 世纪的两次哲学讨论

(一) 对阿威罗伊普遍的理智灵魂之拒斥

是时候介绍前文提及的这两个哲学主题来做总结了。对于第

---

① Cf. J. Schmutz, "L'héritage des subtils: cartographie du Scotisme de l'âge classique", *Les Études philosophiques* 1 (2002), pp. 51 – 81.

② Cf. C. A. Andersen, *Metaphysik im Barockscotismus*, pp. 19 – 29.

③ M. D. da Costa, *Inéditos de Filosofia em Portugal*, Braga: Ed. do A., 1978, pp. 162 – 163.

④ Cf. M. D, da Costa, *Inéditos de Filosofia em Portugal*, pp. 97 – 98, pp. 105 – 106; 或者 "iuxta subtilissimi Doctoris Ioannis Duns Scoti mentem sive doctrinam" (Id., *Ibidem*, p. 288).

⑤ M. D. da Costa, *Inéditos de Filosofia em Portugal*, pp. 177 – 178.

一个主题来说,即对阿威罗伊主义的拒斥,我想要表明,抛开其对思维的单一性的全面强调,耶稣会士的确在阿威罗伊的错误中找到了回应更为现代的环境与需求的机会。这就是我们在苏亚雷斯与古阿的《论灵魂》划开距离的方式中已然看到的倾向。

在罗马,耶稣会士托莱多于天主教教理会议(Catholic Dogmatic Councils)上抵制大阿尔伯特、阿奎那和罗马的吉尔斯,他决定在按照会议决议拟定的"应用信德持守,用哲学维护的命题"清单的前面介绍阿威罗伊的错误。① 同样是在罗马,佩雷拉以一种更为哲学的方式处理这个问题,他将阿威罗伊主义与柏拉图主义和摩尼教色彩相关联。② 拒斥阿威罗伊同样也是西班牙的苏亚雷斯的《论灵魂》的主要意图,然而该书第一版是在葡萄牙的巴尔塔萨·阿瓦雷斯(Baltasar Álvares,1619)的编辑式监督和干预下出版的。③ 在柯因布拉,古阿在两个部分全面地讨论了阿威罗伊的错误,他追问理智灵魂是否是人的身体的真实形式(q.6)以及灵魂是否按照每一个人进行增长(q.7)。这正是阿奎那回应阿威罗伊主义的方式,具体是在他的《论智性统一性》(*On the Unity of the Intellect*,1270)中。然而,古阿并非单纯地重复阿奎那的论证,而是以更广泛的方式提出了自己的反驳,正如佩雷拉所做的那样。古阿使得这一问题具有了时代性,而不再是单纯服从天主教教理会议。请留意尼古勒托·沃尼亚(Nicoletto Vernia,1499 年卒)早

---

① F. Toledo, *Commentaria una cum quaestionibus in Aristotelis libros de anima*, in *Opera Omnia Philosophica*, Coloniae: H. Mylii, 1615, fol. 6 vb;也参见 D. Des Chene, *Life's Form. Late Aristotelian Conceptions on the Soul*, London: Cornell University Press, 2000, p.70.

② 参见:M. S. de Carvalho, "Between Rome and Coimbra: A Preliminary Survey of two Early Jesuit Psychologies (Benet Perera and the Coimbra Course)", *Quaestio. Annuario di Storia della metafisica* 14 (2014), pp. 94 – 95.

③ F. Suárez, *Commentaria una cum quaestionibus in libros Aristotelis de Anima*. Introducción y edición crítica por S. Castellote, Madrid: Sociedad de Estudios Publicaciones, 1978.

先对待阿威罗伊主义的态度见证了"新柏拉图主义和神学在灵魂论争论中的重要性的增长"①。还有彼得罗·蓬波纳齐（Pietro Pomponazzi,1525 年卒）的改变,他先是视阿威罗伊为亚里士多德《灵魂论》的最佳解释者,而后在他的著名论文《论灵魂不朽》（*On the Immortality of the Soul*, 1516）的时期,他不仅仅改变了想法,而且还直接攻击我们前文提到过的天主教拉特兰会议宣言。同样要留意弗朗西斯科·皮科洛米尼（Francesco Piccolomini,1604 年卒）、卡耶坦（Cajetanus）和扎巴瑞拉（Zabarella,1589 年卒）,他们都坚持亚里士多德认为人的灵魂并非身体的形式,而是作为身体的实现（actuality）与身体相关,就好像水手是船的实现。的确,古阿证实柏拉图主义所要求的那种力量——水手和船的对比也出现在他的评注当中——给予阿威罗伊的论文以下的宇宙论和地理学的暗示：既然阿威罗伊的普遍的理智灵魂可以被理解为柏拉图主义的世界灵魂,那么个体的人无论身处世界的哪个位置,都不可能思考了。

17 世纪葡萄牙的苏亚雷斯的手册继续追问"理性灵魂是否是身体的真实与合适的形式"（t. I, d. 1, s. 3, § 1）,而将对灵魂的精神本性的讨论放在另一个部分（♯ 4）。即使他继续引述西班牙的苏亚雷斯的权威（Ⅰ c. 12, n. 6 及 n. 16）,如同古阿一样（Ⅱ c. 1 q. 6 a. 2）②,然而他自己的文本最终做到了简明和清晰。考察不再依靠亚里士多德的标题《论灵魂》,似乎也不再出现阿威罗伊,后者的位置最终被所谓的"自由派"（*haeretici Libertini*）所取代。再一次,只有坚持"宗族法理"（*phylum doctrinae*）与现代问题的相容性才有

---

① E. Kessler, "The intellective soul" in Ch. B. Schmitt & Q. Skinner (ed.), *The Cambridge History of Renaissance Philosophy*, p. 494; see also *ibidem* pp. 486 – 494.

② 参见：F. Soares, *Cursus philosophicus in quatuor tomos distributus*, Tomus Ⅲ: *In libros de Generatione et Anima* t. I, d. 1, s. 3, § 1, ♯ 81, Conimbricae: P. Craesbeeck, 1651, p. 87.

可能在整体上解释葡萄牙的苏亚雷斯的哲学主题:1.诸如思考和意志这样的理性行为是一种生命实践;2.如果理性灵魂的功能出于外在的本性,那么正常人和疯子就应该具有同样的理性,或成年人与小孩应该具有同样的理性;3.人与非理性的动物不同;4.善与恶的行为不应平等受报。①

(二) 可分离灵魂的问题

第二个问题涉及所谓的"可分离灵魂"(anima separata),基督教的灵魂不朽问题也同样要面对这一被哲学地处理的问题。从历史上来说,这一神学问题的有趣之处在于其参与了现代理性主义哲学,并且学术界公认笛卡尔受到西多会士尤斯塔丘斯·圣保罗(Eustachius a Sancto Paulo,1640年卒)的《哲学四部分概要》(*Summary of Philosophy in Four Parts*,1609)或查尔斯·阿布拉·拉空尼斯(Charles d'Abra Raconis,1646年卒)的《一切哲学大全》(*Sum of all Philosophy*,1617)的影响。正如前文在与葡萄牙相关的部分所述,巴黎大学的折衷主义也表现出很多司各脱主义的影响。尽管笛卡尔事实上熟知柯因布拉评论,而且我了解到,在拉丁与中国文化相遇上,灵魂不朽的主题格外重要。

在中世纪,从邓·司各脱到蓬波纳齐的《辩护》(*Defensorium*,1519)——卡耶坦的《灵魂论注疏》(*Commentary On the Soul*,1509)的回响,可以发现一种独特的倾向,那就是否认证明灵魂不朽的可能性。方济各会的课程与教材应该维护邓·司各脱的立场。这就意味着司各脱主义者应该认同,通常来说,不朽性不能通过严格的哲学方法得到证明,而任何对上帝全能的主张都应该解释"从'此

---

① 参见:F. Soares, *Cursus philosophicus in quatuor tomos distributus*, t. I, d. 1, s. 3, § 1, ♯ 84, p. 88.

岸'灵魂到'彼岸'灵魂"①的转变。蓬波纳齐甚至被要求由另一位多明我会修士贾威略来背书,后者除了说真正的哲学是基督教的启示之外,还认为亚里士多德主义的进路比柏拉图更适合从事哲学。② 在某种程度上来说,这一观点与丰塞卡的观点相冲突。柯因布拉的丰塞卡应该认同柏拉图对于灵魂不朽的辩护要比亚里士多德更清楚。后来的葡萄牙的苏亚雷斯也认同这一点。当然,与像扎巴瑞拉(Zabarella)的《论人类心灵》(On the Human Mind,1590)那样声称亚里士多德并不知道灵魂不朽的人不同,耶稣会士认为亚里士多德的确知道灵魂不朽。③ 根据古阿的观点,应该对这样的一种基督教信仰内容(即灵魂不朽)加以哲学证明。④ 阿瓦雷斯追随古阿的观点,在亚里士多德对分离灵魂的状态的忽略中发现了对自己补充柯因布拉《论灵魂》的附录的支持,他认为这一

---

① 参见:Kessler, "The intellective soul" in Ch. B. Schmitt & Q. Skinner (ed.), *The Cambridge History of Renaissance Philosophy*, pp. 509 – 510. 这个可以解释为什么 18 世纪的 Fr. Feliciano de Valga 按照司各脱的意思(iuxta mentem Scoti)写作的时候忽略了谈及分离灵魂(Biblioteca Geral da Universidade de Coimbra, Ms. 2329);不过,Mastrius' & Bellutus' *Disputationes in Aristotelis libros de Anima* (Venice 1643)的司各脱课程还是谈及了分离灵魂。

② E. Kessler, "The intellective soul" in Ch. B. Schmitt & Q. Skinner (ed.), *The Cambridge History of Renaissance Philosophy*, p. 507: "The result of the whole affair, expressed for the first time in Javelli's appendix to the *Defensorium* and reformulated by him in 1536 [*Tractatus de animae humanae indeficientia in quadruplici via scilicet peripatetica, academica, naturali et Christiana*], amounted to a total failure of the 1513 decree. In the future, philosophy would no longer be identical with Aristotle, nor Aristotle with St. Thomas and the teachings of the church; a philosopher could be a Thomist, an Aristotelian, a Platonist or anything else, provided that his philosophy was conclusive and coherent." 也参见:Schmitt; M. W. F. Stone, "Aristotelianism and Scholasticism in Early Modern Philosophy", in S. Nadler (ed.), *Blackwell Companions to Philosophy: A Companion to Early Modern Philosophy*, pp. 7 – 24.

③ 参见:P. Fonseca, *Commentariorum in Metaphysicam Aristotelis Stagiritae Libros* I, Prooemium, c. 5, (Coloniae: S. L. Zetzneri, 1615, p. 26).

④ *De Anima* II c. 1, q. 1, a. 4, p. 39 (Port transl. p. 207); *De Anima* III c. 8, q. 7, a. 2, p. 396 (Port. Transl. p. 534).

问题最好是由形而上学来处理,而非物理学。①［我们可以强调：不是以神学来处理,既然西班牙的苏亚雷斯早些时候在塞戈维亚(Segovia)课程"论灵魂"中声称神学有权讨论这一问题,在其他修会中也有如此倡导者］②阿瓦雷斯的确肯定了,不可能根据亚里士多德来证明不朽性(d.1, a.2),"然而最后的结论并不像在数学中那样精确,但是在这个问题上也足够了"(d.1, a.3)。③ 更早一些,"托莱多认为不朽性能够以自然的方式被证明,同时承认亚里士多德本人在这个问题上并没有说清楚。他进而认为或许蓬波纳齐否认自然哲学方法的可行性是正确的。他以纯粹实践的论证得出结论:肯定灵魂的不朽比起否定它来说更安全。预演了帕斯卡(Pascal)的著名赌局"。④

我们相信阿瓦雷斯对这一主题的处理具有转折性。因此我们

---

① *Tractatus de Anima Separata*, in *Commentarii Collegii Conimbricensis Societatis Iesu*, *In tres libros de Anima Aristotelis Stagiritae*, Conimbricae: A. Mariz, 1598 (henceforth: *Tractatus*), Prooemium, p. 441. 也参见 M. S. de Carvalho, "Introdução Geral", in *Comentários do Colégio Conimbricense da Companhia de Jesus Sobre os três livros do 'Tratado da Alma' de Aristóteles Estagirita*. Tradução do original latino de Mª da C. Camps, Lisboa: Edições Silabo, 2010, p. 96.

② 比如参见古阿(Góis)同时代手稿的分类,不过这份手稿属于多明我会士 Fr. António de S. Domingos, 标题为 *De quatuor animae separatae novissimis* (1592): BNL Ms. 3441: Liber I, Tractatus Primus de immortalitate animae; Tractatus secundus, de natura animae separatae; Tractatus tertius, de operatione animae separatae; tractatus quartus, de locutione animae separatae.

③ E. Kessler, "The intellective soul", in Ch. B. Schmitt & Q. Skinner (ed.), *The Cambridge History of Renaissance Philosophy*, p. 513. 也参见: Mª C. Camps & M. S. de Carvalho, *Cor, Natureza e Conhecimento no Curso Aristotélico jesuíta Conimbricense (1592 - 1606)*, Coimbra: Imprensa da Universidade, 2016, pp. 59 - 77; L. Spruit, "The Discussion on the Separated Soul in Early Modern Jesuit Psychology", in D. Heider (ed.), *Cognitive Psychology in Early Modern Jesuit Scholasticism*, Neunkirchen-Seelscheid: Editiones Scholasticae, 2016, pp. 101 - 104.

④ E. Kessler, "The intellective soul", in Ch. B. Schmitt & Q. Skinner (ed.), *The Cambridge History of Renaissance Philosophy*, pp. 511 - 512.

认为诸如西班牙的苏亚雷斯和安东尼·鲁比欧（António Rubio，1613）对于灵魂不朽的相关讨论难以与阿瓦雷斯的《柯因布拉评论》（附录）相比肩。① 阿瓦雷斯的功绩不仅仅在于独立地在认知和运动层面处理灵魂的分离，而且他展现自己立场的方法也值得关注。通过声称人类理智或许需要特殊的启示才能够认识到诸如灵魂不朽这样的真理，并且神圣干预与一些哲学论证并无冲突，阿瓦雷斯并没有质疑亚里士多德的权威，而是以一种明显的柏拉图主义倾向来阅读亚里士多德。我们可以称之为阿瓦雷斯的形而上学之结。简单来说，他的观点如下：关于灵魂的分离（以及与身体的重新联结），他认为分离并不内在于消亡，而是内在于超出自然的匮乏（并且灵魂欲求复活）。"基督信仰中两个中心原则的对比，即在降至地府期间的基督身体的状态和其在弥撒献祭中的临在"②能够支持这些观点。最后，关于灵魂不朽的哲学说明，阿瓦雷斯提出了八条论证③：1. 理性灵魂是"精神性的"（spiritual）"或自在的实体"（self-subsisting substance）；2. 自身依存者不会毁坏；3. 人欲求永生；4. "出神状态"（ecstasy）表明经验分离状态的可能性；5. 心灵寻求神圣和不朽之物；6. 人天生追求幸福；7. 人以道德意识区别于禽兽，道德意识使得美德的完全实现得以可能；8. 神意是正义的见证，而历

---

① 参见：L. Spruit, "The Discussion on the Separated Soul in Early Modern Jesuit Psychology", in D. Heider（ed.）, *Cognitive Psychology in Early Modern Jesuit Scholasticism*, pp. 96 - 122; Mª C. Camps, "The immortality of the intellective soul, the fundamental of Jesuit Coimbra Anthropology", *Revista Filosófica de Coimbra* 25（2016）, pp. 353 - 366; Mª C. Camps, "A questão da imortalidade da alma intelectiva individual segundo Baltasar Álvares（1598）e Francisco Soares Lusitano（1651）", *Revista Filosófica de Coimbra* 24（2015）, pp. 123 - 165.

② L. Spruit, "The Discussion on the Separated Soul in Early Modern Jesuit Psychology", in D. Heider（ed.）, *Cognitive Psychology in Early Modern Jesuit Scholasticism*, p. 108.

③ Mª C. Camps, "The immortality of the intellective soul, the fundamental of Jesuit Coimbra Anthropology", pp. 363 - 364.

史的人类生命远离正义。对这些论证的简要列举表明何为阿瓦雷斯心目中的"形而上学",当他以"灵魂学说"(scientia de anima)而非"第一哲学"(prima philosophia)为处理这一问题的"合适领域"(opportunum locum)时,他并没有采用一种亚里士多德式的语言。此处柯因布拉的"分离灵魂学说"(scientia de anima separata)对形而上学和人论等量齐观,并没有遵循后来《学业安排》(Ratio Studiorum)中的禁令,即与天主和理智相关的问题不能由哲学家来讨论。①

在阿瓦雷斯的转向之外,可分离灵魂问题的强自主性比重持续处于争议之中。我们检查了从 17—18 世纪(准确来说是从 1600—1741 年)的十三种葡萄牙文手稿,发现其中七种讨论了可分离灵魂,而其余的则完全没有讨论。我们同时注意到,至少两位耶稣会士,迪奥戈·洛佩斯(Diogo Lopes)和弗朗西斯科·达·克鲁兹(Francisco da Cruz)不再支持阿瓦雷斯的范式。② 而葡萄牙的苏亚雷斯似乎不同,他虽然避开了阿瓦雷斯的八条论证,但是正如他一贯所做的那样,还是以阿瓦雷斯(以及西班牙的苏亚雷斯)为亚里士

---

① 参见:M. S. de Carvalho,"Introdução Geral", p. 58.
② 这是相关手稿名单。首先,没有分离灵魂的部分:BPE Ms. CXVIII/2 - 36 (dated 1615, of an Anonymous author);BGUC Ms. 2316 (dated 1629, of Francisco Rodrigues S. J.);BGUC Ms. 2380 (dated 1634, of Fr. Manuel da Ascenção);BGUC Ms. 2385 (dated 1684, of Fr. Geraldo de Ascenção);BGUC Ms. 2402 (dated 1699, of an Anonymous);BGUC Ms. 2389 (dated 1700, of Manuel de S. António O. S. B.);及 BGUC Ms. 2391 (dated 1707, of Manuel de S. Boaventura, O. S. B.). 有分离灵魂的部分:BNL Ms. 4927 (dated 1600, of Tomás de S. Domingos, O. P.);BGUC Ms. 2314 (dated 1623, of Diogo Lopes S. J.);BGUC Ms. 2315 (dated 1624, of Fr. Paulo da Natividade);BGUC Ms. 2367 (dated 1665, of Francisco da Cruz, S. J.);BGUC Ms. 2401 (dated 1734?, of an Anonymous Carmelite);BGUC Ms. 2329 (dated 1741, of Fr. Feliciano de Valga, OFM). 也参见: Mª C. Camps, "A questão da imortalidade da alma intelectiva individual segundo Baltasar Álvares (1598) e Francisco Soares Lusitano (1651)", pp. 129 - 131.

多德注疏的权威。①

我们假设可以用葡萄牙的苏亚雷斯手册为眼镜来观察17世纪柯因布拉耶稣会的情况。葡萄牙的苏亚雷斯的出发点在于信仰的真实教义（Ⅷ s. 1），然而他却继续陷入理性论证（ibid. s. 2）：首先通过引述自苏格拉底以来的传统，断言理性凭借自身能够达到不朽性的观念；然后，继续表明理性灵魂的非物质性和实体性，即其单纯性和不坏性——不顾近代的常见做法，将精神性与不可分性相联系，而将物质性与广延相联②——使它们都成为灵魂欲求幸福所能证明的主要因素。

综上，我们所选择的第二个主题有什么样的结论呢？首先，既然形而上学被视为研究灵魂不朽性的正当学科，那么不可避免要继续一种哲学进程和理论努力。并且请留意，从（西方的）形而上学到（普世的）人论实际上是一种范式转换。我了解到，凭借耶稣会传教士在中国的工作，这样一种进程遭遇了非比寻常的哲学增长和扩展。其次，阿瓦雷斯明白无误地表明，因为分离，人类灵魂才能从本质上认知（dignoscit）事物并清楚地认知自我（distincte potest cognoscere）③，此处"确定性"（certainty）和"显明"（evidence）是两个关键概念。④ 在整体上肯定人类灵魂在身体之外比在身体之内具有

---

① Mª C. Camps, "A questão da imortalidade da alma intelectiva individual segundo Baltasar Álvares (1598) e Francisco Soares Lusitano (1651)", pp. 135 - 147.

② 参见：F. Soares, *Cursus philosophicus in quatuor tomos distributus* t. I, d. 1, s. 4, §1 - 4, pp. 89 ff.; F. Suárez, *Commentaria una cum quaestionibus in libros Aristotelis de Anima* I c. 9.

③ *De Anima* Ⅲ c. 8, q. 7, a. 2, p. 396; *Tractatus*, d. 5, a. 1, pp. 514 - 516. 关于苏亚雷斯谈及的相同话题，参见：G. Burlando, "Autoconocimiento intelectual en el 'De Anima' de Francisco Suárez y las 'Meditaciones sobre Filosofía Primera' de Descartes", in A. Cardoso et al. (ed.), *Francisco Suárez (1548 - 1617). Tradição e Modernidade*, pp. 177 - 185, and G. P. Moita, *A Modernidade Filosófica de Francisco Suárez*, Lisboa: INCM, 2014, pp. 103 - 104.

④ *Tractatus*, d. 1, a. 3, p. 448; 也参见 *Tractatus*, d. 4, a. 2, p. 508; *Tractatus*, d. 4, a. 1, p. 505.

更强的认识能力①,凭借天主的帮助②,这是认知问题所达到的全新层次的独特说明。从形而上学来说,在知识(*intelligere*)层面不再需要感性形象③,并且铺平了直观单纯知识的道路。④ 因此,现在也就没必要再记起:以"启示"(illumination)取代"抽象"(abstraction)曾是西方近代哲学的一个特征。

三、一个暂时性的结论

我们在神学人论的回应以及各种宗教团体中所发现了差异和连续性是否取决于对亚里士多德文本的脱离程度,或是取决于对它们得以产生的那个新的哲学和社会语境进行回应的义务,还是取决于这两者?现在做一个结论还为时尚早。我们已经清楚地表明,在亚里士多德的著作之外(但是紧随着亚氏文本),灵魂论的讨论的确被一种明显的新柏拉图主义倾向所改变。然而,这些结论与跟随《灵言蠡勺》一起来到中国的基督教灵魂的全部学问之间有什么样的关系呢?既然我并非回答这样遥远问题的合适人选,我就不可避免地急切期待从热心听讲至此的各位学者那里学习。

---

① *Tractatus*, d. 4, a. 1, p. 510;比较 Descartes' *Meditationes de prima philosophia* II (AT VII, 23): "Meditatio II: De natura mentis humanae: quod ipsa sit notior quam corpus."

② *Tractatus*, d. 3, a. 5, pp. 497–498.

③ *De Anima*, Prooemium, q. 1, a, 2, p. 7.

④ *Tractatus* d. 3, a. 5, p. 499; *De Anima* III c. 5, q. 4, a. 3, p. 344.

亚里士多德论理性灵魂的可分离性[*]

北京师范大学哲学学院　田书峰

如何理解理性灵魂或灵魂的理性部分（ψυχή νοητική，νοητικόν）与身体和灵魂其他部分可分离（形容词：χωριστός；名词：χωρισμός），或理性灵魂的存在独立于身体或营养与感觉灵魂，一直是一个后人不断争论的问题。亚里士多德本人在《形而上学》和《论灵魂》中都谈到这个问题，尤其在《论灵魂》中，他更是先后三次提出一定要将这个问题研究清楚。① 事实上，他除了在《论灵魂》的第三卷第 4—5 章（简称：DA Ⅲ 4—5）的某些段句中直接论及理性灵魂的可分离性以外，并没有在其他段落中提及这个问题。正是因为亚里士多德在《论灵魂》中并没有给出一个全面而清晰的解答，才导致在后世先后出现了各种不同的阐释或解读。亚里士多德在 DA Ⅲ 4—5 将理性分为"潜能理性"（νοῦς δυνάμει，英文：potential intellect；拉丁文：intellectus possibilis），"承受理性"（νοῦς παθητικός，英文：passive intellect；拉丁文：intellectus passivus）和"主动理性"（νοῦς ποιητικός，英文：active intellect；拉丁：intellectus agens）。后世争论的焦点主要针对如何理解理性或主动理性与躯体是可分离的，因为历史上不同时期的评注家和学者对可分离性有不同的解读。② 关于分离，陈康、魏婷（Jennifer Whiting）与米勒（Fred D.

---

* 本文发表于《哲学与文化》第四十四卷第 5 期，为 2016 年度国家社会科学基金项目"亚里士多德《论灵魂》译注和研究"的研究成果之一。

① 见《论灵魂》第二卷第二章 413b16 - 24（以下简写为：DA Ⅱ.）；DA Ⅲ 4，429a10 - 14；DA Ⅲ 7，31b16 - 19。

② 有关历史上不同的评注家对分离的解读见本文的第三和第四部分。

Miller)都先后提出过不同的类型。① 我认为,对于人的灵魂中的理性部分尤其是潜能理性、主动理性与躯体的可分离性来说,最重要的就是本体论意义上的分离,因为主动理性与躯体、感觉能力和生长能力显然在概念和类别上是可分离的,它与躯体的可分离也不是在空间的意义上,因为这样,它就是具有广延的了。但是,也有学者坚持认为理性灵魂与躯体的可分离是指概念上的分离,而不是本体论意义上的分离,所以,本文想要解决两个问题:一、理性灵魂与躯体是在本体论意义上还是在概念上可分离? 二、人的理性属于个体灵魂的一部分与躯体可分离,抑或是就等同于神性的理性自身?

一、χωριστός(分离)的不同含义

亚里士多德并不是第一位在哲学史上使用术语"χωριστός"的哲学家,在前苏格拉底派,特别是在苏格拉底和柏拉图那里,这个词是他们用来陈述自己的形而上学和认识论等哲学思想时不可回避的一个术语。就"χωριστός"一词出现的语境或它背后所隐

---

① 陈康总结出分离(χωριστός)具有如下三类不同的表达形式:χωριστὸν ἁπλῶς, χωριστὸν τόπῳ, χωριστὸν χρόνῳ, χωριστὸν μεγέθει, χωριστὸν κατὰ μέγεθος, (Ⅱ) χωριστὸν λόγῳ, χωριστὸν κατὰ λόγον, χωριστὸν εἴδει, χωριστὸν τῷ εἶναι, (Ⅲ) χωριστὸν νοήσει。魏婷认为亚里士多德所说的分离可以分为强意和弱意,强意表达的是"independent of",这主要适用于首要实体与附属体的分离,它是不对称的分离(asymmetrical);而弱意表达的是"different from",它表达的是 x 的定义不同于 y,但 y 的定义仍然需要 x,比如红的定义不同于颜色,而颜色的定义需要红,这种分离总是对称的(symmetrical)。米勒则认为亚里士多德所说的分离主要可以分为如下四种:本体论分离(ontological separation)、定义分离(definitional separation)、空间分离(spatial separation)和类别分离(taxonomical separation)。见:Fred D. Miller, Jr.,'Aristotle on the Separability of Mind', in *The Oxford Handbook of Aristotle*, ed. by Christopher Shields,(Oxford University Press,2012), pp. 306 - 342.

含的问题表述来说,巴门尼德斯就已经在该词的原始意义上使用它,即真理之路($ἀλήθεια$)引导我们走向有关实是和单一(Sein und Einheit)的知识,而意见之路($δόξα$)则引向有关生成和杂多(Werden und Vielheit)的知识。通过理性把握到的实是和单一与通过感觉获得的生成与杂多是不同的,前者与后者分离。①苏格拉底同样寻求普遍($καθόλου$),埃利亚学派则将实是与生成区分开来。而真正将那些可被普遍地谓述的实体与可感实体分离开来的还是柏拉图。在《智者篇》与《巴门尼德斯篇》的第二部分,柏拉图主要集中讨论永恒理念与可感实体可分离的问题。②但是,近来学者对于亚里士多德所批判的柏拉图的理念分离学说究竟有何意,看法不一,争论颇多。③无论如何,亚里士多德批判柏拉图的理念说的焦点是将理念视作普遍的自足自在的实体是有问

---

① 见:Diels, H., *Fragmente der Vorsokratiker*, Kap. 18, Parmenides, Fragm. 1, Vers 28 und Fragm. 8. Vers 50 - 52. Hrsg. v. Walter Kranz, Berlin 1959.

② 柏拉图的理念包括如下两个命题:一、理念或者那些可被普遍地谓述的实体($καθόλου λεγομέναι οὐσίαι$)是普遍的,与可感实体相分离;二、分离表示理念具有独立存在的能力。

③ 特任德冷贝格(Trendelenburg)、伯尼兹(Bonitz)、策勒(Zeller)和纳托颇(Natorp)都认为,亚里士多德所说的 $παρά τά αἰσθητά$ 中的 $παρά$ 就是暗示了柏拉图的分离学说,是对柏拉图的理念与可感实体相分离的批判,$παρά$ 正是 $χωρισμός$ 的标记,而那些讲述理念的人($οἱ ἰδέας λέγοντες$)就是指柏拉图。但陈康在他的博士论文《亚里士多德论分离问题》中反对这种传统的看法,认为 $παρά$ 并不是柏拉图的分离学说的暗示,因为亚里士多德在提出分离问题的文本中并没有对柏拉图提名道姓,有可能是针对那些以柏拉图学说为基础而发展出自己的分离学说的哲学家。亚里士多德使用 $παρά$ 只是要清楚地表明,理念是不同于可感实体的另外一种存在,至于前者与后者是否相分离,则闭口不谈。陈康做出如下惊人的结论:亚里士多德在有关实体可否分离的问题上并不是柏拉图的反对者,而是继承者,因为他对分离问题的基本看法是建立在柏拉图的哲学基础上的。见:Chen Chung-Hwan, *Das Chorismos-Problem bei Aristoteles* (Doktordissertation, Einleitung, Berlin, 1940). S. 1 - 10; S. 170 - 179。

题的①，因为按照亚里士多德的形式质料说（Hylemorphismus），理念在概念上可以与质料分离，但在本体论的意义上二者不能分离。但是亚里士多德本人在《形而上学》和《论灵魂》中又多次谈到分离，尤其在 Metaph. Ⅶ 1. 1029a27，将"χωρισμός"看作实体的必备条件之一。亚里士多德这里所说的分离指实体与实体可以独立地存在，即他在 Metaph. Ⅻ 1. 1069a30-35 所说的三种不同的实体彼此可以独立地存在②，人的灵魂属于这三种实体中的哪一种呢？如若灵魂与躯体不可分，那么它就是属于物理学的研究对象，但是亚里士多德在 DA Ⅲ 4—5 中却说潜能理性是不与躯体掺混（ἀμιγής）的，且具有非承受性（ἀπάθεια），因此是可分离的，而主动理性则更是在绝对的意义上与躯体可分离，它是永恒不死的。这样，人的理性灵魂似乎更属于第一哲学或神学的研究对象，即理性灵魂是在本体论的意义上与躯体可分离。但是，接下来的问题是，这种分离是指一种内在的分离还是外在的分离呢？因为按照内在分离说，理性部分作为个体灵魂的一部分而与躯体相分离，而按照外在分离说，不死的理性部分就等同于永恒的神性理性自身。接下来，我们以 DA Ⅲ 4—5 章为基础，具体分析上述两个问题。

---

① Fine、Hardie 和 Irwin 都认为，亚里士多德批判柏拉图的分离学说的矛头是指向理念独立存在的能力；而另外一些学者如 Mabbott 与 Morrison，则认为分离是指理念与可感实体在数目上不同；又有人认为包括这两者（Allen）。Spellman 则认为，亚里士多德在批判柏拉图的分离学说时所意指的并不是独立存在的能力（capacity for independent existence），而是理念在数字上与可感实体的不一致性（numerical distinctness of the Forms from the sensible substances）。既然所有在数字上不同的实体，都是个别的实体，这将导致可感实体的形式的不可知性（unknowability）。参见：Spellman, L., *Substance and Separation in Aristotle* (Cambridge University Press, 1995), pp. 5-20.

② 这三种实体是指被推动的与质料不可分离的可感实体（物理学的研究对象）、不被推动的但与质料不可分离的实体（数学的研究对象）、不被推动的且与质料可分离的永恒的不可感实体（第一哲学或神学的研究对象）。

二、《论灵魂》中的分离论证

(一) 问题的提出

亚里士多德在 DA Ⅲ 4 的开始部分就提出理性灵魂能否与身体分离的问题,并将如何解决这个问题看作接下来要探究的主题。

> 关于灵魂用来进行认识和理解(γιγνώσκει καὶ φρονεῖ)的部分,它或是可分离的,或是在空间上是不可分离的,只是在定义上可以分离,我们必须探究什么将这一部分区别出来和理性思考(νοεῖν)是怎么一回事(DA Ⅲ 4. 429a10-14)。

值得我们注意的一点是,在这里,亚里士多德只谈及理性灵魂可否分离。在 DA Ⅱ 2. 413b16-24,他提出灵魂的其他不同部分是否彼此在空间和定义上可分离。他举例提到不同的植物和昆虫,有些被分开后,每一部分都能继续存活,这就是说每一被分开的部分都具有全部的营养灵魂或感觉灵魂。这表明感觉、运动、想象和欲求等能力在空间和本体论的意义上并不可分,它们只是在种类和定义上可分。而关于理性能力,他说道:

> 关于理性和沉思的能力(περὶ τοῦ νοῦ καὶ τῆς θεωρητικῆς δυνάμεως),情况却并不清晰,它像是另外一种灵魂,仅仅它能分离存在(χωρίζεσθαι),就如永恒事物与消逝事物相分离一样(DA Ⅱ 2. 413b24-27)。

在这里,理性灵魂能够独立存在更好像被当作一种结论提出来,而没有对其进行任何哲学上的论证。事实上,亚里士多德在 DA

中的第二卷中除了在 DA Ⅱ 1. 413a4-9 以外,并没有对理性灵魂的可分离性进行任何哲学说明。但是如果我们仔细分析他的哲学论证,不但没有解决问题,反而给问题增加了更多疑云。

> 因此,灵魂或灵魂的某些部分并不能与身体相分离,这一点是显而易见的;因为在一些情况下,某些灵魂部分的自我实现(ἐντελέχεια,德文:Selbstvollbringung;英文:actuality)属于某些躯体部分的自我实现。但是没有什么能够阻止某些部分是可以分离存在的,因为它们根本就不是躯体的自我实现(διὰ τὸ μηθενὸς εἶναι σώματος ἐντελεχείας)。再者,灵魂作为躯体的自我实现是否就像舵手是船舶的自我实现那样,对于这一点并不清楚(DA Ⅱ 1. 413a3-9)。

如何理解灵魂的有些部分(ἔνια)不是躯体的自我实现(ἐντελέχεια)? 如果灵魂的某些部分不是躯体的自我实现,那么这似乎与亚里士多德在 DA Ⅱ 1 的灵魂定义——灵魂是潜能地具有生命的躯体的第一自我实现相矛盾①;关于这一点,亚里士多德在 DA Ⅲ 4—5 才真正展开论述。在第 4 章中,亚里士多德认为潜能理性因其非承受性(ἀπαθές)、非掺混性(ἀμιγή)和能接受各种形式的可能性与身体分离(χωριστός);另外,就如事物可以和质料分离,同样有关理性的事物也可以分离。但是,在第 5 章中,他却在理性中做出区分,一种是被动理性或承受理性,一种是主动理性;承受理性会随着身体的消亡而消亡,但主动理性则是永恒不灭的,它按其"实体"(τῇ οὐσίᾳ)来说就是现实活动(ὦν ἐνέργεια)。主动理性的提出将分离性问题变得更加复杂起来。

---

① 所以,灵魂是潜能地具有生命的自然躯体的第一自我实现(DA Ⅱ 1. 412a27-28)。"διὸ ἡ ψυχή ἐστιν ἐντελέχεια ἡ πρώτη σώματος φυσικοῦ δυνάμει ζωὴν ἔχοντος"。

(二) 潜能理性($\nu o \hat{u} s\ \delta \nu \nu \acute{\alpha} \mu \epsilon \iota$)的可分离性①

关于理性灵魂与躯体的分离是本体论意义上的分离还是概念上的分离,现当代的专家学者们的意见不一。② 魏丁(Michael Wedin)在力作《亚里士多德论心灵与想象》(Mind and Imagination in Aristotle)中强力捍卫一种定义上的弱意分离。③ 他认为,这里的分离论证应在亚里士多德的形式质料说(hylemorphism)的基本框架中来理解,并且应该将其放置到《物理学》的大背景下来审视,④即理性与身体分离只是表明它没有专门的物理结构,但是,理性作为

---

① 我在这里将$\nu o \hat{u} s\ \delta \nu \nu \acute{\alpha} \mu \epsilon \iota$翻译为潜能理性,基于 DA Ⅲ 4,429a28 – 29。他说,灵魂是所有形式的处所,但这里所说的灵魂只是指理性灵魂,它不是在现实的意义上是形式,而只是在潜能的意义上是形式($o \ddot{u} \tau \epsilon\ \dot{\epsilon} \nu \tau \epsilon \lambda \epsilon \chi \epsilon \iota \alpha\ \dot{\alpha} \lambda \lambda \grave{\alpha}\ \delta \nu \nu \acute{\alpha} \mu \epsilon \iota\ \tau \grave{\alpha}\ \epsilon \ddot{\iota} \delta \eta$)。后来拉丁世界的评注者们遂用 intellectus materialis 或 intellectus possibilis 来表达$\nu o \hat{u} s\ \delta \nu \nu \acute{\alpha} \mu \epsilon \iota$。其实,按照原文,应该翻译为在潜能意义上的理性。在潜能意义上的理性特指人的理性,而相对于没有潜能的神的理性,人的理性是潜能性理性。

② 如果亚里士多德所说的理性灵魂与躯体的分离是本体意义上的强意分离,即理性灵魂的存在是独立的,不受躯体生死的限制,是不同于躯体的另外一种独立实体,那么问题是,这样的强意分离将会导致一种笛卡尔式的二元论吗? 对于这个问题,罗宾逊(Howard Robinson)和海纳曼(Robert Heinaman)就认为 DA Ⅲ 4 – 5 其实就是二元论的有力代言(endorsement)。Robinson, H., "Aristotelian Dualism," in Oxford Studies in Ancient Philosophy, vol. 1 (Oxford: Oxford University Press, 1983); see also Howard Robinson, "Mind and Body in Aristotle," Classical Quarterly 28 (1978): 105 – 161. 而维尔科斯 (K. V. Wilkes)则认为亚里士多德所说的理性灵魂的可分离性是本体论意义上的,而笛卡尔式的 res extensa 和 res cogitans 的二元对立是认识论意义上的。他通过比较亚里士多德的$\psi \nu \chi \acute{\eta}$(灵魂)与笛卡尔的 mens(心灵或心智)而认为,$\psi \nu \chi \acute{\eta}$在很多方面比 mens 更能解释许多问题。见:Wilkes, K. V., "Psuchē versus the Mind", in: Essays on Aristotle's De Anima, ed. By Amelie Oksenberg Rorty & Martha C. Nussbaum, (Cambridge University Press, 1995), pp. 110 – 128.

③ Wedin, M., Mind and Imagination in Aristotle (New Haven: Yale University Press, 1988), p. 113.

④ 在 Metaph. Ⅵ 1. 1026a5 – 6 中,亚里士多德写道:"很明显,去研究一种确定的灵魂,即并不是没有质料的部分,这是研究物理学的人的任务。"

一种较高的认识能力仍然需要较低的认识能力,尤其是想象能力($φαντασία$)。① 对于魏丁(Wedin)来说,理性与躯体可分只是表示它不能在身体结构中实现自身,而是它作为一种较高的认识功能仍然需要某种身体器官的实现。魏丁对亚里士多德的理性分离学说所做出的质料性阐释遭到玛芝(Magee)和布佘(Busche,H.)的强烈反对。② 曼芝(Joseph M. Magee)则认为,还有另外一种本体意义上的分离,即理性灵魂与躯体分离并不表示它是一种在其自身独立的实体,或理性只是在一种偶性的意义上与身体相连,而是说理性的认识功能来自灵魂的一种能力,它的运作并不是同时是某个身体部分的运作。③ 为了更好地论述这个问题,我们将 DA Ⅲ 4. 有关潜能理性是可分离的结论引述如下:

  a. 因为感觉能力不能独立于躯体($οὐκ\ ἄνευ\ σώματος$),而理性则可以分离($ὁ\ δὲ\ χώριστος$)(DA Ⅲ 4,429b4-5)。
  b. 普遍来说,就如事物可以和质料分离,那些与理性有关的事物也是这样($τὰ\ περὶ\ τὸν\ νοῦν$)(DA Ⅲ 4,429b21-22)。

首先,我们在 DA Ⅲ 4 的结论(a 与 b)中,并不能确定亚里士多德所说的理性和与理性相关的事物究竟意指何种理性?而理性可以与躯体分离又意指何种分离?从 DA Ⅲ 4 中所讨论的主题来看,这里应该指潜能理性,尽管亚里士多德并没有明说"潜能理性可以与躯体分离"。在做出结论之前,亚里士多德首先接受了阿那克萨戈拉所说的理性的几个特性,即可分离性($χωριστός$)、非承受性($ἀπάθεια$)和非掺混性($ἀμιγής$)。他说:

---

 ① Wedin(1988),p. 116.
 ② Busche,H.,*Die Seele als System*,*Aristoteles'Wissenschaft von der Psyche*(Hamburg: Felix Meiner Verlag,2001),S. 132-146.
 ③ Magee,M. M.,*Unmixing the intellect*,*Aristotle on Cognitive Powers and Bodily Organs*(Westport: Greenwood Press,2003),pp. 28-29.

因为理性能够思想一切($πάντα νοεῖ$),就如阿纳克萨格拉所说的,为了能够居于支配地位($κρατῇ$),就是说为了能够认识($γνωρίζῃ$),所以它应当不具有混合性($ἀμιγῆ$);且如果理性的形式出现,那么任何相异的形式($τὸ ἀλλότριον$)都会阻遏和妨碍它。因此,理性除了接受能力外($δύνατον$),并无其他本性……任何所谓的灵魂的理性——我称理性为灵魂用来进行思考和判断的能力——在进行思想活动之前($πρὶν νοεῖν$),并不属于现实性的存在($οὐθέν ἐστιν ἐνεργείᾳ τῶν ὄντων$),因此可以理所当然地说,它与躯体混合一起是没有道理的(DA Ⅲ 4. 429a18–25)。

因为认识就是理性接受认识对象的形式,或与认识对象的形式同化或产生同一性,所以如果理性能思考一切存在,即一切可知之物(intelligibles)都潜能地可被理性认识,那么就是说,理性可以接受一切认识对象的形式。但是,如果理性自身具有某种形式(现实性)的话,那么这会妨碍或阻遏它接受所有的认识对象的形式。理性在进行认识之前,并不属于任何现实性的存在,因此它的本性就是潜能性或接受性,自身不具有任何现实性的形式。非承受性和非混合性也是潜能理性的特性,不与躯体相混合,是因为它并不是任何躯体部位或身体器官的功能,如果那样,它就会具有躯体的特性了,比如发热或发凉。虽然理性和感官都具有非承受性,但二者的非承受性并不一样,按照托马斯的看法,感官虽然不是在其自身的意义上(per se)承受变化,但是却是在偶有的意义上(per accidens)承受变化,感官的和谐会被可感之物的过度声响和光亮等破坏;但是,理性不但在其自身的意义上而且在偶有的意义上都不承受任何实质变化。① 那么,基于这三种特性,理性可以与躯体相分离到底意

---

① Thomas Aquinas, *A Commentary on Aristotle's De anima*, transl. by Robert Pasnau (New Haven & London: Yale University Press, 1999), p. 348. or No. 690.

指何种分离呢？对这个问题，历来争论颇多。其中，最大争论发生在以托马斯（Thomas Aquinas）为代表的天主教的注释传统与以阿威洛伊（Averroes）为代表的伊斯兰注释传统之间，托马斯认为潜能理性并不是一个独立存在的实体或可分离的实体，因为它就是每个个体借以拥有理性认知能力的载体，而结论 a 中所说的分离实际上是指理性不像感觉那样具有一个器官而已。① 相反，阿威洛伊认为潜能理性（也称 *intellectus materialis*）与主动理性都具有非质料性（*immaterialitas*），并按其本性与躯体相分离而独立存在②，并因此而永恒不灭，不因认识个体的增加而有所增加，所有曾被认识的、将被认识的和正在被认识的都是通过这同一种认识能力和认识行动。而承受或被动理性有时被他视作与想象或记忆等同，属于个体存在者③，他与记忆和想象联系而获得一些习性知识（habitual knowledge），并与躯体相生灭。④ 而潜能理性与主动理性具有超个

---

① Thomas Aquinas, *A Commentary on Aristotle's De anima*, transl. by Robert Pasnau (New Haven & London: Yale University Press, 1999), p. 350. or No. 699. "Intellect is called separated because it does not have an organ as a sense does."特米修斯也持这种看法，即认为潜能理性基于其非承受性和非混合性而具有的分离性并不表示独立的存在，而只是相对于与身体感官不能分离的感觉能力来说，理性是没有相应的身体器官的。Themistius, *On Aristotle's On the Soul*, transl. by Robert B. Todd (New York: Cornell University Press, 1996), p. 118. No. 94, 34. 但是，总体而言，在关于潜能理性、被动理性和主动理性的关系上，并没有一个非常清晰的看法，就像 Hans Kurfess 所说的："潜能理性何去何从的问题是最让人难以理解的问题。"见：Kurfess, Hans, *Zur Geschichte der Erklärung der aristotelischen Lehre vom sog. ΝΟΥΣ ΠΟΙΗΤΙΚΟΣ und ΠΑΘΗΤΙΚΟΣ*(Diss. Tübingen, 1911), S. 24.

② Averroes (Ibn Rushd) of Cardoba, *Long Commentary on the De Anima of Aristotle*, translated and with introduction and notes by Richard C. Taylor (Yale University Press, 2009), No. 384, 454. See also German edition: Averroes, *über den Intellekt, Auszüge aus seinen drei Kommentaren zu Aristoteles' De anima*, hrsg., übers., eingeleitet undmit Anmerkungen versehen von Davi Wirmer (Herder Verlag, Freiburg im Breisgau, 2008).

③ Ibid. No. 452.

④ Ibid. No. 453.

体性。如何来理解那永恒不灭的超个体的潜能灵魂和个体性的潜能灵魂的区别?① 问题的症结就在于诠释者对于 χωριστός 的理解不同。潜能理性与躯体分离应该是何种意义上的分离呢？这里显然不是概念上(κατὰ λόγον)和空间上的分离,但是这里的分离也并不如阿威洛伊所说的,潜能理性能够在躯体之外独立存在。因为还有另外一种本体意义上的分离,即它不表示一种独立的存在实体,而只是表达潜能理性并不具有相应的身体器官,但是这并不表示它能独立于身体器官而存在,为能发挥作用,它仍然需要建基在感觉功能之上的想象能力。亚里士多德将想象能力(φαντασία)看作介于理性与感觉之间的一种能力,而想象图像(φαντασμάτα)对于理性灵魂来说就像是感觉之物(αἰσθήματα)对于感觉能力一样,感觉能力如果没有感官事物就不能实现出来,同样,理性如果没有想象内容或想象图像就不能来进行思考:

> 对于具有思考能力的灵魂来说,想象图像就如可感事物(αἰσθήματα)一样。当灵魂肯定某种善或否定某种恶时,它就会避免或欲求它。因此,灵魂如果没有想象图像(φαντάσματα)就不会进行理性的认识活动(DA Ⅲ 7. 431a14 – 17)。

通过文本分析,这里的分离既不是阿威洛伊所说的潜能理性是独立于个体之外而存在的精神实体,也不是魏丁所说的潜能理性只是一种定义上的分离而已,而应该是在相对于感觉能力而言的一种实现意义上的分离,即感觉能力实现的原理与潜能理性实现的原理是不同的,两种不同的实现方式,感觉能力的实现需要相应的感觉器官,而潜能理性的实现则没有相应身体器官,因为如果那样,潜能

---

① 比如,Seidl 就认为潜能理性、主动理性和被动理性都属于同一理性概念的三重表达,即这三种理性只不过表达同一理性的三种不同的实现阶段。Seidl, Horst, *Der Begriff des Intellekts bei Aristoteles im Zusammenhang seiner Hauptschriften* (Meisenheim am Glan:1971).

理性就不能思考万物了。但同时，潜能理性仍然需要建基在感觉能力上的想象能力所提供的去质料性了的可感事物的图像，因为没有这些图像，潜能理性就没有可被认识的对象，就如在漆黑的山洞中，混然无物。

（三）主动理性（νοῦς ποιητικός, *intellectus agens*）的可分离性①

有关理性灵魂与躯体的可分离性的争论在有关主动理性的可分离性问题上达到顶峰，围绕主动理性的争论不仅最为激烈和扣人心弦，也最令人费解，是灵魂理论中"最难啃的硬骨头"之一，以至于有人抱怨，亚里士多德倒不如不写这一段（DA Ⅲ 5）更好。② 争论的焦点并不是主动理性是否在本体论的意义上与躯体分离，而是主动理性究竟作为个体性灵魂部分而与躯体可分离，还是等同于非个体性的普遍灵魂或神性理性？下面是有关主动理性与躯体可分离的结论：

  c. 这个理性（主动理性）是可分离的（χωριστὸς），不承受亦不掺杂（ἀπαθὴς καὶ ἀμιγής），按其实体来说就是现实活动（τῇ οὐσίᾳ ἐνέργεια）（DA Ⅲ 5, 430a17 - 18）。

  d. 在分离中（χωρισθείς），它是其所是，仅仅这个理性是不死而永恒的（ἀθάνατον καὶ ἀΐδιον）。③ 但是，我们对此并无任何

---

① 虽然 νοῦς ποιητικός 的用法并没有完全出现在文本中，但是根据亚里士多德在 DA Ⅲ 430 a24 - 25 中提到 νοῦς παθητικός 的用法，可以推断出 νοῦς ποιητικός 是作为它的相对者出现的。之所以翻译为"主动理性"，而不是"行动理性"或"制造理性"，一是为避免与后面提到的实践理性相混淆，二是为了与旨在创制的技艺科学相区分。

② Wilkes (1995). p. 126. "I cannot understand this chapter, and none of the secondary literatures has so far helped me to do so… All the same I have to say that I wish he had never written this chapter."

③ 下面是一些英文的不同译文：Richard C. Taylor："And when it is separate, it is what it is alone and that alone is eternally immortal." D. W. Hamlyn："In separation it is just what it is, and this alone is eternal and immortal." Robert Passnau："Separated (intellect) （转下页注）

记忆,因为它不具有承受性($ἀπαθές$),相反被动理性是可消逝的($παθητικὸς νοῦς φθαρτός$),没有这种理性,它就不能思考任何事情(DA Ⅲ 5,430a22-25)。

结论 c 中提到的这两种特性($ἀπαθὴς καὶ ἀμιγής$)也同样被应用到潜能理性上,有些学者认为,在 DA Ⅲ 4 与 Ⅲ 5 中提到的这两种特性应该有一种递进的关系,因为亚里士多德认为作用者($τὸ ποιοῦν$)比被作用者($τοῦ πάσχοντος$)或形式($εἶδος$)比质料($ὕλης$)更加尊贵($τιμιώτερον$),因为前者(作用者和形式)是现实活动($ἐνέργεια$),而后者则是潜能($δυνάμις$),所以潜能理性与主动理性的可分离性的程度也不一样。① 按照亚里士多德的《形而上学》第九卷第八章中(Metaph. Ⅸ 8)的观点,现实活动无论就定义、实体或时间来说,都更早于潜能。如此,主动理性应该在一种更高的程度上具有可分离性、非质料性、非掺混性,正因为要突出主动理性的这种"在更高的程度上",亚里士多德在结论 d 中使用了分离的另外一种形式:$χωρισθείς$,一次性过去时的被动态分词(participle aorist passive),这表示这种分离在某个时间段发生,只有在分离后,主动理性的原本性才显示出来。如果主动理性在与躯体分离之后才真正是其所是,那么这就是说,分离后的主动理性才是其存在的常态。但是问题是,那些内在主义者(internalists)认为,主动理性的可分离性发生在此世的个体性灵魂之内,它与个体性灵魂不可分,而外在主义者(externalists)则认为主动理性彻底与此世的个体性灵魂与躯体分离而等同于非个体性的普遍理性或神性理性。虽然这些内在主义者和外在主义者在后

(接上页注) is only that which truly is; And that alone is immortal and everlasting. " MarkShiffman:"Only when separated is this just what it is, and this alone is undying and eternal. "这些不同的译文都强调主动理性在某个时候与躯体分离,而只有在分离之后,主动理性才真正是其所是,只有它才是永恒不死的。

① Themistius (1996), p. 131.

来的诠释传承中又各自具有不同的表达形式①,但是一种基本的争论形式早在漫步学派内就形成了,即在特奥弗拉斯图斯(Theophrastus)和欧德莫斯(Eudemus)之间,前者认为主动理性属于人类本性②,而后者则将主动理性等同于神③。这两种立场的基本对立在后来的阿弗洛蒂西亚斯的亚历山大(Alexander of Aphrodisias)与特米修斯(Themistius)那里也可以找到。④

在中世纪,这种基本立场的对立愈演愈烈,以至于成为阿威洛伊与托马斯之间不可调和的极端争论,前者主张理性实体论和理性独一说,而后者则主张理性能力说和理性复多论。托马斯在《论独一理性》一书中倾尽论证之能事来反驳阿威洛伊有关理性的学说,甚至做出如下惊人的结论:"阿威洛伊并不是一个漫步学派分子,而是漫步学派哲学的叛徒。"⑤托马斯在引言中这样描述阿威洛伊的理性学说:"他断言理智是一种实体(*substantia*),它脱离身体而独立存在,而不是作为身体的形式(*forma*)同身体结合在一起的;而且他还主张,这种潜能理性对所有的人都只是一个(*unus*)。"⑥这里虽然只谈到潜能理性,但这同样适用于主动理性,因为对于阿威洛伊来说,

---

① Fred D. Miller 将内在主义者的表达形式总括为三种:1. 主动理性作为个体性理智灵魂的一部分与身体以及其他灵魂部分在本体意义上可分;2. 主动理性作为个体性理智灵魂的一部分与身体只是在定义上可分;3. 包括主动理性和被动理性的整个人类理性在本体意义上与躯体可分。而将外在主义者的表达形式概括为两种:1. 人的主动理性等同于神性理性(神),在本体意义上与个体灵魂和躯体可分;2. 所有人都分享一个共同主动理性,但它并不等同于神性理性(神),在本体意义上与个体性灵魂和躯体可分。见:Fred D. Miller (2012), p. 321.

② Themistius (1996), 107–108.

③ Simplicius, *In libros Aristotelis de Anima commentaria*, ed. M. Hayduck. In: Commentaria in Aristotelem Graeca, vol. IX. (Berlin: 1882). S. 411.

④ Alexander of Aphrodisias, *De Anima cum Mantissa* and *Aporiai kai Luseis*, ed. I. Bruns. In: Supplementum Aristotelicum, vol. ii, pt. 1. (Berlin: G. Reimer, 1887), S. 89, 108; Themistius (1996), p. 128.

⑤ 托马斯·阿奎那著,段德志译:《论独一理智——驳阿维洛伊主义者》,商务印书馆2015年,第二章第58节。

⑥ 托马斯:引言第1节。

这两种理性都是脱离躯体与灵魂而能独立存在的精神实体。阿威洛伊基于理性实体论所理解的"分离"是一种理性外在分离说，相反托马斯基于理性能力说而主张一种理性内在分离说，即托马斯所理解的"脱离"或"分离"并不是指理性是能够脱离灵魂而独立存在的精神实体，而是说，理性灵魂作为身体的本质形式（substantial form）不会随着身体的消亡而消亡，而是仍然在其自身就能进行某些运作（subsistence），人的认识能力至少是超越于身体的器官功能，理性作为灵魂的能力可以和躯体相分离，实体是灵魂，而不是理性。① 因为那样，阿威洛伊无论如何都不能解释"这个人在理解"。托马斯在考察了希腊的漫步学派和阿拉伯的漫步学派之后认为，阿威洛伊根本误解了漫步学派的哲学家的思想，因为无论是特米修斯，还是阿弗洛蒂西亚斯的亚历山大，抑或是阿维森纳（Avicenna，980—1037），都将理性视为人的灵魂的一种能力，而非是一种外在于作为灵肉复合体的人的外部的某种精神实体，潜能理性和主动理性不是两种独立的理性，而是同一理性在两种不同的条件下的两种状态。托马斯之所以对理性独一论也毫不留情地加以挞伐，是因为它会完全抹杀了个体性灵魂的特性，而个体性的灵魂正是基督宗教中神拯救和惩罚的对象。

三、理性灵魂与亚里士多德的神学

托马斯通过对阿威洛伊的批判而极力维护一种个体性灵魂实体的存在，理性只是个体灵魂的能力，而非实体。按照托马斯的解读，我认为，既然灵魂是个体性的，那么个体灵魂的沉思也具有个体

---

① ST Ia, q. 75, a. 2; Coimbra, Liber II, c. 1, q. 2, a. 2, 49: "Inter animas sola intellectiva est subsistens secundo modo. Probatur, quia omnes animae, excepta intellectiva, educuntur de materiae potestate…"

性,但个体性的沉思也不完全等同于神的沉思。首先,亚里士多德所说的理性不能等同于神性理性自身。人的理性只是与神性理性相似。在 EN Ⅹ 8 中,亚里士多德提到"一种确定的相似性"(ὁμοίωμά τι; 1178b27),而在 Metaph. ⅩⅡ 7,他认为在人的沉思与神的沉思之间具有程度的不同(μᾶλλον, 1072b25f.)。笔者认为,基于 πρὸs-ἕν 的同一性,这是指一种非同类上的相似性(non-generische Ähnlichkeit)①,ὁμοίωσις 这个概念具有不同的涵义,它既可以指在性质上的相似,也可以指在同种类上的相似,但是还有另外一种非同类上的相似(Metaph. Ⅴ 6. Top. Ⅰ 17;EN Ⅰ 4, 1096b26 - 29;尤其 EN Ⅶ 2, 1155b13 - 16),甚至在不同种类的事物上也可以表现出不同的强度的对比(τὸ μᾶλλον καὶ ἧττον)。我们在 EN Ⅹ 8. 1178b7 - 32 和 Metaph. ⅩⅡ 7. 1072b14 - 30 中的文本中都不能十分清晰地看出,亚里士多德所说的人与神的沉思是同一种类上的相似(eine Art-Identität)。在 EN Ⅹ 8. 1178b7 中,他提到人的幸福在于某种沉思活动(θεωρητική τις ἐνέργεια),与在 EN Ⅹ 8. 1178b32 中所说的人的幸福是某种沉思(θεωρία τις),关键是这里的不定冠词 τις,它代表沉思活动中的某种特定的一种,但沉思活动可以有不同种,所以亚里士多德之前说,理性只是在一种相对的意义上具有神性(1177b30f)。在 Metaph. ⅩⅡ 7. 1072b14 - 30 中,第一实体或首要原则基于它在本体论上的确定性和可分离性而成为

---

① Stephan Herzberg 罗列出如下三种不同的对于相似性的理解:1. 阿弗洛狄西亚斯的亚历山大将人的沉思与神的沉思等同,这里的沉思已经不是人格性的沉思。2. Norman、Kahn 和 Bordt 认为,人的沉思和神的沉思在种类上相似,所不同的只是时间和强度。3. Wedin、Dudley 和 Oehler 却认为人的沉思与神的沉思具有本质上的不同,神的沉思是在一种无限制的和完美的意义上(in einem uneingeschränkten oder vollkommenen Sinn)得到实现的,而人的沉思只是在一种有限而不完美的意义上(in einem eingeschränkten oder unvollkommenen Sinn)得以实现的。我在这里赞同 Herzberg 的主张,即一种非同类上的相似,但为理解神的沉思,人的沉思仍然不可或缺。Herzberg, S., *Menschliche und Göttliche Kontemplation, Eine Untersuchung zum bios theoretikos bei Aristoteles*(Heidelberg, 2013), S. 111 - 112.

在其自身最被可认识的和清楚的,但是它对于我们的认识能力来说却是离我们最远的。① 按照 Metaph. XIII 9. 1074b35f 的说法,人的沉思活动借着与沉思的对象的合一也能思考自己本身,但这只是在一种次要的或附带的意义上人的理性沉思自身(αὐτῆς δ' ἐν παρέργῳ),而神的沉思被定义为理性对其自身的沉思(ἡ νοήσις νοήσεως νόησις,1074b34f)。如此,人的理性在沉思活动中的自我关联性(Selbstbezogenheit)只是附带或间接意义上的,而神的理性在沉思活动中的自我关联性却是在本有的或直接的意义上的(unvermittelt)。

其次,人的理性沉思具有个体性。亚里士多德无论是在《尼各马可伦理学》还是在《形而上学》中都强调沉思生活(βίος θεωρετικός)是人在今生所能获得的最大幸福。对于亚里士多德来说,幸福(εὐδαιμονία)是一个不断求索,反复实践,坚持不懈的努力过程和结果。面对变动不居的尘世,人应该通过不断的练习而获致伦理德性,达到中道,这就是实践智慧(φρόνεσις);在理论沉思方面,他特别强调,人应该尚真求实,在满足了基本的外在的善和身体的善的前提下,能独立而自足地过一种静观的沉思生活(θεωρία)。幸福就是符合最为完美和圆满的德性的现实活动(ἐνεργεία)。如若理性灵魂并非具有个体性,那么人为何还要在一生中汲汲寻求度一种符合德性的生活,为何还倾尽一生之努力以达沉思之高境?不同的个体因其付出的努力之不同,达到的符合德性的政治生活或沉思生活的程度也就应该不尽相同,如若人的理性沉思并不具有个体性,亚里士多德的整个哲学之努力岂不落空。所以,不管是支持托马斯还是阿威洛伊的解释,都不可避免地承认上述两个事实,人的理性并不等同于神的理性;人的理性沉思具有个体性。

---

① 参见:*An. Post.* I 2. 71b33 - 72a5; *Metaph.* VII 3. 1029b1 - 12; *Part. An.* I 5. 644b25f.

结　　论

　　这种争论形式直至今日仍然在亚里士多德专家学者们之间进行着,各有所执,莫衷一是。① 有的学者否定主动理性的本体意义上的分离说,而认为它只在定义上与身体可分②,这样的观点已得到反驳;有的学者倾向托马斯一边③,有的学者更认可阿威洛伊的诠释。但是,两种解读方式都有自己的问题。虽然主动理性、承受理性和潜能理性不是三个不同的理性,而是同一理性在不同方面的表达,但托马斯的理性能力说很难解释这同一理性的三个不同方面在同一个个体身上的差异;而阿威洛伊又无法为自己的理性单一论自圆其说,因为他无法解释"这个人在理解"。在这样的情况下,重新回到亚里士多德的哲学文本不失为一种明智之举。通过 EN Ⅹ 8 与 Metaph. ⅩⅡ 6 - 9 的某些段落,我们看到个体灵魂的沉思具有个体性,且人的沉思与神的沉思只是一种非同类上的相似性。如此,托马斯的解读方式更为可取。

---

　　① Zeller, E., *Die Philosophie der Griechen in ihrer geschichtlichen Entwicklung dargestellt*. 2nd edn. (Leipzig, Tübingen: Fues. 1856 - 1868). ii/2. 441; Guthrie, W. K. C., *Aristotle: An encounter* (vol. 6 A History of Greek Philosophy), (Cambridge Univ. Press, 1981), p. 324. Burnyeat, M. F., *Aristotle's Divine Intellect* (Milwaukee: Marquette Univ. Press, 2008), p. 48 - 52. Pichter, G., *Aristotles' 'De Anima'*. (Stuttgart, 1992), S. 391.
　　② Wedin (1988), ch. 5.; Hicks, R. D., *Aristotle De Anima*. With Translation, introduction, and notes (Cambridge Univ. Press, 1907), pp. 505 - 506; Caston, V., "Aristotle's two Intellects, A modest Proposal", *Phronesis* 44, pp. 199 - 227. Shields, C., "Intentionality and Isomorphism in Aristotle", *Proceedings of the Boston Area Colloquium in Ancient Philosophy* 11, pp. 307 - 330.
　　③ Brentano, F., *The Psychology of Aristotle, in Particular His Doctrine of the Active Intellect*. Trans. R. George (Berkeley: Univ. of California Press, 1977), pp. 106 - 161; Gerson, L. P., *Aristotle and Other Platonists*, (Ithaca, New York: Cornell Univ. Press, 2005), ch. 5.

生命原则与救赎对象

——两希融合视域下的灵魂

陕西师范大学哲学系 齐飞智

在明末清初来华传教士引入灵魂概念之前,中国本没有"灵魂"一词。1584年,罗明坚在肇庆出版《天主实录》,旨在为中国人介绍基督教所传教义,其中首次向中国人介绍亚里士多德式的灵魂三品。在此基础上,二十多年后,利玛窦所著的《天主实义》在介绍亚里士多德的灵魂理论时,以"生魂""觉魂"和"灵魂"分别对应于植物灵魂、动物灵魂和理智灵魂。[①] 毕方济的《灵言蠡勺》(1624)则称整个"亚尼玛"为"灵魂",并且完整地介绍了亚里士多德灵魂学说的内容。

然而,传教士在介绍和传布基督宗教信仰的过程中,为何同时介绍西方的灵魂学说?换言之,对于灵魂的知识如何有益于对基督宗教信仰的接受?这或许在很大程度上取决于来华传教士所接受的经院神学体系。艾儒略的《西学凡》(1623)向当时的士大夫展示了完整的西学体系和进学秩序。总西学为六科:文、理、医、法、教、道,为学必先修文学,而后进于理学,理学修毕,再依据不同的志愿分为四科。也就是说,如果想要钻研教会法(教)或关于天主的学问(道),必须先修习文理二科。其中理学即今天所说的哲学,艾儒略解释为"义理之大学"或"斐录所费亚"(*philosophia*)。理学又分为五家,按照进学秩序,第一年学逻辑(落日加/*logica*);第二年学物理

[①] 参见利玛窦著,梅谦立注,谭杰校:《天主实义今注》,商务印书馆2014年,第109页(第133节及注释5)。

学(费西加/physica);第三年学形而上学(默达费西加/metaphysica);第四年学数学(玛得玛弟加/mathematica)和伦理学(厄第加/ethica)。其第二年的物理学研修又分六大门类:闻性学、论有形而不朽者、论有形而能朽者、论四元行本体、详变化、论有形而生活之物。今天所谓的灵魂学说处于这个体系的第二科理学之第二家物理学(费西加)中的第六门类(论有形而生活之物)。依照这样的进学秩序,传教士如果想要让中国人充分认识天主的存在与神性,必然要将整个文理二科引入中国,通过修习文学与哲学,而后才能进达对神圣事物的知识。因此,对灵魂学说的介绍就是传教事业的题中应有之义。

然而,灵魂学说与基督宗教信仰的关系似乎又不止于此,不仅仅是作为认识天主所必要的准备性学科理学中第二家第六门类的内容,而是与基督宗教信仰之间存在更密切的关系。利玛窦的《天主实义》在谈论了天主创造万物和世人错认天主之后,立即开始谈论灵魂和灵魂的不朽。在这部介绍天主教要旨的书里,对灵魂的关注仅次于天主本身,并且利玛窦花了近一半的篇幅来辨析灵魂的问题。① 这也符合我们今天的常识观念:灵魂不朽是宗教信仰的重要前提。② 然而这一前提却远非它看上去那般自明,否则利玛窦也不至于大费周章地证明灵魂不朽。此外,灵魂不朽作为基督宗教信仰的前提看上去也缺乏明显的必然性,历代信经中都不曾宣告灵魂不朽,而基督宗教信仰的核心——天主创世、道成肉身、末日审判、肉身复活、罪得赦免等信念,都不必然要求灵魂不朽,也不必要对灵魂的本质和不朽做出理论说明。事实上,《圣经》中的灵魂观念前后并不一致,《新约》的灵魂观念同《希伯来圣经》有很大不同。

---

① 利玛窦《天主实义》正文共八篇,其中第3—5篇专题辩论灵魂的不朽。
② 不仅仅是宗教信仰,很多时候也是道德的前提,例如康德以灵魂不朽为实践理性的三大悬设之一。

一、《圣经》中的灵魂观念

《希伯来圣经》中并无与身体相分离的灵魂。不过,圣经希伯来语中的确存在表达生命原则的概念נֶפֶשׁ,这个词在《希伯来圣经》中出现了754次,是理解《希伯来圣经》灵魂观的重要线索。作为生命原则或"灵魂",同希腊文及之后的西方文化一样,可以用来指称有生命之物,如动物和人,也可以用来表示情感、欲望、希求等意志行为的主体,也是理性的主体。① 然而,《希伯来圣经》中并没有明确地表达灵魂不朽,也没有明确地表达灵魂有死。在《希伯来圣经》的观念中,虽然存在身体和灵魂的区分,但二者的相互依附性要高于二者的对立,而且似乎不能相互分离,而是相互协作的。灵魂与身体一同成为人的生命,作为救赎对象参与宗教信仰。② 在灵魂与身体的关系表述上,基督宗教的《新约》与《希伯来圣经》截然不同。

《新约》中共有104处出现"灵魂"($\psi\upsilon\chi\eta$)一词,用法与希腊文的惯用法一致,在绝大多数的经文中表达"生命"或"生命原则"的含义。在基本含义上,我们可以将$\psi\upsilon\chi\eta$等同于נֶפֶשׁ,可以指称生命及有生命之物。

《格林多前书》十五章45节引述《旧约》,称亚当成了一个"生灵"($\psi\upsilon\chi\eta\ \zeta\tilde{\omega}\sigma\alpha$)。③ "灵魂"本身就是用来表达生命的,此处再用"活着的"($\zeta\tilde{\omega}\sigma\alpha$)或"属于生命的"($\zeta\omega\tilde{\eta}\varsigma$)来加以限定似乎是多余

---

① 《希伯来圣经》在表达情感或理性主体的时候,还可以用לֵבָב(通常中译为"心")。它与נֶפֶשׁ基本上是同义的,只是在使用频率上各有偏重。一般来说,表达意志行为时多用נֶפֶשׁ,而表达理性功能时多用לֵבָב。

② 例如:依10:18;申12:23;约14:22

③ 参见创2:7,与默16:3所不同的是,这里用来限定$\psi\upsilon\chi\eta$的是动词$\zeta\acute{\alpha}\omega$的分词形式,$\dot{\eta}\ \psi\upsilon\chi\dot{\eta}\ \zeta\tilde{\omega}\sigma\alpha$相当于英文中的 the living soul。

的。如果将《格林多前书》的"亚当成了生灵"对应到《旧约》中①,可以发现这个结构就来自《希伯来圣经》本身:וַיְהִי הָאָדָם לְנֶפֶשׁ חַיָּה(创 2:7),《七十子译本》以 ψυχή 对译 נֶפֶשׁ,而以 ζωή 对译 חַי,因而出现了"生灵"(ψυχὴ ζῶσα)这样的组合。一方面,两个意义相近的词叠放在一起组成词组,可以理解为一种强调,以"生灵"(ψυχὴ ζῶσα、נֶפֶשׁ חַיָּה)这样的词组出现,强调了灵魂之为生命的观念。另一方面,在希腊文的文化语境中,将灵魂视为一种生命原则,死亡在于灵魂与肉体的分离。从这个角度来理解,"生灵"(ψυχὴ ζῶσα)这个词组除了强调的意味之外,可能还表达了某种实质性的含义:与肉体相结合,而非与身体相分离的灵魂,就是活着的(ζῶσα)灵魂(ψυχή)。这样一来,"生"与"灵"便不再是同义反复,限定词是有实际的限定意义的。在这两句经文(默 16:3 与格前 15:45)所说的"灵魂"是使身体具有生命的生命原则,而非与身体相分离的灵魂。这就暗示了《新约》灵魂观的一个重要认识:灵魂能够脱离于身体独立存在。

《默示录》的作者所看见的灵魂明显是与身体相分离的,即身体的生命已经死亡了的灵魂(默 6:9)。《玛窦福音》的表达也很清楚,有一种力量能够杀害肉身却不能杀害灵魂,说明灵魂能够独立于肉身而存在(玛 10:28)。进而,以"灵魂"(ψυχή)和"肉身"(τὸ σῶμα)的对举,表达了灵魂的非身体性(ἀσώματος),这与希腊古典哲学的灵魂观念是一致的。《新约》中有个别地方甚至非常明确地表达了灵魂与肉身的对立。②

"灵魂"作为生命以及独立于肉身的生命原则这两个义项在《新约》里是并存的,这也就解释了一些经文的冲突。一方面应该珍视独立于肉身的灵魂(玛 16:26;谷 8:36-37;路 9:56),另一方面,既然要珍视那与肉身有别的灵魂,那么就不应该过分看重肉身,也不必太过在意灵魂与肉身的分离。换句话说,不要看重自己的生命

---

① 可能是通过《七十子译本》:ἐγένετο ὁ ἄνθρωπος εἰς ψυχὴν ζῶσαν。
② 伯前 2:11:"应戒绝与灵魂作战的肉欲。"

(路 14:26;宗 20:24)。

此外,《新约》作者非常熟悉"灵魂"一词在希腊文中的多义性,以至于利用这种多义性来制造语句表面上的矛盾。例如四部福音书中都有表述的"获得性命"与"丧失性命"的关系:

> 谁获得自己的性命,必要丧失性命;谁为我的缘故,丧失了自己的性命,必要获得性命。(玛 10:39)①
> ὁ εὑρὼν <u>τὴν ψυχὴν</u> αὐτοῦ ἀπολέσει <u>αὐτήν</u>, καὶ ὁ ἀπολέσας <u>τὴν ψυχὴν</u> αὐτοῦ ἕνεκεν ἐμοῦ εὑρήσει <u>αὐτήν</u>.

如果要这个句子能够被理解,"获得"和"丧失"的"灵魂"就必须是不同的含义。在《圣经》语境中,一者指尘世的生命,一者指永恒的生命。两种生命的对立颇有柏拉图主义的意味:只有放弃必死的尘世生命,才能获得不朽的生命,即生命原则本身。而从犹太—基督宗教的信仰语境中去解读的话,就必须考虑肉身复活的观念,两个生命其实是同一个生命,只不过一个是复活之前的必死的生命,而另一个是复活之后的永生。"获得"与"丧失"所表达的并非灵魂与身体的关系,而是同一个灵魂在复活中的改变,是弃绝尘世生活而得入天国的改变。

综上,《新约》的灵魂观与《希伯来圣经》最大的不同之处在于强调灵魂与身体的对立。② 在《希伯来圣经》中,灵魂与身体一同成为救赎对象,而在《新约》中,只有灵魂是救赎对象,甚至为了灵魂的得救,还要舍弃肉身。可见,《新约》的灵魂观念并不直接来自《希伯来圣经》,而是有另外的观念来源。合理的推测是:这种将灵魂与身体

---

① 类似的表达还见于玛 16:25;谷 8:35;路 9:24;17:33;若 12:25。
② 除了 ψυχή 之外,πνεῦμα 也常用来指称灵魂,在保禄书信中,πνεῦμα 取代 ψυχή 成为能够与肉身相分离的生命原则和意志主体,思高本译文"神魂",用以与 ψυχή(灵魂)相区分。保禄明确地将人分为神魂、灵魂和肉身三个部分。(得前 5:23)

相分离,仅仅以灵魂为救赎对象参与宗教信仰的二元论观念直接来自希腊的灵魂观念和学说。

二、希腊式的灵魂学说

这里无法详述所有的希腊灵魂学说,以下只概述柏拉图、亚里士多德和斯多葛派的灵魂学说。这是对希腊世界产生影响最大的三种灵魂学说,并且相互之间有较大的差异,一个简略的概述就足以说明三者之间的差异及共同之处。

(一) 柏拉图

柏拉图的灵魂学说集中表述于《斐多篇》之中,苏格拉底在赴死之前最后的谈话的主题是哲学家面对死亡所自然而然具有的勇气,这勇气来源于对死亡的认识:死亡对于哲学家来说并不是坏事。为了说明从事哲学就是练习死亡,《斐多篇》中的苏格拉底一开始就将身体和灵魂放在对立的位置。受到身体影响的感官是不可靠的,身体是灵魂认识真理的障碍,灵魂只有与身体相互分离才可能认识纯粹的知识,追求可靠知识的哲学思考就是尽可能地将灵魂与身体分开,尽可能地摆脱身体的干扰。而死亡恰好就是灵魂离开身体独立存在的状态。从这个意义上讲,哲学就是练习死亡的技艺。① 然而,这个想法的前提在于灵魂不朽,这也是《斐多篇》中着力最多的论点。自然界中存在对立面相互产生的现象,例如大的来自小的,较弱的来自较强的。死来自生,那么反过来,生也来自死。② 死生的对立与转换加上"回忆说",就能够说明灵魂在生前存在,并且来源于死,也就在某种程度上说明了灵魂不朽。"回忆说"是一种非常有影

---

① *Phaedo*, 64C - 67D.
② *Phaedo*, 70E - 72D.

响力的认识论观点,这种观点认为我们并不是从经验观察和学习当中得到知识,通过经验观察和学习,接触一些与知识类似的现象和意见,在这些现象和意见的提示下,我们自己就能够获得知识,就好像我们其实早已经知道这些知识,只是后来忘记了,在经验的提示下又重新回忆起来了。① "回忆说"说明了灵魂在身体之前存在,但是并不能说明灵魂在死后存在。柏拉图笔下的苏格拉底通过灵魂与身体的对立来表明:死亡是身体的分解,而灵魂是神圣、单一、不可分的(不同于身体),因此在死亡之后,灵魂并不消散。② 死亡在于灵魂与身体的分离,各自回到各自的领域,身体属于可朽的物质世界,而灵魂则进入澄明的神界(或纯粹的知识领域)。哲学的意义就在于区分这两个世界,并且反复练习脱离身体的技艺。那些没有从事哲学的人,其灵魂因为贪恋身体,而在死后难以飞升,成为鬼魂,堕入轮回。③ 关于灵魂的堕落和飞升,在《斐德若》(Phaedrus)中有非常形象的比喻:灵魂如果完善,则羽翼丰满,飞升神界而统治整个宇宙;但若失去羽翼,就会向下落,附上一个身体,成为可朽的灵魂。④

这样的灵魂论在《斐多篇》中遭遇两个挑战,一个是西米阿斯(Simmias)表述的"和谐论":灵魂是一种和谐,就仿佛竖琴当中的和声,虽然不同于竖琴,和声是无形体的和神圣的,但是和声却依赖竖琴,也就是说,身体死亡的时候,和谐就被打破了,灵魂也就消散了。⑤ 柏拉图笔下的苏格拉底应对这种"和谐论"可谓游刃有余,"回忆说"揭示灵魂先于身体,然而琴弦之间的和谐则是在竖琴产生出来之后才产生的;和谐是一种完备的状态,和谐之中不可能包含不和谐,如果灵魂是和谐的话,那么所有灵魂都是一样的,灵魂中也就

---

① *Phaedo*, 73A–77A, *Meno*, 82B–85B.
② *Phaedo*, 78B–81A.
③ *Phaedo*, 81D–84B.
④ *Phaedrus*, 246C.
⑤ *Phaedo*, 86A–86D.

没有善恶之分;和谐是一种被动的状态,受动于身体,而灵魂应该是主动的,施动于身体的一方。① 另一个挑战来自克贝斯(Cebes):通过"对立面相互产生""回忆说"和灵魂与身体相互分离的理论,柏拉图笔下的苏格拉底只是说明了灵魂在身体产生之前就存在,并不随着身体的消亡而消亡,但是并没有真正地证明灵魂不朽。灵魂在不同的身体之间轮回,就仿佛一个人换不同的衣服,衣服穿坏了,但是穿衣服的人依然活着,但是难保某一天这个穿衣服的人也会死去;灵魂也是如此,我们可以说明灵魂并不会随着身体的消亡而消亡,但是难以保证灵魂永远不灭。② 柏拉图笔下的苏格拉底针对这个挑战开启了"第二次起航",祭出了"理念论"这个杀手锏:在讲到"对立面相互产生"时,说较大的来自较小的,是说较大者在成为较大者之前是较小的,但是较大者之所以大并不是因为较小者,而是因为大本身;同理,我们说某物是美的,其原因在于美本身;某物是善的原因在于善本身。这个大本身、美本身、善本身,就是柏拉图所说的理念($\varepsilon\tilde{\iota}\delta o\varsigma$),理念是绝对的和完满的。大本身就是绝对的大,没有比大的理念更大的东西了。较大者有可能变为较小者,但是这种改变无损大本身绝对的大,大的理念是不可能发生变化的。一个身体之所以具有生命,其原因就在于生命本身,我们将这带来生命的原因称之为灵魂,因此灵魂是不可能与生命相反的,因而是永远不死的。③ 就这样,柏拉图得出了他的灵魂论的最终形态:灵魂是一种理念。

(二) 亚里士多德

亚里士多德似乎可以接受"理念论"形态的灵魂观点,只是这理念是作为形式因而非脱离质料而在另一个世界存在的实在。他在

---

① *Phaedo*, 92A - 95A.
② *Phaedo*, 87A - 88B.
③ *Phaedo*, 99D - 107A.

《论灵魂》(De Anima)中对灵魂所做的定义中,认同灵魂是一种形式(εἶδος),更准确地说,是一种非身体但不能脱离于身体的实现形式(ἐντελέχεια)。① 亚里士多德所反对的柏拉图灵魂观出自具有明显毕达哥拉斯特色的《蒂迈欧篇》(Timaeus)。在这篇对话中,造物主以数为材料,按照神圣且和谐的比例关系构造出宇宙的灵魂,这个灵魂是依靠自身永恒运动的,内涵理性与和谐,这个灵魂被放在一个完善生命体的中心,并扩展到整个身体,使完善的生命体可以做圆周运动,天体就是以这样生命体为模本被创造出来的。② 而人的灵魂则是由宇宙灵魂混合其他材料制造出来,因而是不纯洁的,混杂了感情与欲望。③ 亚里士多德则对《蒂迈欧篇》中将宇宙灵魂设想为有形体的并且做圆周运动表示不满。④

亚里士多德的灵魂研究相较于他的老师更为平实,也更近乎科学的态度。通过考察之前哲学家在灵魂上的观点和对公认的灵魂现象的概述,确定灵魂的定义。与柏拉图不同的是,亚里士多德在研究中并不预设灵魂的高贵起源,甚至在论文中也不提及起源,只提供经验的知识和推理;再者,柏拉图的灵魂论似乎有强烈的道德目的感,而亚里士多德对这一问题的研究纯粹出于好奇心⑤,关注的也不单单是人的灵魂,而扩展到所有生命的灵魂。亚氏由灵魂作为"具有自然机能的身体的首要实现"(ἐντελέχεια ἡ πρώτη σώματος φυσικοῦ ὀργανικοῦ)⑥的定义出发,进一步探讨不同生物的灵魂所实现的机能。所有有生命物都必然具有吸取营养、生长与衰败的机能。这部分称之为"营养机能"(θρεπτικόν)。植物的灵魂只有这个部分。而动物能够呈现出感觉(αἰσθητικόν)与运动(κινητικόν)的

---

① Aristotle, De Anima, 414a13 - 28.
② Timaeus, 34B - 36D.
③ Timaeus, 41D - 42B.
④ Aristotle, De Anima, 406b26 - 407b11.
⑤ Aristotle, De Anima, 402a1 - 4.
⑥ Aristotle, De Anima, 412b5.

机能,人则独有理智(νοῦς)。按照亚里士多德的理解,灵魂应该不能与身体脱离而独立存在,但是《论灵魂》的行文中时而会出现一些模棱两可的说法,尤其突出的是在第三卷第五章中出现了灵魂的主动理智部分可以与身体相分离的说法。①

(三) 斯多葛派

斯多葛派将哲学分成三个部分,分别关涉自然、伦理与逻辑。② 在这个分类中,关于灵魂的研究被放在自然哲学之中,属于宇宙论的一部分。哈姆(David E. Hahm)从物理学与生物学这两个维度来分析斯多葛派的宇宙论。③ 物理学的宇宙论认为宇宙是唯一的和有限的球形物体,位于无限的虚空之中,由地、水、火、风四种元素构成,这四种元素按照一定的秩序围绕球形宇宙的中心排列;四种元素可以相互转换,每一种元素都对应一种性质,火对应于热,气对应于冷,水对应于湿,土对应于干;在宇宙内部,物质是连续的,没有虚空。④ 生物学的宇宙论认为宇宙也是一种生命体,具有灵魂和理智,并且具有感觉和理性的能力,也就是说,宇宙也有其灵魂。⑤ 章雪富将哈姆所论述的这两个宇宙论维度概括为形体主义(Corporealism)与宇宙生机论(Cosmobiology):形体主义意味着宇宙之内一切实存之物都是物体,都是有形体的,包括灵魂、情感、美德之类也都是物体;生机论则是强调整个宇宙是一个具有宇宙灵魂的生命体。⑥ 其实,形体主义与宇宙生机论是从两个角度来描述同一个事物,斯多葛派宇宙论的特征在于物体与灵魂的同一:物体具有灵魂,灵魂也

---

① Aristotle, *De Anima*, 430a10 – 25.

② Laertius., 7.39.

③ David E. Hahm, *The Origins of Stoic Cosmology*, Ohio State University Press, 1977, pp. 91 – 184.

④ Ibid., p. 115.

⑤ Ibid., p. 160.

⑥ Laertius., 7.142,参见章雪富:《斯多亚主义(Ⅰ)》,中国社会科学出版社 2007 年,第 57—72 页。

是物体。

　　灵魂与(非灵魂的)物体的合一并非伊壁鸠鲁式的原子之间的混合排列，而是一种毫无空隙的水乳交融，如一滴酒滴入大海，完全渗透进整个海洋。① 斯多葛派对人的灵魂的认识也是比照宇宙灵魂而来的，斯多葛派事实上将人作为宇宙整体的一部分，宇宙整体是有生命的理性存在物，而人作为"小宇宙"，具有同大宇宙类似的灵魂。② 事实上，人的灵魂就是宇宙灵魂的一部分。③ 其本质是我们生而具有的气息（πνεῦμα）。④ 按照元素与性质的对应关系，气息应该是冷的，但是作为灵魂的气息却是发热的（ἔνθερμον），是生命和运动的原因。⑤ 宇宙灵魂遍布宇宙的各个地方，在不同地方表现为不同的功能，在有的地方表现为习性（ἕξις），在有的地方表现为理性（νοῦς）；人的灵魂也是如此，遍布于身体的各个部位，在不同的部位表现出不同的官能。⑥ 在这个意义上，灵魂分为八个部分：五种感觉（αἰσθητήρια）、语言能力（φωνητικόν）、理智能力（διανοητικόν）和生殖能力（γεννητικόν）。⑦ 其中理智能力出自灵魂的统治部分（ἡγεμονικόν），位于心脏。⑧ 这是灵魂中最重要的部分，除了理性之

---

　　① Laertius.，7.151；Plutarch，*Moralia*，1078e. 参见章雪富：《斯多亚主义（Ⅰ）》，第69页。

　　② Edward Vernon Arnold，*Roman Stoicism*，New York：Books For Libraries Press，1971，(262，264)。

　　③ Laertius.，7.143；7.156.

　　④ Laertius.，7.156.

　　⑤ Laertius.，7.157. 盖伦(Galen)据此认为灵魂是由火与气混合而成的，参见：Brad Inwood，& Lloyd P. Gerson，trans.，*The Stoics Reader：Selected Writings and Testimonia*，Indianapolis：Hackett Publishing Company，Inc.，2008，p.99。

　　⑥ Laertius.，7.139.

　　⑦ Laertius.，7.110，但是在7.157中说法略有不同，"生殖能力"由"种子理性"（σπερματικοὺς λόγους）取代，而"理智能力"由διανοητικόν换成了λογιστικόν。

　　⑧ Laertius.，7.159；另有一说位于头部，见：Aëtius4.21.4，Brad Inwood，& Lloyd P. Gerson，trans.，*The Stoics Reader：Selected Writings and Testimonia*，Indianapolis：Hackett Publishing Company，Inc.，2008，p.100。

外,还产生表象、赞同、感知、冲动。① 灵魂气息就从这一部分延展到其余的七个部分,仿佛章鱼的触角,延伸至眼、耳、鼻、舌、身而有五识,至生殖器官而有生殖能力,至喉舌而有语言能力。② 感知觉的产生全赖外物与感觉器官相接触,由灵魂生气传导至统治部分而形成,并最终由整个灵魂承受。③

灵魂作为发热的气息,按照斯多葛派的融合方式与身体相融合,通过身体器官而产生感知觉和生命。死亡就在于灵魂与身体的分离,而灵魂本身的必死性也是斯多葛派哲学家的共识。帕奈提乌斯(Panaetius)认为宇宙灵魂是不朽的④,然而却认为个体的灵魂是可朽的,因为凡有生者皆有死,而个体灵魂是受生的;另一个论证是:凡是感受疼痛者皆可病,凡病者皆可死,灵魂能够感受痛苦,因而灵魂可死。⑤ 但是斯多葛派的哲学家们通常并不认为灵魂会在离开身体的瞬间死亡,在离开身体之后,灵魂还会持续一段时间。克里昂忒认为所有人的灵魂都会持续存在,直到被宇宙大火($\dot{\epsilon}\kappa\pi\acute{\upsilon}\rho\omega\sigma\iota\varsigma$)毁灭,然而克律西波斯(Chrysippus)则认为只有圣贤的灵魂才会如此,一般人的灵魂只在分离后持续一段时间便消亡了。⑥ 有人还认为圣贤死后的灵魂就是所谓的守护神($\delta\alpha\acute{\iota}\mu\omega\nu$),继续关注人类。⑦

综上,希腊式的灵魂表述是各种各样的,灵魂学说也呈现出了多样性。然而,在上述三种有代表性的灵魂学说之间,对灵魂的认识却存在某些共同之处:强调灵魂与身体的差异;作为生命原则并且承担理性能力的灵魂在人的存在中是为主的;灵魂具有一定的神性,灵魂学说内含道德实践目的。斯多葛学派的灵魂直接与宇宙灵魂相关联。亚里士多德的灵魂作为身体机能的实现不能独立于身

---

① Aëtius 4.21.1.
② Aëtius 4.21.2–4.
③ Plotinus, *Enneads* 4.7.7.2–5.
④ Laertius., 7.142.
⑤ Cicero, *Tusculan Disputations*, 1.79.
⑥ Laertius., 7.157.
⑦ Laertius., 7.151.

体,然而在思想中可以将灵魂和身体分别归于实现和潜能这两个范畴,而最高级的灵魂(理智灵魂中的主动理智部分)似乎是可以独立于身体的。最具有宗教气息的是柏拉图的灵魂学说,它明显指示了一种基于对灵魂本性的认识的哲学修行之路——通过对肉身性的克服而达到灵魂的救赎,分明以肉身为沉沦的原因,以灵魂为救赎的对象。可以说,柏拉图的二元论灵魂学说对于基督宗教有深远的影响——虽然中世纪之后的基督宗教灵魂学说直接受亚里士多德的影响。

三、基督宗教灵魂论的第一次尝试

我们已知的最早的基督宗教灵魂论文本是 2—3 世纪的教父思想家德尔图良(Tertullianus)所作的《论灵魂》(De Anima),他第一次从基督宗教信仰的角度来谈论一个此前无数哲学家为之著书立说的哲学主题,对希腊哲学的灵魂论传统做出回应。

亚里士多德哲学研究大家乔纳森·巴恩斯(Jonathan Barnes)在一篇论文中为我们阐明了德尔图良对古代灵魂论传统的意义,即第一个关于"基督宗教灵魂论"(Anima Christiana)的表述。① 巴恩斯充分意识到德尔图良《论灵魂》的论战性质,即作者并没有意图建立一个系统的灵魂学说。然而他说,无论作者的意图是什么,都可以算作开拓性的灵魂研究,因为同所有的基督宗教灵魂论一样,德尔图良的《论灵魂》建立在两个基石之上:基督宗教教义和异教哲学。②

支撑德尔图良的灵魂论的教义主要有两个:一个关于原罪,另

---

① Jonathan Barnes, *Anima Chritiana*, Dorothea Frede and Burkhard Reis edits., *Body and soul in ancient philosophy*, Berlin & New York, Walter de Gruyter, 2009, pp. 447 – 464.

② Ibid., p. 449.

一个关于复活。根据原罪的教义,死亡的原因在于人类始祖所犯的罪,因而并非人的本性。如果死亡意味着灵魂与身体的分离,那么这种分离就是非自然的。① 对这种非自然的分离的救赎则涉及复活的教义,在最终审判的时候,被死亡强行分离开来的灵魂与身体要重新结合起来。那么,灵魂在死亡与最终审判之间的状态就是基督宗教灵魂论必须要回答的问题,而灵魂的本性和起源也是题中应有之义。②

既然教义已经提供了准绳,德尔图良为何还要依靠异教哲学呢?巴恩斯对此也并没有一个清晰的说明。一个直观的认识是:希腊哲学家是德尔图良的论敌,为了驳斥哲学家,他必须与哲学家处于同样的逻辑基础上,以哲学论证的方法来进行论证。然而德尔图良在《论灵魂》的开篇提醒他的读者,凭借启示已然能够认识全部的真理,不需要额外的哲学论证。③ 因此有一种观点认为德尔图良同时运用《圣经》权威和哲学论证针对不同的读者群,对于基督徒引用圣经权威就够了,但是对于异教徒,还需要哲学论证来进行说服。然而这种观点是错误的,因为它剥离了德尔图良《论灵魂》的具体的写作动机和文本语境:异教徒并非《论灵魂》的预定读者。巴恩斯对此已经有所批评④,他认为无论德尔图良的动机是什么,事实上其哲学论证一定是以《圣经》权威为准绳的,德尔图良所采用的哲学论证一定是与神圣教义相吻合的;这种论证虽然还是哲学论证,但已然带上了基督宗教的印记。⑤ 正是在这个意义上,巴恩斯以德尔图良

---

① Jonathan Barnes, *Anima Chritiana*, Dorothea Frede and Burkhard Reis edits., *Body and soul in ancient philosophy*, Berlin & New York, Walter de Gruyter, 2009, pp. 449 – 450.

② Ibid., pp. 450 – 451.

③ Anim., 2.7:除了天主所教导的之外,不要再有所发现,因为天主的教导就已然是全部了。Porro non amplius inueniri licet quam quod a deo discitur; quod autem a deo discitur, totum est.

④ Jonathan Barnes, p. 454.

⑤ Ibid., p. 454: Pagan thinkers make a positive contribution to Christian psychology.

的哲学论证作为其"基督宗教灵魂论"的基石之一。

巴恩斯在他的论文中简要地重构了德尔图良的灵魂论,向我们展示了德尔图良对哲学论证和《圣经》权威的运用。① 而后批评德尔图良的灵魂理论,称之为一种怪异的理论:"德尔图良的灵魂论并非一种坏的神学,甚至也不是一种好的神学,其问题在于它是一种坏的哲学。"②并从对德尔图良的批评中反思亚里士多德灵魂论的问题。③ 巴恩斯的批评是合理的,也是具有哲学洞见的,然而这种批评对于德尔图良而言却并不合适。正如他在这篇论文中的最后一句话所说的:"除开末世论,我们根本就不需要灵魂理论。"④事实上,德尔图良显然是能够赞同这句话的。

以巴恩斯为代表的现代德尔图良研究者很容易陷入一个误区,那就是对待德尔图良的哲学太过认真了,或者是千方百计地要为德尔图良在哲学史上正名。例如埃里克·奥斯本(Eric Osborn),他的主要贡献在于揭示了德尔图良充满张力的表述背后的合理性的思考模式以及这种张力背后所体现出的神学意义。⑤ 奥斯本的分析和阐述不可谓不严谨而精湛,他让我们看到德尔图良作为西方拉丁教

---

① Jonathan Barnes, pp. 454 – 461.

② Ibid., p. 462: "What is wrong with Tertullian's psychology is not bad theology, nor even good theology: it is bad philosophy."

③ Ibid., pp. 462 – 463. 德尔图良在论证理智(animus)与灵魂(anima)为一,并且灵魂统摄理智时,以理智为灵魂的功能和工具,灵魂运用理智进行思考。而亚里士多德将灵魂作为身体的机能(capacity)。乔纳森·巴恩斯指出这二者都是将功能(capacity)与所使用的工具(instrument)混为一谈。他举了一个例子来进行反驳:当我正在用刷子油漆窗棂的时候,我不小心把刷子弄掉了,然而我感到生气。这其中涉及三个行为:油漆窗棂、弄掉刷子、生气,这三者都可以说是我的机能(capacity),然而只有第一种用到了工具(instrument)刷子,后面两种行为都只表现出机能,而并没有工具。

④ Ibid., p. 464: "Eschatology apart, we need no theory of the soul at all."

⑤ 例如"雅典与耶路撒冷有何相干"以及"因为荒谬所以相信"等。参见:Eric Osborn, *Tertullian, First Theologian of the West*, Cambridge University Press, 1997,以及 Eric Osborn, *The Subtlety of Tertullian*, *Vigiliae Christianae*, Vol. 52, No. 4 (Nov., 1998), pp. 361 – 370.

会神学的源泉和开端的重要地位。然而巴恩斯的批评也并非全无道理,其灵魂理论的确难以在哲学上站住脚。这样一来,对于德尔图良的评价就陷入了一种怪圈,一方面,德尔图良对于基督宗教神学,尤其是天主教神学的意义,怎么强调都不过分;另一方面,严肃的哲学家往往不能认可德尔图良的理论,称之为"坏的哲学"。换言之,一个糟糕的哲学家是怎样成为一个优秀的神学家的?

无论对德尔图良是批评还是赞扬,只要是坚持一种理性主义的立场,或是将德尔图良视为理性主义者,都是对德尔图良最为重要的思想史意义的回避。2—3世纪,正是希腊和希伯来文化交汇的关键时期,也是基督宗教神学发源的时期,这一时期奠定了中世纪乃至近现代哲学与神学的根基。吉尔松(Étienne Gilson, 1884—1978)的《中世纪哲学精神》(*L'esprit de la philosophie médiévale*)揭示出了教父时期的思想史进程对后来的天主教哲学的影响。天主教哲学是一种受惠于希腊哲学传统,但也因基督宗教的信仰的引入而完全不同于传统希腊哲学的哲学。中世纪哲学精神并非是启示取代哲学,而是启示成就哲学。当现代学者顺着吉尔松的目光注视于两希文明交汇的教父时期的时候,首先映入眼帘的往往是诸如亚历山大教父或卡帕多西亚教父这样的以理性之光照亮信仰之路的希腊教父,因为他们代表了信仰与理性的交融与合作。然而,在理性与信仰的天平的另一端,还有像德尔图良这样与希腊教父们持完全不同的信仰进路的拉丁教父,他们提醒我们信仰的独特价值和异质性,谨防扩张的理性损害了信仰,进而——按照德尔图良的话来说——损害了真理本身。对信仰和理性之间的张力的强调无疑也是构成西方思想史的重要因素。

从这样的思想史角度来看待巴恩斯所谓的"基督宗教灵魂论"(*Anima Christiana*)时就会明白,德尔图良的《论灵魂》的重要意义不在于为希腊哲学的灵魂论传统打上了基督宗教信仰的印记,而是从基督宗教信仰出发去谈论一个传统的哲学论题,这事实上是信仰与理性之间的真理之争。

小　结

在考察了《新约》和《希伯来圣经》之间的灵魂观念转换、希腊的三种主要灵魂学说以及第一个基督宗教灵魂论的文本之后，回到灵魂学说对于基督宗教信仰的必要性问题上。我们会发现，灵魂不朽的信念及论证完全是希腊式的，这种信念已然深植于希腊化的心灵之中。"基督教的希腊化"是一种不太恰当的表述，因为基督教本身就是在希腊化的土壤中产生出来的，问题不在于基督教如何接受希腊哲学及希腊的灵魂学说，而是反过来，希腊化的知识分子如何接受基督教。德尔图良的灵魂学说的典范意义就在于以基督宗教的原罪和复活教义为准绳去裁量和评价希腊灵魂学说。神圣教义本身并不需要与肉身相分离的灵魂概念，以及对这一概念的精细论述。相反，根植于希腊化土壤中的灵魂学说需要以神圣教义为依据，并且在基督宗教信仰中完成它本身所内含的道德与实践意义。对于基督宗教教父思想家来说，真正的挑战并非对灵魂不朽的说明，而是对肉身复活的领受。

这也就不难理解明末清初的来华传教士对传布西方灵魂学说的热情。这并不是因为若无灵魂不朽之信念便难以达到对真天主的认识和信仰，而是灵魂不朽的信念本身就是基督宗教信仰的重要内容之一。

灵魂体三元论在中世纪陷入沉寂的原因[*]

武汉大学哲学学院　徐弢

三元论（Trichotomism）是基督教灵魂学说中的一种重要理论模式，其主要特征是对人之构成的"三分法"解释，即相信人不仅仅是身体或身体与灵魂的二元复合，而是同时包含灵（spirit）、魂（soul）、体（body）三部分。其中的"灵"是唯一有不朽性的精神成分，而且只有通过它，人才能过上高尚的"属灵生活"并与上帝建立亲密关系。"魂"则是人和动物共有的心理成分，包括情感、欲望、理性等诸多层面，只不过人的"魂"比任何其他动物都更发达而已；"体"是人与一切动植物共有的物质成分。[①]

灵魂体三元论有浓烈的基督教神学色彩（尽管在极少数非基督教的神哲学著作中也可找到它的踪迹，如第一位犹太哲学家斐洛以及古罗马的某些"诺斯替主义者"等）。在2—3世纪的早期教会（尤其是在当时罗马帝国东部的希腊语教会）中，三元论曾得到奥利金（Origen，185—254）等一些著名护教士的支持而盛行一时，但在基督教正统信仰纲领得以形成的4—5世纪，它却因受到"基督教诺斯替派"、阿波利拿主义和半佩拉纠主义等"异端"的牵连而遭奥古斯丁（Augustine，354—430）等众多权威教父和教廷的怀疑，乃至在随后

---

[*]　本文是教育部重大课题攻关项目"中国现代宗教学术史研究"（14JZD034）和国家社科基金重大招标项目"东西方心灵哲学及其比较研究"（12&ZD120）的阶段性成果。

[①]　参陈俊伟：《基督教灵魂观概论》，见陈俊伟等编：《灵魂面面观》，中国社会科学出版社2006年，第192页。

的中世纪经院哲学中陷入长期沉寂。直到宗教改革之后,它才再次得到部分西方神哲学家的青睐而获新生,并对当代基督教"灵恩运动"和部分亚洲教会产生了重大影响。①

据当代德国神学家德里兹(Franz J. Delitzsch,1813—1890)分析,6世纪后的大多数基督教哲学家之所以把三元论当作一种危险理论,其主要原因并非是由于该理论缺乏《圣经》依据,而主要出于对其可能导致的"三种错误"的担心:"对三种错误的担心导致了对《圣经》中的三元论思想的偏见。1.假冒的诺斯替主义(The pseudo-Gnostic)观点,即像奥利金那样把人的灵看成不会犯罪的神性的一部分;2.阿波利拿主义的错误,即认为基督具有与我们一样的体和魂,却以永恒的逻各斯取代灵在基督里的位置——由于受到这种对基督人性的狭隘理解的牵连,曾经在最初两个世纪的教会里盛行的三元论被4—5世纪的正统教父们怀疑是一种源于柏拉图主义和普罗提诺主义的错误观点。3.半佩拉纠主义的错误,即认为灵没有像魂和体那样受到原罪玷污。"由于德里兹本人是三元论的公开支持者,所以他并不认为三元论与这些"错误观点"之间具有必然的逻辑联系,而认为"尽管面对着这三种错误,但反对三元论的人必须承认,我们可以在完全不接受这些错误观点的前提下把人区分成灵、魂、体三个部分。"②不过,基督教哲学家对他提到的上述"三种错误"的担心确实是导致三元论在4—5世纪之后的基督教神哲学中引起巨大争议的原因。

三元论在基督教哲学中由发展走向衰落的转折点是381年第一次君士坦丁堡会议。这次会议在重申325年《尼西亚信经》的基础上,进一步对此前未最终确定的某些遗留问题做出明确结论。这次会议后,重新修订的《尼西亚信经》(亦称《尼西亚—君士坦丁

---

① Louis Berkhof, *Systematic Theology*, Grand Rapids: Eerdmans, 1953, p. 192.

② Franz Delitzsch, *A System of Biblical Psychology*, Second Edition, trans. by Robert Wallis, Edinburgh: T & T Clark, 2003, pp. 106 - 107.

堡信经》)不仅彻底否决了阿里乌(Arius,约250—336)和马其顿尼(Macedonius,?—约370)等人把圣灵说成受造者的观点,而且同时谴责了阿波利拿(Apollinaris,约310—390)及其追随者借三元论否认基督有"完全人性"之错误,以及"诺斯替派"和幻影论者借三元论否定"道成肉身"真实性之错误。到5世纪初,基督教终于形成在三一论和基督论问题上的正统立场,从而初步消除上述"异端"在教内引起的思想混乱。但与此同时,在早期教父中产生过广泛影响的三元论也因受阿波利拿主义和诺斯替主义的牵连而遭到某些教内人士的怀疑,后来又因与"半佩拉纠主义"(Semi-Pelagianism)的理论关联而遭到奥古斯丁等教父批判。尤其当奥利金学说在553年第二次君士坦丁堡会议上被定异端后,多数中世纪神哲学家开始把奥利金学说中的三元论看作一种危险理论而弃用。

一、阿波利拿主义对三元论的滥用及其招致的谴责

在4世纪的教会内部,曾爆发两场影响极大的神学争论。一场关于上帝三个位格的关系之争,另一场争论则关于基督神人二性的关系之争,而在两场争论中,先后被定罪的阿里乌派和阿波利拿派及他们的主要反对者都与三元论倡导者奥利金的学说有不同程度的关联。

阿里乌原本是亚历山大城教会的长老(还曾一度出任该城主教),故比较熟悉同样出自该城的护教士奥利金的学说。大约320年左右,他在奥利金逻各斯学说的启发下提出一个极具争议的新观点,即相信逻各斯就是圣子的灵魂,但逻各斯又不是完全的神,而是神的创造物,所以一方面,圣子次于圣父,而圣灵又次于圣子;另一方面,圣子也非完全的人,而是只有人的肉体却无人的灵魂的半神。

此观点一经提出,立即遭到同样推崇奥利金学说的当地主教亚历山大一世的反对。后者依据奥利金关于逻各斯的永恒性及其与圣父的同质性的学说对此观点加以驳斥。然而客观地说,阿里乌和亚历山大一世对奥利金学说的理解都是不全面的,因为正如当代神学家保罗·蒂利希所说,在奥利金本人的逻各斯学说中其实蕴含两种不同倾向:"第一,圣子与圣父是共同永恒的;第二,圣子有一种比圣父较少的真实性和存有的力量……圣灵的真实性是同样的,它在基督徒的灵魂中运行。"①正因为如此,当阿里乌的观点在325年尼西亚会议上遭到拒绝并在稍后被定罪时,其援引的奥利金学说并未马上遭到正统派的抛弃,而是能继续得到亚大纳西(Athanasius,296—373)和大巴兹尔(Basilius Magnus,330—379)等一批反阿里乌的教父的青睐。

然而值得注意的是,在奥利金学说中确实潜藏着某些容易被阿里乌之类的"异端"所利用的内容,而且在某种程度上,正是这些有争议的内容导致他本人在几个世纪后的第二次君士坦丁堡会议上被定异端。例如,奥利金虽未公开否定基督有"完全的人性",但某些追随者却能通过对其逻各斯学说及其灵、魂、体三元论的改造和滥用,而提出这一受到教会谴责的观点。在这些被基督教正统派视为"异端"的神学家中,以曾在尼西亚会议期间反对过阿里乌派观点的老底嘉主教阿波利拿最为出名。

由于尼西亚会议只谴责了"父先于子,子为被造而次于父"的阿里乌派观点,却只字未提基督神人二性的关系问题,所以在关于"三一论"的争论稍稍缓和后,长期悬而未决的"基督论"问题变得更加突出。在最早认识到这一问题重要性的老底嘉主教阿波利拿看来,正确的基督论应以强调基督自身的统一性为前提,而一旦承认基督同时有完全的神性和人性,则无异于承认"圣父有两个儿子,一个是

---

① 蒂利希著,尹大贻译:《基督教思想史》,香港道风书社2004年,第111、125页。

永生的,另一个是过继的"①。因此,他认为基督只能有一个本性(作为逻各斯的神性),是"只有一个本性的,作为道的上帝化成肉身"②。

可是这种否定基督有"完全人性"的说法很快遭到卡帕多西亚的希腊教父纳西昂的格里高利以及时任罗马教宗达马苏一世(St. Damasus Ⅰ,366—384年在位)的批评。为回应后者的批评,阿波利拿试图通过改造奥利金的逻各斯学说和灵、魂、体三元论,来为自己的基督论辩护。奥利金本人不仅相信"人是由体、魂和灵组成的",而且承认基督同样有灵、魂和体,只不过认为基督的灵是与永恒的逻各斯相联合的,并"已经完全消融在逻各斯的力量和光照之中"。然而,阿波利拿一方面采纳了奥利金把人区分为体、魂和灵三个要素的观点,另一方面又没有像奥利金那样把基督的灵与逻各斯之间的关系仅仅看作一种"神秘的联合",而是直接用逻各斯取代"灵"在基督里的地位。

按阿波利拿的解释,人虽由体、魂、灵三部分组成,但其中的体和魂都不过是一种既无意识又无理性的非位格的存在,唯有理性的灵才是有位格的存在,所以人性首先指的是人特有的灵,而不是人与动物共有的魂和体。然而,基督的魂和体虽与凡人的魂和体并无区别,但基督的灵决非凡人所有的那种理性的灵,而是作为上帝之道的逻各斯本身。③ 他在此基础上进一步指出,逻各斯即上帝本身,它虽通过道成肉身与人的魂和体结合,但这一结合丝毫没有改变和减损它固有的神性,因为"上帝在化为人的肉身之后仍保持其特有的纯洁的大能,仍拥有不受自然及肉体情感辖制的心灵,并以神圣而无罪的方式控制着肉身及肉体的情感,他不仅不受死的权能所

---

① 沃尔克著,孙善玲等译:《基督教会史》,中国社会科学出版社1991年,第165页。

② 冈萨雷斯著,陈泽民等译:《基督教思想史》第一卷,译林出版社2008年,第331页。

③ Frank L. Cross, *The Oxford Dictionary of the Christian Church*, New York: Oxford, 1990, p.72.

辖,而且要消灭死亡。"①因此一方面,由于基督有人的体和魂,所以他不反对在此意义上把基督称为人。另一方面,由于基督的灵并非凡人所有的那种灵,而是不变的逻各斯本身,所以他反对把基督称为完全的人,而只承认基督是完全的神。

尽管阿波利拿没有像后来的"基督一性论派"那样彻底否定基督的人性,而只是否认基督有"完全人性",但这一观点依然对基督教的信仰体系构成了潜在威胁,因为按照基督教根本教义,真正的拯救不仅是灵的重生,而是包括魂和体在内的完全得救,所以"神圣的神的儿子,为要医治与恢复人性,必须使他的神性与整合的人性,也就是对于人类很重要的部分结合起来。在他里面不属于人性的部分,在我们里面对应的地方就没有得到医治"。② 在4世纪,最早对上述基督论提出批评的神哲学家除了纳西昂的格里高利和教宗达马苏一世之外,还有尼撒的格里高利(Gregory of Nyssa,330—395)。在尼撒的格里高利看来,一旦像阿波利拿一样否定基督具有"完全的人性",就等于否定基督已通过道成肉身而成为"完全与我们一样的人",从而切断我们通过基督而完全恢复与上帝的关系的永生之路。③

在被称为"卡帕多西亚三杰"的希腊教父纳西昂的格里高利、尼撒的格里高利和大巴兹尔的努力下,阿波利拿及其追随者先后在377年罗马会议、378年亚历山大会议和379年安提阿会议上受到谴责,并最终在381年的君士坦丁堡会议上被正式定罪。此次会议之后,曾被阿波利拿用作论证工具的奥利金三元论在基督教神哲学中的影响有所削弱④,但由于上述三位反阿波利拿派的希腊教父本

---

① 冈萨雷斯著,陈泽民等译:《基督教思想史》第一卷,第330页。
② 奥尔森著,吴瑞诚等译:《基督教神学思想史》,北京大学出版社2003年,第193页。
③ John Kelly, *Early Christian Doctrines*, San Francisco: Harper Collins, 1976, p. 297.
④ 陈俊伟:"基督教灵魂观概论",见陈俊伟等编:《灵魂面面观》,第192—193页。

身也在不同程度上继承了奥利金学说,而尼撒的格里高利更是三元论的支持者,所以他们当初反对的主要是阿波利拿的基督论及其对奥利金学说的曲解,而不是被阿波利拿用作论证工具的三元论本身。

二、在反诺斯替主义的斗争中受到的牵连

在基督教反诺斯替派的斗争中受到的牵连是三元论在后来的基督教哲学中走向衰落的另一重要原因。诺斯替主义亦称"灵知主义"(Gnosticism),其名称源于希腊语中的"诺斯"(gnosis)一词,意思是一种可以让人获得拯救的神秘知识,所以古代的诺斯替派学者常自诩为"知者"或"智者"(gnostikos 或 knowers)。按照诺斯替派的观点,"诺斯"首先是一种关于神的知识,它不仅可以让拥有它的"知者"完成从"属魂"到"属灵"的转变,而且可以使他们由此成为神圣存在的参与者(partakers)。

从历史上看,诺斯替主义的产生要略早于基督教的诞生,但由于它本质上是一种跨种族跨宗教的思潮(在当时的希腊人、罗马人、犹太人、巴比伦人、波斯人的宗教中均产生过不同程度影响),加上早期基督教尚未确立公认的信仰纲领,更未及建立系统的神学体系,所以它得以在刚刚传入希腊罗马世界的初期教会中产生了较为广泛的影响。正因为如此,当代自由神学的代表人物哈纳克(Adolf Harnack,1851—1930)甚至将诺斯替主义称为"基督教的急性希腊化"(the acute Hellenization of Christianity)。①

然而,诺斯替主义代表的这种知识至上论不仅与使徒保罗的信仰至上论之间存在难以调和的矛盾,而且其过于庞杂的内容本身就是对基督信仰纯正性的一种威胁。例如,古代诺斯替派文献《约翰

---

① 约纳斯著,张新樟译:《诺斯替宗教》,上海三联书店 2006 年,第 29 页。

行传》的作者曾模仿使徒约翰的口气写道:"某一次我想捉住他(基督),忽然捉到一具物质的僵硬的身体,而另一次当我触摸了他,这实体却又是非物质的,好像毫无存在的样子……我曾屡次跟他同走,想察看他的脚印是否留在地面上;因为我看他好似举身离地,却从不曾见过他的脚印。"①后来,一些受该文献影响的基督教异端为否定肉身在宗教生活中的价值,竟然据此认为道成肉身只有象征意义,而真正的耶稣及其在世上的降生、受难和复活都不过是"幻影"。在2—3世纪的罗马城市以弗所等地,相信此说法的人还在教会内部形成了一个颇有势力的流派,即所谓"幻影派"(Docetism)。由于他们认为基督只有"虚幻的身体",从而与坚持"肉身的基督"的正统派之间形成了尖锐对立。②

因为诺斯替主义在早期教会中引起了严重思想混乱,所以早在尼西亚会议和君士坦丁堡会议之前,它便引起部分早期护教士的警觉。在这一时期的大多数护教士的著作中,均可看到他们对教内流行的各种诺斯替派观点的反驳。但直到4世纪后期,这场发生在诺斯替主义与正统基督教之间的斗争才以后者的胜利告一段落。在381年君士坦丁堡会议上,正统派通过重新修订的《尼西亚—君士坦丁堡信经》,完善了基督教第一部共同的信仰纲领,并成功地将一些具有明显诺斯替派倾向的观点(如幻影说)定为异端,从而为全面清除诺斯替派在教内的残余影响扫清了道路。由于一些被贬为"基督教诺斯替派"的人士,如2世纪的巴希理德(Basilides)、马克安(Marcion)、瓦伦廷(Valentinus)等常常利用灵、魂、体三元论来建构自己的拯救论,所以在全面清除灵知主义的残余影响的过程中,一些并非诺斯替派的神哲学家(如被称为"基督教柏拉图主义者"的克雷芒、奥利金等人)的三元论思想也不可避免地受到牵连,而遭到正

---

① 谢扶雅编:《基督教早期文献选集》,香港基督教文艺出版社1990年,第467页。

② 黑格尔著,贺麟等译:《哲学史讲演录》第三卷,商务印书馆1997,第173页。

统派的怀疑和抵制。

最初的诺斯替主义者并未把自己视为基督徒,但他们常按照自身观点来曲解基督教教义。例如,史上第一位知名的诺斯替主义者西门·马古(Simon Magus,生活于1世纪的撒玛利亚)不仅把耶稣视为他本人的道成肉身的先驱,而且公然宣称:"我是神(或神的儿子,或圣灵),我已经来到。这个世界已经被摧毁。人啊,因为你们的不义,你们行将灭亡。但是我想拯救你们。你们也看到我再次回来,带着天上的能力。"①这位曾被早期教父称为"异端之父"的诺斯替主义者并未提出明确的灵、魂、体三元论,但在其思想中同样表现出一定的三元论倾向,因为他与自己的门徒一方面把肉体说成低劣的"世界之神"德穆革(Demiurge)的作品和拘禁灵魂的牢笼,另一方面又把灵魂区分为"心灵"和"意念"这两个对立的原则,并且认为"高级原则,即伟大的能量就是这个结合体中的心灵,它统治万物,属阳性;而低级原则,即伟大的意念,则生养万物,属阴性"②。

随着基督教的日益壮大,2世纪之后的诺斯替主义者纷纷为自己披上基督教外衣,从而形成所谓"基督教诺斯替派"。例如,被黑格尔称为"最出色的诺斯替派学者"的巴希里德不仅自称基督教神学家,而且试图借助斐洛的隐喻解经法将拯救说成是人的灵魂从物质回归心灵或智慧的过程。③ 巴希里德等人为更好地论证诺斯替派的拯救论,还对人的构成做出了比奥利金更激进的三元论解释。他们认为,尽管人由体、魂和灵三个要素组成,但从最终极的根源上看,这三个要素又是从"世界的"与"超世界"的双重根源产生的。一方面,人的体和魂来自邪恶造物主德穆革创造的低级世界中的宇宙能量,后者按照所谓的"原人"(Primal Man)或"原型

---

① 约纳斯著,张新樟译:《诺斯替宗教》,第98页。
② 约纳斯著,张新樟译:《诺斯替宗教》,第100—103页。
③ 黑格尔著,贺麟等译:《哲学史讲演录》第三卷,第171—172页。

的人"(Archetypal Man)塑造人的肉体,又通过其自身的魂赋予肉体以生气。这些生气便是人的自然欲望和情感,它们分别来自不同的"星层"(宇宙层面),并共同构成人的源自"星层"的魂。因此,人的魂和体使他成为这个世界的一部分,并臣服于这个世界的"黑玛门尼"(heimarmene,即邪恶造物主赋予这个世界的自然规律或"普遍命运")。另一方面,内在于人里面的灵则是一部分从上界降落到这个世界上来的神圣质料所构成的"普纽玛"(pneuma)或"火花"(spark)。然而,由于邪恶造物主已将人的灵囚禁在魂和体之内,所以就像人本身在宇宙中受到七个"星层"包围那样,"灵"或"普纽玛"在人这一小宇宙中也受到源自"星层"的七层衣袍的包裹。因此,"在未获拯救的状态下,普纽玛沉浸在魂与肉体之中,对自己没有意识,在世界的毒气中麻木、昏睡、窒息了,简言之,他处于一种'无知'状态。他的苏醒与解放唯有通过'知识'才能实现"。①

从表面看,诺斯替主义的上述观点与《新约》保罗书信中的某些说法有一定相似。如保罗也曾说过:"所种的是血气的(psychic)身体,复活的是灵性的(pneumatic)身体。若有血气的身体,也必有灵性的身体。经上也是这样记着说:'首先的人亚当成了有灵的活人',末后的亚当成了叫人活的灵。但属灵的不在先,属血气的在先;以后才有属灵的。"(哥林多前书15章44—46节)由于保罗一方面用"血气"描述人类从其始祖亚当那里继承来的本性,一方面又用"灵性"来描述"末后的亚当"(即耶稣基督)对人类的恩赐,所以当代德国新约学者布尔特曼(Rudolf Bultmann,1884—1976)曾评价说,保罗似乎使用了一种"灵知主义的语言"。但与此同时,保罗也看到两者之间存在的根本区别,因为他虽不反对把人在尘世中的存在看作一种非本真的和堕落的存在,但又没有像那个时代的灵知主义者一样将这种存在状态视为不可抗拒的命运,而是将其归咎于人自身

---

① 约纳斯著,张新樟译:《诺斯替宗教》,第39页。

的罪恶。①

此外,诺斯替派对人类获得拯救的途径的看法也同保罗大相径庭。首先,诺斯替派认为人的灵(普纽玛)只有通过知识才能摆脱在魂与体的束缚下的"无知状态"而得拯救,但保罗认为人的得救不是凭借知识力量,而是凭借坚定信心得到的基督恩典和圣灵浇灌。其次,诺斯替派完全否定了体和魂在拯救中的价值,但保罗在着重强调灵的同时,并未完全否定体和魂的价值。② 如保罗不仅把"愿你们的灵与魂与身子得蒙保守,在我主耶稣基督降临的时候,完全无可指摘"作为对教会的祝福(帖撒罗尼迦前书 5 章 23 节),而且一再表明"就是我们这有圣灵初结果子的,也是自己心里叹息,等候着儿子的名分,乃是我们的身体得赎"(罗马书 8 章 23 节);"他(基督)要按着那能叫万有归服自己的大能,将我们这卑贱的身体改变形状,和他自己荣耀的身体相似"(腓立比书 3 章 21 节)。

因为诺斯替派对灵、魂、体三者及其彼此关系的解释与早期基督教的观点既有重大区别又有一定相似,加上该派两大代表人物巴希理德和瓦伦廷曾长期在基督教学术中心亚历山大城讲学并对当地教会有一定影响③,所以克雷芒与奥利金等一部分早期护教士在批判诺斯替派的极端希腊化倾向的同时,并未彻底否定其中包含的三元论。然而 4 世纪中期之后,随着一些具有明显诺斯替派倾向的观点(如幻影说、阿波利拿主义等)相继被定为异端,克雷芒和奥利金等人在反诺斯替派斗争中的不彻底性开始遭到日益强烈的批评。更严重的是,一些神哲学家还从他们的思想中发现了某些类似诺斯替派的倾向。例如,由于克雷芒不仅特别强调作为上帝之道的逻各

---

① Rudolf Bultmann, *Primitive Christianity in Its Contemporary Settings*, trans. R. H. Fuller, London: Thames and Hudson, 1956, p. 191.

② 参阅查常平:《新约的世界图景逻辑》第一卷,上海三联书店 2011 年,第 242—243 页。

③ 章雪富、石敏敏:《早期基督教的演变及多元传统》,社会科学文献出版社 2003 年,第 153 页。

斯就是"给人以光亮者",而且认为只有极少数"真正的智者"才能通过其内在的灵性去发现经文中隐藏的奥秘,所以后来一些神哲学家认为,他的观点容易导致一种"极其危险的教义",即"一种只能为少数领受道的光亮者所接受的灵知主义或贵族式的基督教教义",并且"易于将基督教缩小成一种必须通过道的启迪才能让人接受的高级真理"。① 此外,从奥利金三元论中同样可以引申出一些遭到后来的正统基督教谴责的结论,如灵魂先在说、轮回转世说和普救论等。因此,尽管他的观点曾得到亚大纳西、大巴兹尔和尼撒的格里高利等教父的青睐,但是关于其思想的异端性质的争论在 4 世纪之后几乎从未中断。在 553 年的第二次君士坦丁堡会议上,这场争论以他本人的学说被定异端而告结束。随后,召集这次会议的罗马皇帝查士丁尼一世发布了谴责其思想的正式禁令。

三、奥古斯丁对三元论解释的质疑和反驳

当罗马帝国于 4 世纪末分裂为东西两部分之后,以罗马为中心的西部拉丁语教会和以君士坦丁堡为中心的东部希腊语教会在神学上的分歧逐渐增大。就灵肉问题而言,至少在 6 世纪的第二次君士坦丁堡会议前,东部的神哲学家大都相信人由灵、魂、体三部分构成,而西部的神哲学家则大都接受奥古斯丁将人分为灵魂和肉身两部分的观点。② 然而,尽管最先提出三元论思想的几位护教士皆出自东部教会的学术中心亚历山大城和卡帕多西亚,但它在同时代的西部教会中也非毫无影响。如 5 世纪初期的拉丁神学家维克多(Vincentius Victor)曾在写给西班牙教会长老彼得(Peter)的两卷书

---

① 冈萨雷斯著,陈泽民等译:《基督教思想史》第一卷,第 215 页。
② 殷保罗著,姚锦森译:《慕迪神学手册》,香港香港福音证主协会 2001 年,第 297 页。

信中提出,人并非由灵魂和肉身两部分构成的,而是由外在的"体"、内在的"魂"和最内在的"灵"三部分构成。他还在书信中对当时已有极高声望的教父奥古斯丁的灵肉二元论进行了批评。

当奥古斯丁从朋友莱那图(Renatus)修士那里得到这两卷书信的抄本时,他刚刚在反佩拉纠派(Pelagianism)的斗争中赢得初步胜利——在415年耶路撒冷主教会议上,佩拉纠(Pelagius,约354—418)因反对正统的原罪说和预定论而被定为异端,并随即被处以"绝罚"。① 但与此同时,一种被称为"半佩拉纠主义"的学说又对奥古斯丁提出新挑战。"半佩拉纠主义"虽不否认人有原罪,却不认为原罪让人性完全败坏。为反驳奥古斯丁对原罪后果的解释,他们中的一些人在三元论基础上提出,尽管人的"魂"和"体"受到原罪的玷污,但人的"灵"依然纯洁,并在一定程度上保持着与生俱来的改恶从善能力。② "半佩拉纠主义"在基督教哲学中产生了比佩拉纠主义更持久的影响,而且它与奥古斯丁支持者之间的论战一直延续到16世纪宗教改革时期。可见,维克多的三元论观点在当时的西部教会中绝非孤立个案,而是反映了"半佩拉纠主义"与奥古斯丁主义在原罪说和预定论上的重大分歧。因此,奥古斯丁在获悉维克多对自己的批评之后,没有因为后者的年轻鲁莽而置之不理,而是连续给长老彼得、修士莱那图和维克多本人写了四卷书信,对维克多观点逐一反驳。

在这几卷后来被合编入《论灵魂及其起源》一书的书信中,奥古斯丁注意到,维克多等人宣称"魂不是灵"的主要理由有两方面。首先,他们认为"灵"是无形的理性和智性,而"魂"和"体"一样都是有形的。其次,他们发现《新约》中有某些把"灵与魂与身子"分开称呼的经文,而且《旧约》中也有"把我的魂与灵分离"(约伯记7章15节)

---

① 王神荫等编:《简明基督教百科全书》,中国大百科全书出版社上海分社1992年,第35—36页。

② F. Delitzsch, *A System of Biblical Psychology*, p. 106.

之类的记载。① 因此,他对维克多等人的驳斥也是从哲学分析和圣经解释两个层面展开的。

按照奥古斯丁引述的维克多观点,后者认为人的"魂"虽是通过上帝的气息造出来的,但"其自身的本性是实体的,有形的,就像它的身子,并与它的形象一致",因为它"可以在因自己的本性力量和旋转而转动、聚积的身体里面产生另一种形体,从而开始出现一个内在的人,它因为成形时有一张有形的外皮包裹,所以它的外貌是照着外在的人的样子造的"。然而,人除了有形的"魂"和"体"之外,还必须拥有一个无形的"灵",因为"这个出于神的气息的魂若没有一种最内在的理性和智性,就不可能存在,这种东西就是灵"。②

针对上述观点,奥古斯丁提出了两点反驳。他首先指出,如果真如维克多所说,"内在的人"(魂)是被包裹在"外在的人"(体)里面的"另一种形体",那么出于同样理由,似乎也可以把维克多所说的那个"最内在的理性和智性"说成包裹在"魂"里面的"第三个形体",而不是什么没有形体的"灵"。可是这样一来,在人的里面就再也找不到其他任何部分来领受《圣经》中所说的"上帝的形象"了,因为甚至连维克多本人也不得不公开承认"神是无形的"。他由此向维克多的观点提出一个严厉的诘问:"你是否要说,魂受了体的像,而灵取了神的像?似乎前者与体毗邻,后者与神接近,因而事实上是最内在的人而不是内在的人照着神的形象更新。然而这样的托词是无济于事的。因为如果最内在的人完全充满魂的各个部位,就像魂里面的人充满身体的各个肢体;甚至它现在已经借魂接受了体的形象,就像魂一样,那么只要前述的身体的形象仍然印在这上面,它就绝不可能接受神的形象……当你把灵魂当作有形的实体来考虑的时候,无论你愿意与否,你都会得出如此荒谬的结论。然而,连你自

---

① 笔者在当代的中文思高本《圣经》、中文和合本《圣经》中均未找到奥古斯丁引用的这段译文。

② 奥古斯丁著,石敏敏译:《论灵魂及其起源》,中国社会科学出版社 2004年,4 卷 20 章,第 295 页。

己也极为准确地承认,神不是形体。那么一个形体怎能接受他的形象?"①

其次,奥古斯丁还通过分析"灵"在《圣经》中的不同意义,进一步提出"灵是魂的一部分"的观点。他指出,维克多援引的那些经文非但不能证明其三元论观点,反而说明了他对这些经文的理解是片面的;因为《圣经》是在不同意义上使用"灵"这个词,所以"灵"在《圣经》中的意思有狭义和广义之分。然而,在维克多和其他三元论者常援引的那几节经文(帖前 5 章 23 节和约伯记 7 章 15 节等)里,"灵"的意思是狭义的,但这些经文的原意并非是要把"灵"说成不同于"魂"的另一个实体,而只是强调它并非后者的整体,所以"我们现在正在讨论的这一意义,即我们借此运用理性、智性和智慧,我们双方都承认,它之被称为灵(这样称呼的确是恰当的)是指它不包括整个魂,而是就魂的一个部分而言的。然而,如果你争辩说,魂不是灵,因为悟性才被明确地称为灵,那么你也很可能否认把雅各的全部子孙称为以色列,因为除了犹大,后来在撒玛利亚组建的十大支派都分别被明确地称为以色列。只是我们还有必要在这个话题上纠缠不清吗?"②除了狭义的"灵"之外,《圣经》有时还会用广义的"灵"来表示整个"魂",甚至用于泛指那些并不具有狭义的"灵"(即理性、智性和智慧)的"野兽的魂"。例如,在"他低下头,将灵交付神"(《约翰福音》19 章 30 节)这节经文中,《圣经》是在用作为部分的"灵"表示作为整体的"魂",而在《创世记》1 章 20 节和 7 章 22 节、《传道书》3 章 21 节等经文中,"灵"又在更广泛的意义上被用来表示那些无理性的动物的"魂"。③

在奥古斯丁看来,上述分析足以驳倒任何借口"魂"的有形性及其与"灵"的区别来否认灵魂的统一性的错误,所以他得出结论说:

---

① 奥古斯丁著,石敏敏译:《论灵魂及其起源》,4 卷 20 章,第 296 页。
② 奥古斯丁著,石敏敏译:《论灵魂及其起源》,4 卷 36 章,第 311 页。
③ 在当代中文思高本圣经与中文和合本圣经,将奥古斯丁提到的这几处经文中的"灵"一词直接意译为了"生命""魂""气息"等。

"我已经从《圣经》引证了足够的证据,确保你承认在这些段落里讲到的无理性的野兽的魂,就是没有悟性的魂,就是所指称的灵。其实,如果你能理解并明智地思考我们关于灵魂的无形体性所展开的讨论,你就不会再有任何理由反对我所说的我相信魂不是体,而是灵的话——既因为它显然不是有形体的,也因为在一般意义上它就被称为灵。"①

值得一提的是,尽管对三元论的反驳是奥古斯丁《论灵魂及其起源》一书的重要主题之一,但他的目的并不仅局限于此,而是为同时驳斥维克多等人在灵肉问题上的诸多其他观点,如"神不是从虚无而是从他自身造的灵魂""灵魂因肉身丧失了某种事工,就是它在未成肉身之前曾有的""灵魂借肉身恢复原状,并通过原就该受其玷污的肉身得重生""未受洗就死去的婴儿仍然可以得原罪之赦免",等等。在奥古斯丁看来,这些观点不仅是错误的,而且对基督教信仰造成了潜在威胁。② 同时,他还想借此机会谴责一些与维克多持有类似主张的错误见解,其中包括他正在与之论战的半佩拉纠派观点,以及已被定异端的阿波利拿派观点。例如,在写给莱那图修士的那卷书信(该书第二卷)中,他就着重谴责了同样支持三元论的阿波利拿派,并在此基础上重申自己对基督论的正统见解。他指出:

> 那些因为经上只说"肉中之肉",没有说"灵中之灵"就认为第一个女人的灵魂不是出于她丈夫的灵魂的人,其论证方式与阿波利拿派完全一样,没有任何区别。阿波利拿派反对主有人的灵魂所依据的理由不是别的,就是因为他们在经上读到"道成了肉身"这样的话。他们说,如果主里面也有灵魂,那经上就应该说"道成了人"。但这伟大的真理之所以用这样的术语来表述,其实就是因为《圣经》常常用"肉身"来描述人的整体,如

---

① 奥古斯丁著,石敏敏译:《论灵魂及其起源》,4 卷 37 章,第 314 页。
② 奥古斯丁著,石敏敏译:《论灵魂及其起源》,3 卷 22 章,第 270 页。

"凡有血气的都要见神的救恩"。因为光有肉身没有灵魂是不可能看见任何东西的。此外,《圣经》里还有许多段落都毫不含糊的表明,基督所成的人不只是肉身,而是一个人,也就是说,也包括理性的灵魂。①

---

① 奥古斯丁著,石敏敏译:《论灵魂及其起源》,1卷31章,第217页。

里沃的艾尔累德(Aelred of Rievaulx)的《论灵魂》(*De Anima*)*

中山大学哲学系　江璐

生活在 12 世纪的艾尔累德(1109—1167)是西多会修会在英格兰所创立的里沃修道院院长,他的著作可分为灵修一类(*Opera Ascetica*)和历史叙述类(*Opera Historica*)。在灵修类中,《爱之明鉴》(*Speculum Caritatis*)、《论精神性的友谊》(*De Amicitia Spirituali*)和《论灵魂》(*De Anima*)同时可视为他的哲学作品。这些作品很明显受到西塞罗、奥古斯丁和古代世界晚期教父的影响。《论灵魂》写作于他去世前不久,共有三部,却没有能够在生前完成。作品中讨论了灵魂不朽、灵魂与身体之间的关系以及与神学相关的死后灵魂所处状态的问题。与后人较熟悉的阿奎那的灵魂学说不同,艾尔累德的《论灵魂》作为亚氏灵魂论流传入西方之前所写作的作品,体现了中世纪灵魂论的一个不同的传统,即柏拉图和奥古斯丁传统。本文将以这部作品为例,来展现中世纪早期灵魂论的一些独特观点,并在对比下阐述亚氏学说流传入拉丁文西方之后中世纪关于灵魂学说所获得的一些转变,同时也借此介绍在汉语学界鲜为人知的这一位对后世神秘主义和灵修有着深远影响的西多会思想家。

---

* 本文为教育部青年项目"人格、自由和尊严:'Persona'概念在中世纪的发展"(项目号:16YJC720009)的成果,并获得中山大学"三大建设"专项资助。

一、中世纪关于灵魂学说的概况及背景

在中世纪讨论灵魂的学说中,主要有着两个不同的传统:亚里士多德传统和柏拉图—奥古斯丁传统。柏拉图对教父的影响很大,可以说,他把灵魂理解自我运动的原则的思想,不仅影响了东方的希腊文教父,同样也影响了古代世界晚期的奥古斯丁、卡西多罗斯(Cassidorus,490—585)和塞维拉的伊西多罗斯(Isidorus de Servilla,560—636),这三者都对中世纪拉丁文西方有着非常重要的影响。亚里士多德的《论灵魂》(Περί Ψυχής)虽然是在13世纪才从希腊文翻译到拉丁文的(1215年前由米歇尔·司各特翻译成拉丁文,之后威廉·摩尔贝克又一次翻译①),然而古代教父们在他们的学说中也融入了亚里士多德思想,所以在亚里士多德进入经院学之前,已有一定的亚里士多德灵魂论的影响所在。斯多葛学派的影响也随着教父进入到中世纪,比如关于气息"Pneuma"和"Psyche"灵魂的讨论。但在中世纪早期,占主导地位的还是奥古斯丁主义。我们在这特别要讨论的,也就是经院学全面发展之前的修院里的文化和理论。12世纪的柏拉图主义所接纳的文献并不仅仅包括了柏拉图的翻译者卡尔西迪乌斯(Calcidius),也包括西塞罗和马克罗比乌斯(Macrobius)、波爱修和马奇安努斯·卡佩拉(Martianus Capella)等人的作品。①

早期教父们在承继柏拉图传统的同时也对柏拉图的灵魂学说加以了批判,特别是他关于灵魂之先存性(pre-existence)的理论。比如,游斯丁就指出,灵魂并非如同柏拉图在《国家篇》(611e2)中所

---

① 参见 Frederick Copleston, *A History of Philosophy*, II, Doubleday, 1993, p. 205.

① Peter Dronke ed., *A History of Twelfth-Century Western Philosophy*, Cambridge University Press, 1988, p. 56.

认为的那样与神一样永恒,而是可死的,然而并不必然得出一切灵魂都是要消逝的。灵魂是可死的,这是因为它是受造物,然而由于上帝的公义,它同样可以不消散。灵魂并非是生命(vita),它只是拥有生命。游斯丁还随同《七十子译本》中的《德训篇》区分了灵魂以及那赋予生命的精神($\zeta\omega\tau\iota\kappa\grave{o}\nu\ \pi\nu\epsilon\hat{\upsilon}\mu\alpha$),灵魂会失去后者。同样,伊雷内(Ireneus)也不认为灵魂本质上不朽,而是上帝会赐予它永生。只有那赋予生命的精神才使得人得以永生,人是由身体、灵魂和精神所构成的。德尔图良曾写过一部已失传了的《论灵魂》,其中他延续了斯多葛派的思想,认为灵魂为精神(pneuma)。① 尼撒的格里高利著有《论灵魂和复活》(*De anima et ressurectione*)。在亚里士多德的影响下,他也持一种灵魂的形质说,并把灵魂定义为"在接纳灵魂的那一本性存在之际,一个生成的、活生生的、有理性的实体,它借着自身赋予身体生活即把握认知对象的能力"。与奥利金的看法不同,格里高利认为,灵魂没有先存。奥利金和德尔图良分别代表了不正统的两种学说,前者认为灵魂具有先存,而后者持有灵魂遗传说。君士坦丁堡 543 年的会议在第一纲目中就驳斥了奥利金的灵魂转移一说,这个说法认为先前就存在的灵魂由于受到罪的处罚而被打入肉体。②

尼撒的格里高利作为卡帕多西亚教父中的一员,他将人视为一种居间的(in-between)存在物,也就是说,人位于上帝与无理性的兽类之间。③ 教父们面对的任务是,针对摩尼教的二元论以及针对从哲学中的唯物主义给灵魂的精神本体性提供依据,并且给其本性中与上主的关联性和其与身体不同之处提供依据。在这里,他们借用了柏拉图的灵魂论(《斐多篇》),并借用了亚里士多德和斯多葛学派的学说。

---

① Joachim Ritter etc. (ed.), *Historisches Wörterbuch der Philosophie*, Bd. IX, Schwabe, 1995, pp. 7 – 11.

② 参见:Gerhard Ludwig Müller, *Katholische Dogmatik*, Freiburg i. Br.: Herder, 1994, p. 109.

③ 参见汪子嵩等编:《希腊哲学史》下卷,人民出版社 2010 年,第 1527 页。

对奥古斯丁(354—430)来说,关于灵魂和上帝的认知都属于他探求的核心。早期的奥古斯丁还体现出更多的柏拉图主义的影响,从而把灵魂定义为一种掌控身体的实体,而人最根本的就是理性灵魂。在《论灵魂之量》(De quantitate animae)中,他将灵魂(anima)定义为"具有理性的,能够引导身体的实体"(XIII, 22),柏拉图主义的痕迹在此很明显。他在晚年时则更加注重从人的身心之整体来看待人,比如在他的《论三位一体》(De Trinitate)中,人就被定义为一个单个的有身体和灵魂的实体(De Trin. 15.7.11)。[①] 奥古斯丁从内心体验出发讨论灵魂,后者与它的抉择及意志一起奠定了人的伦理上的位格性。在内心体验中,人既在他本质的统一性上也在身体的不同表达上认识到自身,但灵魂是首要的,它在一定意义上是实际意义上的人。人在身体上体验到身体和地点性。而在内心体验中,灵魂或人的内心在一个没有空间的实现中直接认识到自己是精神。它直接从自己的生活中认识到自身,而它的生活是思考(De Trinitate, 13)。这样灵魂就成了指挥整个身体并统一所有部位的组织行动原则。它在整个身体中是完整的,并在身体的所有部位中也是完整的。它需要身体来充当它和物质世界交流的媒介。但身体也需要灵魂来做它的精神形式,而借着它与上帝的理念世界交流。灵魂指对作为生命的上帝的分有。从而,上帝本身就是灵魂存在和灵魂生命满全的原则,而灵魂表现的是身体和人的统一性的原则。由于灵魂分有了真理的理念,并且体会到上帝的善和上帝对人充满恩宠的关爱,灵魂自身也是不灭的,而这恰恰是在肉体因死亡而毁灭的时候。灵魂不仅仅是与身体的毁灭一起灭亡的植物和动物性的生命原则,它还是精神性、位格性的原则。通过这个原则,人认识到自己是不可毁灭的,因为他的来源是上帝,他的目标也是上

[①] 参见:Roland Teske, "Augustine on the Soul," in *Cambridge Companion to Augustine*, Eleonore Stump and Norman Kretzmann ed., Cambridge University Press, 2006, p.116.

帝。灵魂把自己理解为是按上帝三一生活的原形而被设计的受造物,因而也是人满全的受造原则,人的满全是在精神——肉体统一体中得到实现的,也就是人身体的复活与重新获得的灵魂与肉体的统一。与柏拉图不同,奥古斯丁并不是从灵魂神性的本性和灵魂的内在渴望来解释灵魂的不灭。他只能在灵魂的朝向上帝的直接联系而得到受造这一层面上来解释灵魂的本性。[1]

在奥古斯丁看来,灵魂是受造的,所以它是有限的,可变化的,它在时间上是可变化的,虽然在地点上不可变。早期奥古斯丁受到了斯多葛派的影响,认为灵魂是身体性的。当他在米兰结识到了新柏拉图主义者的圈子之后,他接受了灵魂之非身体性(即非质料性)的立场。在415年写给耶柔米(Jerome)的信中(第166号信,2.4),奥古斯丁解释了他此时对灵魂与身体间关系的看法:灵魂是在它使之成为活着的身体全部各处的,但却并非是以弥散开的方式,而是借着赋予身体各部分活力的方式,并且它同时在身体的各个部分,且同时在各处都以整体的形式存在,而并非是在身体小的部分就少,在身体大的部分就多。在同一封信中,他还申明他相信灵魂是被创造的且为不朽的,虽然他承认不清楚灵魂的来源。在他的《论自由意志》一文中,他列举出四个不同的关于灵魂来源的假说,但是并没有清晰地表明自己的立场,这四个假说中,有后来被教会谴责为异端的生殖说(traducianism),也有后来成为正统的创造说(creationism)。在他后来写给马赛利奴斯(Marcellinus)的编号143的封信中,他说明了为何不清楚表态的原因。[2] 就灵魂在人死后的去向而言,奥古斯丁提到了身体的复活,并且在他的一封信(编号:7.5513)中简略地说道,圣者的灵魂在复活之前是宁静地歇着的。[3]

---

[1] 以上叙述参见:Müller, *Katholische Dogmatik*, 1994, pp. 115 – 117.

[2] 参见:Robert J. O'Connell, in *Revue d'Etudes Augustiniennes et Patristiques*, 28, 3 – 4 (1982), p. 240.

[3] 参见:Teske, "Augustine on the Soul," 2006, p. 117; 119; 121 – 123; and Note nr. 19.

柏拉图传统在奥古斯丁的早期和晚期都存在持久的影响,由于强调灵魂的非物质性,灵魂与身体的二元就一直存在于他的理论中,尽管他把人视为身体与灵魂所结合的一个实体。与他的灵魂论一同,"教父们的柏拉图主义"的确还是把对身体的轻视(但不是摩尼教的那种鄙视),带入了基督教之中,由于这个轻视不怎么符合经文的依据,在亚里士多德的学说又被拉丁文的西方所接纳之后,经院学中出现了表达灵魂与身体之间关系的新可能,从而得以克服教父们所面对的这个问题。①

二、里沃的艾尔累德其人及作品

里沃的艾尔累德(Aelred of Rievaulx,有时也被拼为"Ailred"或"Æthelred")生活在 12 世纪上半叶的英格兰。他于 1110 年出生在北英格兰和苏格兰交界处的赫克瑟姆(Hexam),有两个兄弟,祖父是一位名为埃拉夫(Eilaf)的神父。当时正值格里高利七世(1015—1085)改革之际,埃拉夫从而在 1083 年被主教威廉(William of St. Curileph)逐出达勒姆(Durham),而艾尔累德的父亲后来也被迫离开赫克瑟姆,并在约克总主教托马斯的压力之下,把自己继承得来的教产让给亨廷登(Huntingdon)的奥古斯丁常律会(Augustinian Canon)。艾尔累德儿童时候的老师是熟悉人文科目的阿尔克提尔(Arketil)。② 艾尔累德十五岁时,也就是在大约 1124 年,被送往苏格兰国王大卫的宫廷与他的两个儿子亨利与瓦尔德夫(Waldef)一起受教育。在 1134 年,他在一次旅途中参观了两年前由来自西多的隐修士所创立的里沃修道院,受到隐修生命的吸引,立志加入西

---

① 参见:Müller, *Katholische Dogmatik*, 1994, p. 117.

② C. H. Talbot, *Aelred of Rievaulx*: *De Anima*, The Warburg Institution, 1952, pp. 3-4.

多会。西多会的中文译名是对地名"Cîteaux"的音译,那里的修道院建立于 1098 年,是西多会的母院。此修会的拉丁文正式名称是"*Ordo Cisterciensis*",缩写为"*Ocist*"。"*Cistercium*"是"Cîteaux"拉丁文形式。西多会的创始人是罗伯特·莫莱斯美(Robert Molesme,1028—1111),他在西多新建一所修道院的目的是更加严格地遵循本笃会的规定。西多的第三任修道院长院斯蒂芬·哈尔丁(Stephen Harding,1134 年卒)定下了《爱的宪章》(*Carta Caritatis*)——这就是西多会的规章。圣伯纳德(Bernard of Clairvaux)使得西多会迅速及非常有效地发展和扩大,并很快扩张到了英国。英国境内最早的西多会子修道院是在 1128 年创立的韦弗利(Waverley)修道院。在瓦尔特·德·艾斯比(Walter d'Espee)的赞助下,1132 年,西多会圣伯纳德的秘书威廉协同十二个伙伴越过海峡来到英伦,在莱尔河(Rye)边上创立了英国境内的第二座西多修道院,即里沃修道院。① "Rievaulx"(里沃)这个名称其实是英语的"Rye"和法语化了的"valley"一词的组合。由于诺曼人的入侵,当时英国的上层统治阶层都是说法语的诺曼人,从而法语被认为更加文雅。所以,"Rievaulx"就是"莱尔河谷"的意思,这指明了里沃修道院的地理位置以及所处的地貌:在河岸边,且在山谷里。里沃修道院在亨利八世脱离罗马天主教会之后被解散,由于废弃而成为废墟,今天仅能见到修道院教堂的遗址。

在加入里沃修道院之后,1142 年,艾尔累德被任命为修院的初学生导师(master of novices),同年被任命为修道院长遣往拉维兹比(Revesby)创立一所新的修道院,1147 年被选为里沃的修道院院长。②

---

① C. H. Talbot, *Aelred of Rievaulx: De Anima*, The Warburg Institution, 1952, pp. 1-2.

② James Buckley, "A Theology of Friendship. Aelred of Rievaulx: Pursuing Perfect Happiness. By John R. Sommerfeldt (Paulist Press, 1997)," in *Homilectic & Pastoral Review*, April 9, 2009 (http://www.hprweb.com/2009/04/a-theology-of-friendship/ accessed 5 Aug 2017).

在他生命的最后几年,他开始撰写《论灵魂》(De Anima)一书,却未能完成。他去世于 1167 年 1 月 12 日。① 虽然他不是正式的圣者,但是西多会公认他为修会内的圣者,且在每年的 2 月 3 日纪念他。② 尽管艾尔累德在国内很少有人知道,但实际上他是一位在中世纪、17 世纪以及当代都很受欢迎的作家。他作品的手稿曾被国王收藏。

他的拉丁文行文优美流畅,且直到今日都被公认为杰出的灵修作家。其灵修类作品包括《爱之明鉴》(Speculum Caritatis,著于约 1142 年)、《论精神性的友谊》(De Amicitia Spirituali,著于约 1164—1167 年)、《论十二岁的儿童耶稣》(De Iesu puero duodenni,1160—1162)、《论封闭在室内隐修③的女子之规定》(De institutione inclusarum,1160—1162),这一部作品是他本来为他的亲姊妹写的。④《牧灵祈祷词》(Oratio pastoralis,约 1163—1167 年)、《论精神性的友谊》、《论灵魂》(约 1164—1167),以及一系列讲道。除此之外,他还撰写过历史叙事类作品,比如《苏格兰人的国王大卫生平》(Vita Davidis Scotorum regis,约 1153 年)、《英格兰国王谱系》(Genealogia regum Anglorum,1153—1154)、《军旗战报道》⑤(Relatio de standardo/De bello standardii,1153—1154);以及圣人传记类的作品:《尼伲亚努斯传》(Vita S. Niniani,1154—1160)、

---

① 里沃的艾尔累德的生平细节参见:Douglas Roby, "Introduction," in On Spiritual Friendship, translated by Mary Eugenia Laker, Consortium 1974, pp. 3ff.

② David N. Bell, "Ailred of Rievaulx (1110 - 1167)," in Oxford Dictionary of National Biography, Oxford University Press, 2004 (http://www.oxforddnb.com/index/8/101008916/accessed 5 Aug 2017).

③ "Inclusae"指那些不在野外,而是以封闭式的房屋把自己禁锢起来从而与外界隔绝的形式来进修隐修的女子,这在十二三世纪很常见。

④ 这个信息来自 Alison Hudson 在大英图书馆的博客于 2016 年 1 月 12 日发表的文章,链接:http://blogs.bl.uk/digitisedmanuscripts/2016/01/aelred-of-rievaulx.html.

⑤ "军旗战"(Battle of the Standard)是 1138 年 8 月 22 日由于苏格兰国王大卫一世入侵英格兰而在英格兰人和苏格兰人之间展开的一场战役,由于英格兰的军队有一面非常显著的军旗,此战役因此为名。

《论赫克瑟姆教堂的诸多奇迹》(De miraculis Hagustaldensis ecclesiae,约 1155 年)、《论奇迹之奇迹或论万藤①村的修女》(De quodam miraculo miraculi/De sanctimoniali de Wattun,约 1160 年,)、《圣爱德华传——国王和皈依者》(Vita S. Eduardi, regis et confessoris,1161—1163)。17 世纪的时候,理查·吉本斯(Richard Gibbons)编辑过艾尔累德的作品。伯纳德·提希尔(Bernard Tissier)也在其《西多会教父文集》(Bibliothecae Patrum Cisterciensium)之中收录了艾尔累德的作品.提希尔所编辑的艾尔累德作品集后来收录于《拉丁教父文集系列》(Patrologia Latina)。②

三、艾尔累德的《论灵魂》

艾尔累德的《论灵魂》属于 12 世纪西多会灵魂论作品系列,他写作时所依赖的文献主要是《圣经》、拉丁教父以及早期中世纪可以读到的几位古典作家(例如西塞罗等)作品。他引用最频繁的是奥古斯丁。③里沃的修道会图书馆目录中也提到过希腊教父,如纳西安的格里高利、圣约翰·克里索斯托姆斯(John Chrysostomus,即所谓的"金口若望")、巴西流(Basil)和奥利金(Origenes),但是艾尔累德并未太多使用这些文献。④在文中,他偶然提到过尼撒的格里高利(Gregory of Nyssa),后者著有《论灵魂与复活》一书,并与前面提到纳西安的格里高利以及巴西流一同为卡帕多西亚教父。对西多会的灵修传统来说,对人的心灵(灵魂)的认知也可以协助人认识上帝,因为人作为上帝的肖像,与上帝有相似之处。⑤与他同时代的特

---

① "Watton"是英国的一个村庄,那里曾有一座女修道院。
② Hoste et alii ed., *Aelredus Rievaulensis. Opera Ascetica*, 1971, pp. ix-x.
③④⑤ 参见 Talbot, *Aelred of Rievaulx: De Anima*, The Warburg Institution, 1952, p. 51.

尔里的威廉（William of Thierry）与斯特拉的以撒（Isaac of Stella，约1110—1169）均著有题为《论灵魂》的作品。特尔里的威廉虽然原本是本笃会在兰斯（Reims）的圣特尔里（St. Thierry）修道院院长，然而却和克莱夫的伯纳德（Bernard of Clairvaux，即上文提到的"圣伯纳德"）有密切交往，并且后来转入西多会，加入了在西格尼（Signy）的西多会修院，晚年时，他撰写了名为《论身体与灵魂之本性》（De natura corporis et animae）的著作，因为他认为，认识上帝必须以对人的认识为开始。① 斯特拉的以撒与艾尔累德一样同为英格兰人，却前往法国师从于阿贝拉尔。他加入了西多的修会，1147年被选为埃托利（Étoile）的修道院长，在那里他撰写了《论灵魂——致阿尔谢尔的信》（Epistola de anima ad Alcherum），此文为中世纪著名的《论精神与灵魂》（De spiritu et anima）一文的基础，后者很长时间内被误以为是奥古斯丁的作品，但实际上很有可能是克莱文的阿尔谢尔的作品。② 与其他西多会关于灵魂的作品不同，艾尔累德的灵魂论在很大程度上建立在奥古斯丁的基础上，并且非常忠实于后者，而威廉或以撒的灵魂论则是综合了尼撒的格里高利、马可比乌斯（Macrobius）、马默乌斯（Claudianus Ecdidius Mamertus）、波爱修斯（Boethius）等。③ 艾尔累德没有正式在任何一所经院学校就读，但是他的作品呈现出拉昂（Laon）学派的特点：此学派避免就三位一体、道成肉身等类似的信条进行思辨，而更多讨论造物、灵魂的源头和原罪，并且也强调对这些信仰奥秘的尊重，从而不加以哲学性的探讨，而是依赖教父，特别是跟从奥古斯丁的学说。艾尔累德的作品恰恰很明显地具有上述特点，拉昂学派在达勒姆（Durham）有诸多追随者，艾尔累德非常有可能经过这一渠道接触到了这一学派

---

① 参见 Talbot, Aelred of Rievaulx: De Anima, The Warburg Institution, 1952, pp. 47 - 48.

② https://global.britannica.com/biography/Isaac-of-Stella.

③ 参见：Pierre-Yves Emery introd. and trans., Aelred of Rievaulx: Dialogue sur l'âme, Abbaye Cistercienne Notre-Dame-du-Lac, 2007, pp. 8 - 9.

的思想。与出自拉昂学派的《四部语录注疏》中关于灵魂的部分一样,艾尔累德的灵魂论也在很大程度上依赖奥古斯丁的《〈创世记〉字义解释》(De Genesi ad litteram)。①

与当时修院作品的传统相符(经院作品的体裁则与此不同,所采用的是"quaestio/问题"或"tractatus/论文"形式),并且受到他年少时候读过的西塞罗的对话的影响②,艾尔累德的《论灵魂》也以对话形式写成,对话人物为身为修道院长的艾尔累德和他修院内的一位年轻修士约翰(Ioannes)。这部作品一共分为篇幅大致相同的三卷。艾尔累德的传记撰写者瓦尔特·丹尼尔(Walter Daniel)写道,艾尔累德在1167年1月去世的时候仍然在撰写这部作品,由此可见这是艾尔累德的最后一部作品。尽管如此,从内容和形式上来看,《论灵魂》还是较完整的,并未给人未完的印象,因为第三卷中,已经讨论了基督教中关于灵魂的终极问题,即灵魂在人死后的最后归宿。③ 艾尔累德的《论灵魂》现存两部1200年左右的手稿(Bodleian copy E. Mus. 224; Durham manuscript, Dunelmensis B. Ⅳ 25),另外还有三部17世纪的抄本。可见,在中世纪的时候,艾尔累德的这部作品并没有太大的影响,然而在17世纪大众突然萌发了对它的兴趣④,但是与艾尔累德的其他作品不同,这部作品并未流传到欧陆。⑤ 这也是为什么《拉丁教父文集系列》(Patrologia Latina)中艾尔累德的作品集缺少他的《论灵魂》的原因。直到20世纪50年代,塔尔伯特(Talbot)从手稿中编辑出《论灵魂》的现代版本,此版本后来也被重印在布里珀斯(Brepols)出版的《基督徒作家文献集——中世纪续集》(CCCM: Corpus Christianorum Continuatio Mediaevalis)系列之第一卷中(因为艾尔累德是以字母"A"开头),这一卷容纳了艾尔

---

① Talbot, *Aelred of Rievaulx: De Anima*, 1952, pp. 13 – 14.
② Ibid., p. 55.
③ Ibid., pp. 55 – 56.
④ Ibid., pp. 57 – 60.
⑤ Hoste et alii ed., *Aelredus Rievaulensis. Opera Ascetica*, 1971, p. 684.

累德的所有灵修类作品(*Opera ascetica*, A. Hoste, C. H. Talbot, R. Vander Plaetse 编,1971 年),CCCM 系列中一共有七卷艾尔累德的作品(Aelredus Rievaullensis, *Opera omnia*, 1971—2017 年陆续出版)。他的《论灵魂》被编辑在这一系列的第一卷灵修类作品中,编辑们这么做,是不无道理的。我们将看到,艾尔累德的作品并不是在细节上对哲学或神学问题进行专门、学院式的探讨,他的贡献更多地在于对传承下来的权威文献和教会正统的诠释和传授。用今天的术语来说,我们没有必要由于艾尔累德没有太多创新及独特的理论,或是学院式地探究而轻视他在哲学上的贡献,而是应该换一个角度来考察他的作品:他的卓越之处是能够在具体的对话中诠释性地传授奥古斯丁的学说,并且通过对话使得具有疑惑的学生约翰理解并接受这些学说。从而,解读艾尔累德《论灵魂》的钥匙并非是系统神学或经院哲学,而是现代哲学的解释学(Hermeneutics)。

我在下文将以拉丁文原文为基础,对这部著作的内容加以概况性介绍,在本文的第四节将把艾尔累德的灵魂论置于中世纪灵魂论的背景中加以讨论和评价。

(一) 第一卷

在这一卷中所讨论的主要是灵魂之本性,主要是强调了灵魂之单纯、非物质性、不朽和实体统一性。[①] 这一卷以约翰的提问开头,约翰在阅读奥古斯丁的时候,遇到了困难,就询问他的老师艾尔累德关于灵魂的意见。约翰感觉到奥古斯丁对灵魂的论述与他自己所习惯的关于灵魂的想法有很大区别,从而不易理解。首先给他造成困难的是灵魂之非物质性,也就是缺乏任何广延,而且无法用地点来描述,特别是对灵魂在身体中的这一论点的怀疑,因为在他看来,如果灵魂在身体之中的话,那么在身体运动的时候,灵魂也就会一同运动,而这与灵魂无法用地点来描述的说法似乎矛盾。在此,艾尔累德引导他从灵魂

---

① Talbot, *Aelred of Rievaulx: De Anima*, 1952, p. 27.

为上帝肖像的这一点出发来理解这个问题。灵魂在身体中的无处不在与上帝之无所不在有着相似性:这里所说的存在都是在能力(potentialiter)和本质(essentialiter)的意义上来说的,而非地点上(localiter)的存在。约翰能理解上帝的这种存在方式,然而对灵魂来说,他还是不能完全理解。艾尔累德在下文中关于灵魂本质的讨论,基本上围绕着约翰的这一疑问展开。① 塔尔伯特(Talbot)解释道,艾尔累德在此所提到的灵魂不以地点的形式存在在身体中的观点可以用新柏拉图主义者普罗提诺的观念来加以把握:灵魂并不是被包含在身体之中,而是与身体所结合。艾尔累德用了小拇指的例子来说明这个问题:灵魂的确是在人的小拇指里面,但是如果小拇指没有了,灵魂并没有减少,这对其他的身体部位也是同样道理。由此可见,灵魂在身体中并不是以有广延或是地点的方式存在着的。在艾尔累德看来,人的灵魂(anima humana)是依照造物主的肖像而被创造的,从而它在身体中的运作,就如同上帝在万物中的运作一样,并非是以位移的方式(localiter),而是以一种本质的方式(essentialiter),以此来解释奥古斯丁在《〈创世记〉字义解释》(De Genesi ad litteram)中讨论到的灵魂之超越性(不在地点中)。艾尔累德沿用否定神学的方式,以否定的形式描述了灵魂不是什么:灵魂不是身体,从而与身体严格区分,灵魂的非物质性,不是四个元素中的任何一种,也并非由它们混合组成;不具有形体,从而无法以视觉来感知,也不可通过其他感官的渠道而被感知;人的灵魂没有位置运动,然而却在时间上有着变化,会幸福或不幸,从而与天使和恶魔的灵魂有了区分,前者不可能不幸,后者则不可能获得幸福。② 艾尔累德在此也重申了奥古斯丁对人之灵魂的定位:人的灵魂要高于动物的灵魂,但是处在上帝之下,因为人的灵魂是受造的、有限的。这也正是人之灵魂与上帝之间的区分,只有上帝才拥有不朽(见提 1:6;1:16)。至于人之外其他生物而言,艾尔

---

① Hoste et. alii ed., *Aelredus Rievaulensis. Opera Ascetica*, 1971, p. 685.
② Ibid., pp. 687 – 688.

累德认为,它们拥有自发的运动能力,从而拥有生命(vita),而生命在此就等同于圣经中所提到的"生命的气息"(spiritus vitae)(创 7:15)。他引用了尼撒的圣格里高利的意见,说到人的灵魂与肉体结合,然而却并不随同肉体一起灭亡。① 随同身体一起灭亡的灵魂则为气或火的质性,这个观点来自奥古斯丁的《灵魂的质量》(De Quantitate Animae),此类灵魂与土以及液体(humor)相比,可以被称作无形的,然而与非质料性的精神相比,则应称作有形的。人的生命与动植物的生命有区分:人的生命活动包含认知、区分和排序(cognoscere, discenere, ordinare),这些活动要远远高于动植物的生长或感知。人的理性灵魂是单纯的(simplex)、非复合性的、没有广延,不需要身体器官的协助也能认知、判断。因为它存在、生活和思考,它是实体(cum anima existat, vivat et cogitat, quis eam dubitet esse substantiam),没有广延的实体,可以意识到其思考,然而却不可意识到其存在于身体具体某一处。② 除去心灵的图像(phantasmata)、身体性的认知形式(formae corporales)以及一切有形之物的图像(imagines),而仅仅考察此无形体实体之本性,则可见它必定是具有记忆、理智和意志的(memoria, ratio, voluntas)。后三者并非灵魂这一实体上的质性,而是与其等同,为同一实体,它们之间的区分并非实体上的区分,而是功能上的区分。关于灵魂的起源,艾尔累德在此详细地讨论了灵魂遗传说(traducianism)。此学说源自德尔图良,且认为"父母一部分的灵魂本质随着身体的精液被带入孩子灵魂中,孩子的灵魂部分上被看作物质性的"③。他重述了提倡遗传说的人的论据,即遗传说更加容易解释原罪是如何从人的始祖亚当和夏娃那的个人犯罪行为出发,变成了普遍的人类的每一个人的罪的。如上文已经提到的那样,艾尔累德并不深入讨论

---

① Hoste et. alii ed., *Aelredus Rievaulensis. Opera Ascetica*, 1971, pp. 690 – 691.
② Ibid, 694.
③ 参见 Müller, *Katholische Dogmatik*, 1994, p. 120.

这个问题,也没有使用哲学方法来解决这个问题,只是说明,这个问题是很难回答的,但是申明,正确的天主教学说否定灵魂遗传说,强调了教会的正统学说:灵魂并非来自父母的遗传(traduce),而是不与身体的质料相混杂在一起、且被创造的(de nulla materia corporea, de nulla sit corporum commixione creata)。① 在不同的灵魂起源假说里,灵魂遗传论最明显与教会正统相悖,因为它蕴含了灵魂的质料性。奥古斯丁在与佩拉纠派(Pelagian)论辩的时候,则更倾向生殖说(generatianism),此学说认为孩子的身体和灵魂由父母的生殖行为而产生。而认为精神灵魂直接为上帝所创造的学说,即灵魂受造说(creationism)在解释原罪遗传问题的时候似乎力度不足。② 11 世纪的时候,教宗列奥九世(Leo IX)曾明确表态认为灵魂是从无中直接创造的。灵魂创造说也是中世纪主流认可的学说。然而并非无人支持灵魂遗传说,例如图尔奈的奥多(Odo of Turnai,1060—1113)。③ 显然,奥多与艾尔累德为同代人,艾尔累德在《论灵魂》的第一卷中就提到有人持此学说,约翰也证实他在"角落里"④也听到人们私下支持这种说法。因而在这里使用较长的篇幅讨论灵魂的起源,在当时有着现实意义。

就灵魂与身体之间的关系而言,艾尔累德解释道,灵魂为完全精细的(tantae subtilitatis),只有通过感官(sensus)的中介,才与身体同为一个人格(persona),而发自物质(比如火或气)的精华的,并不是精神(spiritus),但是在人那里的这种物质性的精华,是有能力听从精神的指挥和支配的。灵魂与感官、灵魂与身体之间的区分是很大的。⑤ 柏拉图的身心二元传统通过奥古斯丁在艾尔累德这里也得到延续。

---

① Hoste et. alii. ed., *Aelredus Rievaulensis. Opera Ascetica*, 1971, p. 704.
② 参见:Müller, *Katholische Dogmatik*, 1994, p. 120.
③ 参见:Copleston, *History of Philosophy*, Ⅱ, 1993, p. 141.
④ Hoste et. alii. ed., *Aelredus Rievaulensis. Opera Ascetica*, 1971, p. 703.
⑤ Ibid., p. 705.

(二) 第二卷

这一卷是从记忆(memoria)的问题谈起。或许我们在这用"记忆"一词来翻译奥古斯丁和艾尔累德灵魂论中的"memoria"并不是很妥当,因为在他们的理论里,"memoria"的功能要远远超出我们所说的对过去的回忆,"memoria"指对一切信息加以存储的功能,包含从感官所获得的所有图像。① 奥古斯丁使用"memoria"所指涉的精神活动包括了"自我意识、自知、对科学原理的理解等"。② 奥古斯丁在《忏悔录》中就已经把"memoria"比喻成了仓库或者心智的胃(《忏悔录》,10.21)。然而,这个比喻不可被误解为在说记忆是空间性的。艾尔累德在这一卷中花了很多的篇幅恰恰从记忆对经由感官所获取的图像(imagines)之存储出发,来证明灵魂的非物质性。不过虽然约翰在这一部分一开头就问到为何无形的灵魂可以在有形的躯体之中,艾尔累德却未深入讨论身心关系的问题,仅仅是声称灵魂在物体中,却不受其身体界限的限制,也不处在任何具体的位置。人的灵魂也可以脱离感官协助,借着自身,即借着其记忆、理智和意志而运作。记忆可以储存许多经过感官而进入灵魂的有形物体的图像(imagines rerum corporalium),后者和灵魂一样不是有形的身体。艾尔累德用镜子做比方来说明图像并不受制于它所映照的物体大小,记忆则可容纳无数物体的图像,要比整个世界都更为广阔浩大,并且并非身体,而是精神。从而,艾尔累德利用记忆不受形体界限限制的这个论据证明了灵魂的精神性。

奥古斯丁《论三位一体》(De Trinitate)之中关于人的灵魂被视为上帝的肖像,灵魂之三种功能,即记忆(memoria)、理智

---

① Talbot, *Aelred of Rievaulx: De Anima*, 1952, p. 29.
② 杰拉德·奥·戴利著,冯俊等译:"奥古斯丁",载《从亚里士多德到奥古斯丁·劳特利奇哲学史第二卷》,北京:中国人民大学出版社,2004年,第489页。

(intellectus)和意志(voluntas)则为上帝三位一体的映照。这三者是同一个单纯的实体。而这一点在艾尔累德这里,也获得非常详细的阐述。记忆为一切知识和技艺的根源,能够存储抽象的和具体的内容;而理智则为判断真伪、正义和不义的能力,能够把握到智慧;意志则在于对理智判断加以赞成或反对。与理智结合在一起的意志被称作为"自由意志"(liberum arbitrium)。①

(三) 第三卷

在这一卷的开头,艾尔累德让学生约翰从记忆中复述了他们之前讨论过的关于灵魂的内容,从约翰的口中,我们得知,灵魂可以说"在某一处",也就是说"在人的身体中",但却是没有广延的,也就是说,并不具有长、宽、高。但是它却是以整体的形式在身体的任何一处的,它并非是分散在身体的各部分,而是在身体的任何一部分都是以整体的形式存在的,并且无法分割,从而也就不可说它的全部要大于部分。可以说它在某一处的原因是它可以为身体之位移运动的原因。在这,他也重申了奥古斯丁在《〈创世记〉字义解释》(De Genesi ad litteram)里面所提到的精神(spiritus)和身体(corpus)的二元,这两者的二元主要在于它们之间无法互相转化。灵魂为单纯的实体(也就是说非复合的实体),所以,灵魂在身体中的存在形式也是单纯的,并不与身体相混杂。由于这样的二元,灵魂要推动身体则需要有媒介,也就是说,借着一种精细的力量(vis subtilior),因为其精细也被称作为"精神"(spiritus),但却不是真正意义上的精神。这种力量是物质性的,是火或者气。它是一种感性的力量(vis sensualis)②,此力量有能力服从理性灵魂(anima rationalis),在理性的安排之下,这种力量又支配着身体各个部分的活动。

---

① 参见 Talbot, *Aelred of Rievaulx*: *De Anima*, 1952, p. 29.
② Hoste et. alii. ed., *Aelredus Rievaulensis. Opera Ascetica*, 1971, p. 732.

在这个对上文的总结之后,艾尔累德引入了一个关于灵魂的宗教意义的问题:灵魂的永生。首先他提到了灵魂与生死的关系。人在活着的时候,具有感性(sensus)、运动(motus)和气息(flatus)。在此,艾尔累德所指的运动是人之血液循环;而气息指人与周围环境的物质交换,包括人的营养活动。① 这三者都不是灵魂,然而如果没有这三者的话,我们就很难证实灵魂还在身体之中。按艾尔累德的看法,使用四元素的学说,人的肉体与土和水最相近,而感性的力量则是出于火的力量而被创造的,推动它的是气。在死亡的时候,身体归于泥土,而复活的时候,则又获得灵魂。② 然而,有一个需要解决的问题是,人在死后如何会有感知的呢?比如,在圣经中提到的拉匝禄(Lazarus),富人在阴间看到原来在他家门口的乞丐拉匝禄在亚巴郎的怀抱中,他就喊道:"父亲亚巴郎!可怜我罢!请打发拉匝禄用他的指头尖,蘸点水来凉润我的舌头,因为我在这火焰中极甚惨苦。"(路 16:24)所要解决的问题为,如何把灵魂与身体感官间的二元与这一段经文相互调和。这在奥古斯丁传统中却并不是很大的问题,因为在这个传统中,灵魂也可以有着感性的认知能力。艾尔累德解释道,灵魂不需要感官也可以运作,而且理性灵魂(anima rationalis)中可汇集感知的力量(vis sensualis)、想象力(vis imaginaria)、理性思维力量(vis rationalis)和智性力量(vis intellectualis)。借着感知的力量,理性灵魂可以不需要身体而感知到颜色、声音、气味、味道和软硬;借着想象力,它则可感知到外形(forma)和外观(species)。理性思维能力则可辨识真假;而智性力量则得以超越对一切有形物体的认知,而进入到纯粹的真理之中。③ 艾尔累德却对脱离了身体的灵魂是否还能够受到物质性的火的煎熬感到困惑,尽管圣格里高利肯定了这一点。艾尔累德却更加倾向

---

① Hoste et. alii. ed., *Aelredus Rievaulensis. Opera Ascetica*, 1971, p. 733.
② Ibid, p. 734.
③ Ibid, pp. 734 - 735.

接受奥古斯丁的说法,后者认为,《路加福音》里所提到的那个受煎熬的富人的灵魂的确是在受苦,并且受到火的煎熬,然而这并非是真正的质料性的火,而是一种没有形体、即非物质性的火焰(flamma incorporalis),并且类似质料性的火焰对灵魂施加影响。炼狱里的惩罚从而为非物质性的。① 而相应地,圣人获得永福的灵魂也是以非物质性的形式存在,以非物质性的形式感受到各种美好的感受(比如香气等等)。

四、结　论

以上文第二节中所简述的奥古斯丁的灵魂学说对照艾尔累德的《论灵魂》这部作品,可以看到奥古斯丁分散在不同的文献中所讨论到的关于灵魂的学说,在这里被一定程度上加以了系统化的整理和划分:关于灵魂本质的学说在艾尔累德此书的第一卷中;而关于进一步的灵魂之不同功能的学说则在第二卷中得以讨论;第三卷则讨论灵魂的最终归属的问题,这当然是前面两卷所讨论的主题之最终目的。第三卷中的内容超出了奥古斯丁所讨论过的问题的范围,比如在这里艾尔累德讨论人的灵魂在天堂、在炼狱以及在地狱里的状况,这是奥古斯丁并没有详细展开讨论的。这里体现出了艾尔累德所生活的时代的神学的新发展。然而,从艾尔累德处理神学中的困难的方式上可见,他的这部作品并不是一种学院式的研究作品,而是以牧灵和引导式教学为目的,这当然和他作为初学生的导师和修道院长的身份契合。然而与尼撒的格里高利的《论灵魂与复活》相比,艾尔累德的作品直到第三卷才讨论与人的救赎最相关的问题,在前面两卷中还是更多地致力于传达奥古斯丁以及正统的关于人之灵魂的学说。这体现了拉丁文西方的系统性、理论性思维习

---

① Hoste et. alii. ed., *Aelredus Rievaulensis. Opera Ascetica*, 1971, p.746.

惯,尽管艾尔累德的这部作品最终是以认识自身,并在一定程度上认识到灵魂的最终归属,即救赎为其目的的。

利玛窦和艺术作品中的基督灵魂观念

澳门利氏学社 塞萨尔·吉伦-努涅斯
(Cesar Guillen-Nuñez)撰;
中山大学哲学系 祝海林译

利玛窦以耶稣会传教士身份来华,力图改变中国人的信仰,学习中国语言和文化也成为其任务之一。除宗教天职外,他也是一位具有意大利文艺复兴博学者特质的杰出学者,热衷于中国文化的学习与研究,借以提升理性和精神之智慧。利玛窦正是在这样的双重心态中,学习了他自认的三种宗教:儒教、佛教和道教。[①] 这一切使他对中国宗教思想有了相对较深刻的认识。然而,在他所处的时代,不可避免地从西方基督教视角来诠释所接触到的中国思想。例如,他常把在中国寺庙和祭拜活动中见到的艺术形象理解为神像。他对中国哲学家和哲学思想心存景仰而进行研究,尤其是儒家思想,但认为其中很多(即使非全部)宗教信仰是迷信的结果,有一些甚至来源于更愚昧的想法,需要把基督教义引入中华帝国,从而拯救个人灵魂。

实际上,佛教和传统中国思想中并不存在西方意义的"灵魂"。然而,中国人通过佛教或其他代表性的中国观念对宇宙或万物的理解极为精深,这些观念宣扬宇宙由阴阳两种力量主导,由一种宇宙

---

① *Fonti Ricciane*,(henceforth *FR*)Vol. I, La Libreria dello Stato, Rome, 1942, pp. 115 – 132.

中源源不断的能量"气"组成。杜维明指出："(气)导致无法清晰的区分精神和物质,无法界定暗含的肉体和灵魂。"①

利玛窦认为,这些在中国发现的观念表明中国人对肉体和灵魂认知的模糊性,而西方对两者的理解已演化为清晰的概念。灵魂寄居于肉体的概念化由早期教父发展而来,中世纪经院思想传承并推进了这一概念。早期教父中,圣奥古斯丁(354—430)的影响尤为突出,后期则是多明我会修道士托马斯·阿奎那(1225—1274)的贡献显著②,他们都较多传承了西方文明中存在千年之久的希腊罗马时期和犹太基督时期的传统。

利玛窦、范礼安、罗明坚及其他耶稣会士们在华传教中继承了这一传统,制成教义手册,启示中国的基督教皈依者,其中以利玛窦最为知名。这些教义手册改造了有关不朽灵魂的西方哲学和神学思想,以利于中国人的皈依,这种适应性的做法在日本传教时的宗教文学中就已运用。③

利玛窦的版本讨论了灵魂的三种阶段:植物的、肉体或感觉的、精神或理性的。④ 更为的熟知的是,他在《天主实义》第三章中全篇对灵魂不朽的问题进行阐述和辩护。⑤

---

① Tu Wei-Ming, "Soul: Chinese Concepts", *The Encyclopedia of Religion*, Mirce Eliade editor, Vol. 13, Simon & Schuster Macmillan, New York, 1993 unabridged ed., p. 448.

② Geddes MacGregor, "Soul: Christian Concept", *The Encyclopedia of Religion*, Mirce Eliade editor, Vol. 13, Simon & Schuster Macmillan, New York, 1993 unabridged ed., pp. 457, 458 - 459.

③ Yoshimi Orii, "The Dispersion of Jesuit Books Printed in Japan: Trends in Bibliographical Research and in Intellectual History", *Journal of Jesuit Studies*, Vol. 2, Issue 2, Boston College, Brill, 2015, pp. 202 - 207.

④ *FR*, Vol. I, p. 374 (note a, continued from previous page).

⑤ Matteo Ricci (Li Madou), *Le Sens Réel de "Seigneur du Ciel"*, Chinese text translated into French and annotated by Thierry Meynard, S. J., Paris, Les Belles Lettres, 2013, pp. 52 - 78.

一、奥古斯丁和灵魂

在讨论一些艺术作品反映利玛窦继承基督灵魂理念前,有必要回顾一下奥古斯丁对这一主题的思想。同时需要提醒的是,奥古斯丁时期,灵魂理念在西方古典哲学中早已存在,并非在基督作品中才出现。托马斯·阿奎那的灵魂观念与奥古斯丁的类似,两者都受到某些古希腊哲学影响,尤其是亚里士多德(公元前384—前322)。但与后者不同的是,早期基督教会做了二分法界定,即肉体和灵魂均为独立实体共同构成了个体的人,事实上在基督教义中,人为了确保灵魂的纯洁不得不与肉体做斗争,但这并不意味着由上帝自己创造的肉体诞生时就受到腐蚀。

虽然奥古斯丁从基督教角度评判希腊和罗马学者和哲学家,但其最著名的作品《上帝之城》表明他不仅从《圣经》中,也从古希腊继承了这种灵魂观念。其中一篇关于灵魂之死和肉体之死的文章中,他清晰地向读者表达了他所理解的肉体和灵魂的二分论:

> 尽管人类灵魂被描绘为不朽,但也有其自身死亡的情形,之所以说不死是因为,即使是最小程度而言,它决不会停止生命和感觉,另一方面,肉体的死亡是指它彻底生命的终结,它不以任何其他形式存在。因此,灵魂的死亡是上帝遗弃的结果,**肉体的死亡是灵魂的离开**。①

---

① St Augustine, *City of God*, (Penguin Classics), Henry Bettenson translation, John O'Meara introduction, Penguin Books, 1984 reprint, p.510.

二、利玛窦对中国人灵魂信仰的总结

利玛窦起初入华研究中国文化时意识到,许多中国学人都是无神论者,因此并不相信上帝,更别说灵魂这种事物。然而进一步研究某些中国经典时他发现,事实并非如此。他宣称,中国古人确实相信:凡间生活的人死后可以升天。从而得出结论,古人不仅相信有灵魂,"而且似乎古人从不怀疑灵魂不朽"(*Della immortalita dell'anima pare che gli antichi dubitassero manco*)。但他们从来没有提及地狱,这似乎令利玛窦感到匪夷所思,毕竟地狱实际上是天堂的逻辑对应物。

三、西方艺术中描绘的灵魂观念和传统

受篇幅所限,本文只选几个必要的艺术作品解释上面所讨论的主要宗教观点。那些广为人知的描绘圣母玛利亚永眠的作品,即描绘耶稣之母离开人世瞬间场景,是早期基督教和中世纪艺术展示西方灵魂观念主题之一的最佳例证。玛利亚去世这一事件在权威的福音书中并无记载,所以相关的传说显然是由早期基督教作家所创作,至少从公元 200 年在东方的基督教堂就开始流传。尽管本文主旨并非要探究这一较棘手的主题,值得指出的是,至少自公元 600 年开始,这些故事就传至西方。在艺术领域,这些故事为当时的艺术家提供了重要素材——这一主题大量出现在这一时期近东拜占庭的象牙制品和画作中。由彼得罗·卡瓦利尼(Pietro Cavallini,1273—1321)创作的精美艳丽的马赛克作品《玛利亚永眠》就是其中的最佳代表,证明这一主题早就融入西方艺术创作当中。(见图一)

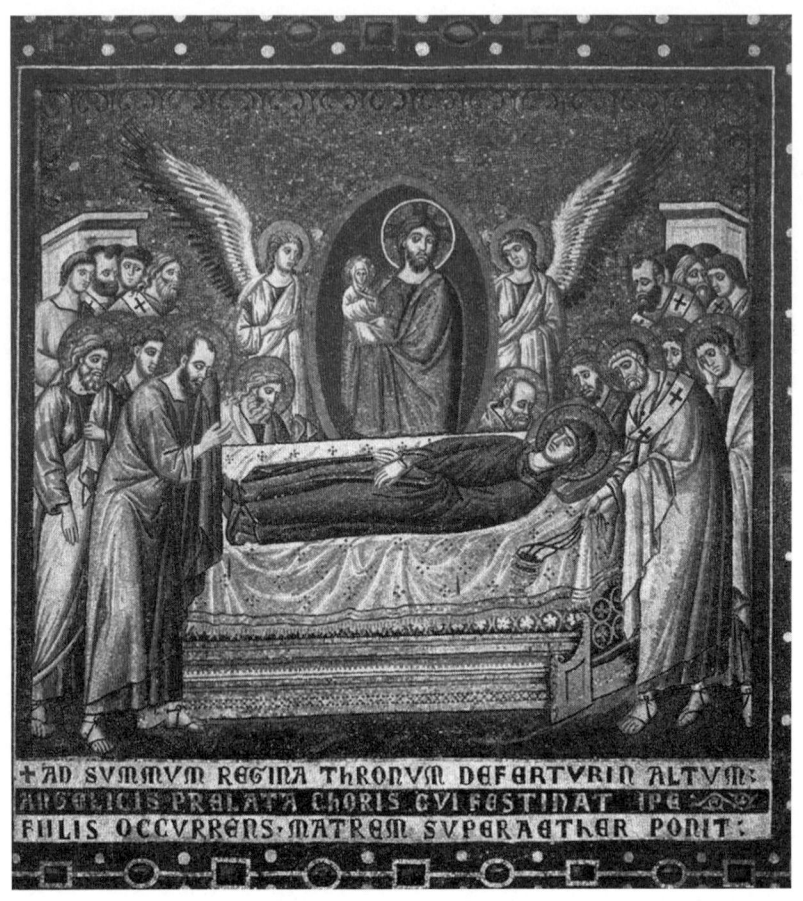

图片来源:Web Gallery of Art

图一

这些画描绘了圣母玛利亚一系列的生活场景,由罗马河对岸圣母堂资助,于1296—1300年创作完成,这是相关主题的经典杰作之一,奢华地使用多样、艳丽、昂贵的镶嵌物,特别是使用了金色和蓝色马赛克材料。这对本文主题而言极为重要,作品中我们看到画面正中位置是平躺于临终卧床的圣母,双手交叉,两眼合起,使徒围绕着她。如传统故事所述,我们看到玛利亚已经去世,但从人的意义严格说来,她并非真的死去,只是进入了一种安祥的、死亡似的睡眠状态。卧床后面是基督的伟大肖像,置于红色背景中,手中抱着一个婴儿般大小的人,这实际上就是圣母玛利亚的灵魂。因此,他用双手小心翼翼地抱着它,用金色长袍呵护着它,向世人表明其母亲绝对的纯洁性。

这是一副令人感动的画面,我们可能对画中玛利亚的灵魂只有孩子般大有所疑虑,但真正令人疑惑之处在于这个灵魂并不是婴儿模样,而是缩小版身着白色长袍的成年人。同时,与这一场景相关的雕刻解说文字和马赛克画均为重要文物,也是早期教会相关传说的最早证物。这幅卡瓦利尼的精美作品下方刻着一段说明文字,讲述了当时发生的场景。上面用拉丁文写着"Ad Summum Regina Thronum Defertur in Altum. Angelicis Praelata Choris Cui Festinat Ipe. Fiilis Occurrens. Matrem Superaether Ponit"(意为圣母玛利亚在天堂荣受最高权位)。

更重要的是,许多为卡瓦利尼工作的艺术家和在教会神学家指导下刻印该文字者宣称,玛利亚被置于"超以太",即高于以太。"以太"作为宇宙元素的理论与概念,在西方哲学中历史悠久,可追溯到古希腊时期。它是如此深奥的理论,以至于在当代物理学最新发现中仍有生命力,在宇宙空间中的媒介理念中也是如此。西方古代和中世纪时期,以太概论与当代的媒介理念并不完全一致,过去是指宇宙的构成,蕴含着更高领域即天堂。在前面讨论艳丽的马赛克画中,玛利亚的灵魂被带往最高的以太空间,远离曾经的尘世后,灵魂将在此安居,享受天堂的福祉。

四、耶稣会在华传教中灵魂的刻画

这一主题不仅为罗马天主教所接受,且深深地融入其信仰中,备受推崇。其影响至深,以至于利玛窦在华开始传教数十年后,仍有相关作品出现。1593年纳达尔(Nadal,1507—1580)印刷出版了插图版福音书《福音故事图集》,此书根据当时艺术风格进行了某些修改,旨在帮助新耶稣会信徒进行宗教冥想。两年后,该书第二版问世(后续还有再版),这一版的 153 幅图片中每一幅都提供了更为详尽的注释和大量的神学评论,供天主教徒弥撒祷告冥想使用。这些宗教图集分别出自意大利画家伯纳第诺·帕塞里、弗兰德斯雕塑家马尔滕·德·沃斯、威里克斯兄弟和其他画家的作品。

纳达尔两版书中第 150 号木刻画中,我们都可以看到玛利亚永眠的主题,根据全新的艺术风格而复作。① (见图二)

图片来源:*Gospel Illustrations*.

图二

---

① 这些书有各种各样的印刷本和网络版本。E. g., *Gospel Illustrations. A reproduction of the 153 Images taken from Jerome Nadal's 1595 book Adnotationes et Meditationes in Evangelia*, reissued by Joseph F. MacDonnell, S. J., Fairfield University, Fairfield, 1998, p. 150 in particular.

如图二所示,场景主题和主要人物有一些改变,新的艺术创新赋予画作16世纪现代天主教早期特色,史学家称这一时期为"天主教改革期"。这些创新中最著名的是透视法的使用,起源于意大利文艺复兴。画面中,玛利亚身体的斜置和光线的处理均体现这一时期画作的典型风格。透过光线来充实人物形象也是文艺复兴的创新。而此处体现了屋内一种幽暗、凝重的氛围,过去的画作中很少如此——其中前面讨论过的河对岸圣母堂中的艳丽马赛克画就是很好的例子——或文艺复兴时期画作中即使技艺使用有所妥协也体现不同。书中的印画里,大窗台照入的光线和使徒约翰手举的烛光照在玛利亚身上,烛光位于画面轴心,引领在场人员目光朝上,注视着玛利亚的灵魂走向前来迎接的耶稣。纳达尔两版书中所有153幅印画都用字母指代了下面的注解,所以新耶稣会信徒或虔诚的冥想者都可从画中看出那是玛利亚的灵魂。其中字母"E"用拉丁文解释道,"这是上帝之母的最为神圣的灵魂"。13世纪的马赛克作品还需要牧师向那些不识字的信徒解释其中的场景,到16世纪就没有必要了,学生们都会在耶稣会学院中集中学习拉丁文,此时的新耶稣信徒凭借他们熟练的拉丁语功力和其中极为详尽的神学注解,可以自己读懂为他们而作的印刷画和相关说明。

对利玛窦和其他当时在华活动的耶稣会士而言,这些插图的重要性体现在两方面。第一,它们的运用使中国社会各阶层人士更易读懂罗马天主教信仰中一些语言难以表达的神秘事物。第二,它们能用来适应与中国传统艺术接近的木刻版面风格。尽管1610年时利玛窦已去世多年,但纳达尔的插图版书在中国传教中大量使用,它们对明清时期福音传播的现实和宗教祷告意义在于,其中一些印刷画和注释可以翻译成汉字,这表明中国艺术家的介入是必要的。第150号印刷画呈现了圣母玛利亚的升入天堂之景,我们之所以知道这个例证是因为葡萄牙传教士罗如望(1565—1623)于17世纪前二十年在南京出版了讲述玫瑰经的一系列沉思录。他从纳达尔的书中选择和利用了一些图片来解释玫瑰经的神秘之处,并编辑成书。在这些关于玫瑰经的书中,其中第四幅图由一位匿名的明朝艺术家创作,展示了圣母玛利亚升天日,时间可追溯到17世纪20年代(见图三)。

图片来源:D'Elia, Pasquale M. (1939) *Le Origini Dell'Arte Cristiana Cinese* (1583 - 1640)[= *Studi e Documenti*, 9]. Roma, Reale Accademia D'Italia. PESSCA 1144A.

图三

其主题和部分形象显然取自纳达尔书中第150号图,但重塑了玛利亚永眠情景。艺术家运用了一种更吸引中国基督皈依者的方式和创作手法,尤其是把画中人物从欧洲人变为亚洲人,这种改变本身可能受到耶稣会士的鼓励。原作中的透视效果已取消,代之以更传统的平面图画,欧洲印刷画中创造幽暗感的光照与阴影的鲜明对比也消失。更重要的是,原作中玛利亚灵魂升天的场景被置于画的上方,厚厚的云层使其与下方主要人物分开。而在中国的木刻版画中,纳达尔书中152号画取代了这一部分,此画的主题是玛利亚与儿子耶稣在天堂重聚。罗如望在书中用这一图景代替了纳达尔 150 号画中的相关画面,这个合成版的玛利亚灵魂(根据早期基督的传说曾与尘世的肉体结合)升天日画中,天堂的场景显得非常大,事实上占据了画面的一半,因此在视觉上更为明晰地呈现了死后灵魂转变为纯精神维度的基督信仰。

利玛窦宣称,中国人并没有真正的与西方灵魂相似的个体灵魂概念,特别是没有人死后灵魂永存这样的观念。这些艺术图画可以帮助中国皈依者更为形象地理解基督神学中的二元论和灵魂独立实体的信念。这个灵魂实体暂时寄居于世俗的住所或肉体,同时也独立于肉体,既会因寄居世俗时作恶而受到惩罚,也会因遵循基督原则为善而脱离邪恶和原罪,获得自由和永恒的福祉。

利玛窦在北京逝世后,其自身就成为玛利亚灵魂篇章中所创图景的现实版例子。这发生在他中文版《天主实义》向明朝引入灵魂概念的七年之后。当棺材还在打造时,他的遗体在耶稣会士住所存放了两天,当时是五月份,天气炎热,但根据意大利传教士记录者所言,他的遗体犹如一个活着的人,仍保持着新鲜的自然肤色。他们说,这种非同寻常的现象向那些处于悲痛中的追随者表明,利玛窦的灵魂已在天堂获得永远的福祉。[①] 这不仅是一个体现艺术服务于宗教信仰的独特案例,通过艺术家之手使神秘事物更为实在,也诠释了艺术模仿生活和生活模仿艺术的真谛。

---

① *FR*, Vol II, La Libreria dello Stato, Rome, 1949, p. 544.

从"魂灵"到"灵魂"

——罗明坚与利玛窦对"*anima*"的翻译

上海师范大学外国语学院 刘晓葵

天主教术语的翻译问题是明清传教士不得不面对的难题,"上帝""灵魂""天神"等词的翻译甚至影响到后来的"礼仪之争"。但值得注意的是,传教士最初的汉译文本中并没有拉丁语"*anima*"的对音词"亚尼玛"出现,相反,最初出现的只是"魂灵""灵魂""魂"等词。后来的译著才有了"亚尼玛"与"灵魂"共存,或唯有"亚尼玛"出现的情形,之后又有使用"灵神""灵性""灵魂"的现象出现。这样的用词轨迹带给我们很多思考。

中国与西方的语言、社会形态、伦理、政治差异很大,因而,中国的宗教与西方天主教在明末清初的初识与相遇涉及的其实是双方的整个历史,二者的冲突难以掩盖,因而谢和耐将之比作"中西文化的首次撞击"不无道理。他认为:"基督教的所有组成部分,即在永恒的灵魂和注定要消失的躯体、上帝的天国与下界、永久和不变的真谛、上帝的观念与化身的教理之间的对立,所有这一切都更容易被希腊思想的继承人,而不是被遵守完全不同的传统的中国人所接受。很自然,中国人觉得这些观念都非常陌生或不可思议。"[①]

然而,"利玛窦确实非常正确地看到,传播福音的最大障碍之一,是在中国被普遍接受的宇宙一体论观念。根据中国作家们不厌其烦地重复的'天地万物浑然一体'的说法,任何归化确实必然会导

[①] 谢和耐著,耿昇译:《中国与基督教——中西文化的首次撞击》(导言),商务印书馆2013年,第4页。

致,首先要说服中国人坚信存在着与物质完全独立无关的神魂和精神,要教会他们在造物和造物主之间作出根本的区别。"①

的确,利玛窦当时认为传教士们要设法以"理性的方式""驳斥"当时深受五百年佛教影响的"天人合一"的观点,而且要引用中国古人的言论佐证。因为在他看来,"对于灵魂不灭的说法,中国的古人似乎不抱任何怀疑态度,甚至认为人死后仍能在天上存活许多年,但他们却未提及什么人该下地狱"②。

这应该就是利玛窦等人设计初期教理文本时的指导思想:利用《四书》《五经》等经典引出灵魂不灭的理念,让明末的中国人相信天主教的"anima"就是中国古书中的"灵魂"。在介绍《天主实义》一书时,《耶稣会与天主教进入中国史》曾经这样总结道:"利神父从中国儒家鼻祖孔夫子的言论中提炼出我们的观点,把孔夫子写下的容易产生歧义的东西诠释为对我们有利的意思。这样,神父们就得到了那些不崇拜偶像的儒家学者的大力支持。"③可是,事情真有那么简单吗?

回到文本,张西平认为,明清传教士介绍"灵魂"的文本有利玛窦的《天主实义》、龙华民的《灵魂道体说》、利类思的《性灵说》、艾儒略的《性学觕述》以及毕方济的《灵言蠡勺》。④ 方豪在《中国天主教史人物传》介绍高一志时提道:"十六七世纪天主教有一教义入门书,或称 Doctrina Christiana,或称 Chritianae Doctrinae Compendium,亦即后世所谓《圣教要理》或《要理问答》。"⑤若按时间顺序,在华传教士根据此本先后撰著的作品分别有罗明坚的《天主实录》、利玛窦的

---

① 谢和耐著,耿昇译:《中国与基督教——中西文化的首次撞击》(附录),第415—416页。
② 利玛窦著,文铮译,梅欧金校:《耶稣会与天主教进入中国史》,商务印书馆2014年,第69—70页。
③ 利玛窦著,文铮译,梅欧金校:《耶稣会与天主教进入中国史》,第356页。
④ 张西平:《中国与欧洲早期宗教和哲学交流史》,东方出版社2001年,第68页。
⑤ 方豪:《中国天主教人物传》,宗教文化出版社2007年,第108页。

《天主实义》、苏如望的《天主圣教约言》、罗儒望的《天主圣教启蒙》、高一志的《教要解略》以及南怀仁的《教要绪论》等。

篇幅所限,本文将对《天主实录》与《天主实义》两个早期文本中的"anima"一词的翻译进行分析,旨在说明"魂灵"的由来与"灵魂"的使用虽是出于对中国文化的适应,却为日后"礼仪之争"的术语问题埋下了伏笔。① 利氏之后,也有传教士试图使用"anima"的对音词"亚尼玛",并努力用"灵魂"来解释"亚尼玛"。例如,罗儒望在"道理本"《天主圣教启蒙》中通篇使用"亚尼玛",仅仅一次使用"灵魂";而毕方济在《灵言蠡勺》正文中用"亚尼玛",注释用"灵魂"。② 两位传教士努力阐释西方哲学与神学中极为重要的"亚尼玛",目的都是拉近"亚尼玛"与"灵魂"的距离,赋予"灵魂"天主教含义。故此,前者极力避免使用异教词汇,而后者却更多地利用异教词汇。按照前文利氏的指导思想,只有通过带有中国异教色彩的"魂灵"或"灵魂",中国人才有可能因为对古儒的笃信而理解西方的"亚尼玛",信仰"亚尼玛",升天堂得永生。无独有偶,20 世纪发现的唐景教文献《一神论》也用极富异教色彩的"魂魄"一词,几经论证,使之成为独立于物质之外的景教灵魂的代名词。这些让我们联想到佛学初期传入时,因为般若学说与道家学说有类似之处,翻译者用"无"来表达般若的基本原理"性空"。③ 那么,"anima"的翻译算不算"旧瓶装新酒",是对"魂灵"与"灵魂"的"格义""连类"呢?④

---

① 龙华民的《论中国人宗教中的某些问题》一文于 1701 年由外方传教会刊行于巴黎,此文中对"灵魂"的术语翻译有异议。
② 安田朴:《中国文化西传欧洲史》(第二卷),商务印书馆 2000 年,第 461 页:"大家在这个问题上还介绍说,耶稣会的毕方济神父用汉文发表了一部《灵言蠡勺》,由于缺少一种完全相当于天主教有关'灵魂'的思想,这位善良的神父没有发现任何比把'灵魂'经汉文化而称之为'亚尼玛'(译言灵魂亦言是性)更恰当的了,这仅仅是对拉丁文 anima 的一种近似的译音。"可是,《灵言蠡勺》刻于 1624 年,《天主圣教实录》刻于 1619 年,先使用"亚尼玛"译词的显然应该是罗儒望。
③ 吕澂:《中国佛学源流略讲》,中华书局 2002 年,第 32 页。
④ "格义"的方法参看吕澂:《中国佛学源流略讲》,第 45 页。

一

《楚辞·九章·哀郢》云:"羌灵魂之欲归兮,何须臾而忘返。"东汉蔡邕《陈留太守胡公碑》曰:"灵魂徘徊,靡所瞻逮。"这些都是中国文化对"灵魂"的早期记载。中国的原始宗教认为人死后灵魂就会烟消云散。道教有"魂魄"说。"魂魄"指人的精神灵气。古人认为"魂"是阳气,构成人的思维才智;"魄"是粗粝重浊的阴气,构成人的感觉形体。"魂魄"(阴阳)协调则人体健康。人死"魂"(阳气)归于天,精神与"魄"(形体)脱离,形体骨肉(阴气)则归于地下。"魂"是阳神,"魄"是阴神。除此,道教还有"三魂七魄"之说。而佛教认为"灵魂"是生命生灭周期中一个阶段中阴的形态,在投胎时便消灭。由于中国人重视祖先,传入的佛教慢慢变质而发展出"灵魂"观念。由于净土宗佛力救渡信仰的盛行,汉传佛教的丧礼中,一般会诵经超度以引导亡灵早登西方净土。南传佛教则不承认有独一的个体或"灵魂"存在,不过"鬼"是确实存在的,但"鬼"不是"灵魂",是六道之一,与"灵魂"不同。除了"魂魄"说以外,中国道教许多派别认为,人的"灵魂"是一种拥有意识的特殊物质,并称之为"元神"。这种"元神"有阴阳之分,而经过修炼,使人变为纯阳,就可以控制"灵魂"进出肉体,即"元神出窍"。

在利玛窦所著《耶稣会与天主教进入中国史》绪论中,利氏提到了中国人利用方术祈求长生不老或死后灵魂与肉体一同升天。[①] 但利氏提到更多的是佛教的灵魂观:"他们尤其宣扬灵魂是可以从一个肉体转移到另一个肉体中的,在毕达哥拉斯学说的基础上加上了许多寓言,以使他们的学说更易于被人接受。"[②]在利氏看来,佛教把

[①] 利玛窦著,文铮译,梅欧金校:《耶稣会与天主教进入中国史》,第65页。
[②] 利玛窦著,文铮译,梅欧金校:《耶稣会与天主教进入中国史》,第72页。

天与地、天堂与地狱混为一谈,认为灵魂不会永远停留在天堂或地狱,而是多年后在人们幻想的不同世界中得到再生,那时,人们才可赎清前世的罪过。这样,佛教的灵魂说"给这个不幸的国度带来了无尽的灾难"。于是,利玛窦深信范礼安的决策:"这样一个勤劳智慧而又知书达理的民族,是不会拒绝一些过着圣善生活的神父进入他们的国家,学习他们的语言文字,也许他们最终还能接受我们的圣教,这不仅不会对他们造成危害,还能有力地帮助他们治理国家,他们可以预见到,我们的圣教有助于他们在另外一个世界中的灵魂,为他们指引通往天堂的道路。"①

正是在这样的思想指导下,明末入华的罗明坚与利玛窦开始了他们对西方灵魂观的介绍。从《耶稣会与天主教进入中国史》看,他们最先翻译的是《天主十诫》,此后,"我们"将《天主圣教实录》翻译整理成中文。但学界通常认为此书由罗明坚著于1584年,而梅谦立认为,从利氏来华的时间与此书出版的时间看,利氏贡献极少,不能算作该书的合作者。② 根据利玛窦自述,在1595年12月至1596年7月间,他改写《天主实录》成为《天主实义》,不但丰富了该书的内容,而且废除了类似于"和尚"(即僧)的名称来称呼神父。③ 当然,令利氏不满的翻译肯定还有很多,所以"从1596年起,利玛窦开始传播他所撰写的《天主实义》初稿。同时,他决定不再传播《天主实录》,并毁掉了其刻板"④。此间还出现了一本汉语书籍,即《天主教要》。这本书虽是耶稣会士集体创作,但利玛窦明显参与了书籍的编写,他说神父们用"天主"称呼"Deus",即指"老天爷"。我们没有这本书具体的写作时间,梅谦立认为,此"道理本"由利氏编辑,1605

---

① 利玛窦著,文铮译,梅欧金校:《耶稣会与天主教进入中国史》,第82—83页。

② 利玛窦著,梅谦立注,谭杰校:《天主实义今注》,商务印书馆2015年,第5页。

③ 利玛窦著,文铮译,梅欧金校:《耶稣会与天主教进入中国史》,第210页。

④ 利玛窦著,梅谦立注、谭杰校:《天主实义今注》,第27页。

年出版。① 需要说明的是,《天主教要》中唯一一处指称"anima"的地方,作者用的是"灵魂":"但亦因亚当之罪,天门关闭而不开。以故凡古圣死,其灵魂姑居此狱。"②

认识"灵魂"一词在"礼仪之争"中被诟病的原因,我们必须回到最初的文本。罗明坚的《天主实录》实有不同版本,刻于万历十二年(1584)的《新编天主实录》与刻于1637—1641年由阳玛诺、费奇观、孟儒望重订的《天主圣教实录》区别很大。若只关注"anima"的翻译,前者为"魂灵",后者为"灵魂"。若只看原刻本,"魂""魄"甚至"魂魄"虽都有出现,但"魂灵"才是与"anima"对应的翻译。引言中,罗明坚为报"给地柔远之恩","姑述实录而变成唐字",因其"原于天竺,流布四方",可以"救拔魂灵升天,免坠地狱"。③ 可见救拔"魂灵"不单是天主教教理的重点也是该篇的重点,而此实录更应是在翻译基础上的论述。这与利氏前文所述一致。根据文本的内容,梅谦立认为,《天主实义》既是"要理本",又是"道理本",还是有关欧洲天文学的科学报告。④

"今幸尊师传授天主经旨,引人为善,救拔魂灵升天,予特来求教"⑤,是第一章"真有一位天主"中唯一提及"anima"的用词。西人传授天主的目的就是引人为善并救人灵魂升天,这可谓开宗明义。罗明坚从自己泛海而来为奉祀天主,引出天庭之中真有一位天主掌管世间万物之理。第二章"天主事情"中,作者五次提到"魂灵",都是为说明"anima"是无形的,如"且宇内之物,一者有形,一者无形。有形之物,眼得而见之;无形之物,若天人魂灵魔鬼等物,人皆不得而见。但度之以理而已。亦犹见其室上烟腾,虽未尝亲至室中,自

---

① 利玛窦著,梅谦立注,谭杰校:《天主实义今注》,第7页。
② 无名氏:《天主教要》,第7页。摘自钟鸣旦、杜鼎克、蒙曦主编:《法国国家图书馆明清天主教文献》第18册,台北利氏学社2009年。
③ 罗明坚:《新编天主实录》,钟鸣旦、杜鼎克编:《罗马耶稣会档案馆明清天主教文献》(第一册),台北利氏学社2002年,第4页。
④ 利玛窦著,梅谦立注,谭杰校:《天主实义今注》,第5页。
⑤ 罗明坚:《新编天主实录》,第9页。

然知其室中之有火矣。见其人身动觉,则知其有魂灵。"①

第三章解释世人冒认天主涉及佛教轮回说,罗明坚多用"魂"与"魂灵":"曰四生六道,人魂轮回。又曰杀生者魂灵不得升天,或魂归天堂者,复能回生世界。"②"夫人之奉敬邪神,及其既死,则魂灵坠于地狱,为魔鬼所役使。"③"至于死后,善者魂灵升于天堂而受福快乐,悠久无疆;恶者魂灵坠于地狱受刑苦。苦楚万状,永远不脱。"④前文对利氏眼中的佛教轮回说已有介绍,这里更多应是罗明坚的看法。但借着佛教术语"魂灵"拉近西方的"亚尼玛",一定是罗明坚的主张。

第四章"天主制作天地人物"记述了天主六日创世的内容,作者将地狱、九重天、地堂乐土、日月五星等内容与一些科学性的知识巧妙糅合。

第五章"天人亚当",作者先介绍无形"天人",进而引出"噜只咈啰"骄傲犯分被逐天庭而成魔鬼。而"天人"或"天神"亦是"礼仪之争"的术语问题涉及的一个用词,此处不论。本章中,作者用"魂"与"形"两个单音词于"魂形两全""有魂无形""有形无魂"等短语,用"魂灵"于"魂灵升天"处为多。如"答曰,此问甚妙,而且有理。吾言第一端之物者,天人魔鬼,有魂无形者也。今且告之以魂形两全之说。天主既逐下天人,则天庭之位已空,故作亚当也襪,魂形两全,使之生继不息。其间若有为善之人,则取其魂灵升天,以充天人之位矣。"⑤这里的"为善之人"可以"魂灵升天",恰巧与利氏所考证的当时的某些中国人的灵魂观一致:"现在的人都认为,人死后灵魂将彻底消灭,不相信在另一个世界中会有什么天堂和地狱。但有些人觉得这种说法太绝对,说只有好人的灵魂才能永存,因为他们做了

---

① 罗明坚:《新编天主实录》,第18页。
② 罗明坚:《新编天主实录》,第22页。
③ 罗明坚:《新编天主实录》,第23页。
④ 罗明坚:《新编天主实录》,第24页。
⑤ 罗明坚:《新编天主实录》,第35页。

善事,所以灵魂便会凝聚而坚实。但恶人的灵魂则不然,据说他们的灵魂一旦脱离肉体便会散失殆尽。"①除此,"魂灵"还多与双音词"形象"同用,如"若夫有形无魂之物者,天地水火木金石等物,止有形象而无魂灵也"。②

在第六章"论人魂不灭大异禽兽"中,"魂"依旧用于"魂形两全"处,或所有有关"人死魂灭"的地方。对"三品之魂"的介绍也全用了"魂",而有关"人之魂灵升天"的内容又全用了"魂灵"。同样,"体"作为单音词对应的是"魂","体态"为双音词对应的是"魂灵"。如"人之所以异于禽兽者,在乎体态奇俊。体既不同。则其魂亦异矣。譬如匠人欲成利器必须用铁。器物各异,则所用之资亦不同。既知人之体态不同乎禽兽,则人之魂灵,又安能与禽兽相同哉?"③"禽兽之魂,只合乎禽兽之身,奚可以人之魂,而合乎禽兽之身哉?"④"又如一人之身,远游在外,而此心一点,尤必时常挂念家中,则此明理之魂,诚不赖身而用事也。故僧言人之魂灵大异乎禽兽者如此。"⑤可见,罗明坚的确是按照中国人对"魂"的理解区别"魂"与"形""体"的。而人之"魂"不同于禽兽之"魂",是因为人之"魂""明理"且"不赖身用事"。

原刻本第七章解释魂归四处,重刻本第八章解释魂归五所。需要指出的是,第七章之后因为少有对"anima"的解释说明,"魂灵"作为一个仿佛为读者熟知的概念便在上下文间随意出现了,而人死魂的归处、天主给人的规诫、人当诚信的信条、十诫的内容、天主教徒的修行正道及对圣洗的解释这后六章都包含于天主降世为赎世人之罪,教人笃信天主事情并遵守十诫,引导古今世人之灵魂免入地

---

① 利玛窦著,文铮译,梅欧金校:《耶稣会与天主教进入中国史》,第 69—70 页。
② 罗明坚:《新编天主实录》,第 37 页。
③ 罗明坚:《新编天主实录》,第 37—38 页。
④ 罗明坚:《新编天主实录》,第 38 页。
⑤ 罗明坚:《新编天主实录》,第 41—42 页。

狱而得升天这一终极关怀之中。可见，"魂灵"确实是罗明坚《天主实录》中不可或缺的核心概念。或许可以这样说，没有对"魂灵"这一"要理"的理性论证做基础，读者很难明白信经教条、十诫及受洗圣事等"道理"。

除此，"魂灵"的诞生还有鲜为人知的故事："1581年，罗明坚写了一本拉丁文的传教著作，他将它叫作《问答集》。他的几个翻译将这本书译成了中文。虽然范礼安在1582年指示罗明坚出版这本书，但它还是仅仅以手稿的形式流传。1584年的夏天和秋天，一位从福建来的，曾接受过利玛窦在信仰上指导的秀才，在利玛窦的帮助下，将该书从头至尾翻译完，并在文字上做了润饰。这是利玛窦第一次为了寻找恰当的中文词汇来表达天主教思想而绞尽脑汁的经历。"①可见，"魂灵"一词究竟为利氏与罗氏谁的翻译首度用来表示"anima"还难下结论，但从利氏的"绞尽脑汁"和他在《天主实义》中用"灵魂"代替"魂灵"及前文梅谦立对利氏在《天主实录》的参与极少的推理来看，我认为"魂灵"应该最先为罗明坚定夺并使用。

二

罗明坚的《天主实录》原刻本虽然没有使用"灵魂"，但"魂灵"已经为"灵魂"十一年后在《天学实义》中的出场做好了铺垫。而《天主实录》的重刻本也将"魂灵"全部换作了"灵魂"。根据上面邓恩的记述，利玛窦从头至尾参与了罗明坚作品1584年的翻译，如果"anima"的中文译词曾让他纠结不已，那么换"灵魂"作为"anima"的译词出现在他自己的作品中就再正常不过了。更何况前文已示，利

---

① 邓恩著，余三乐、石蓉译：《从利玛窦到汤若望——晚明的耶稣会传教士》，上海古籍出版社2003年，第15页。

玛窦在改写罗明坚的《天主实录》时,明令废除了"僧"等佛教术语,所以利氏自此明令使用"灵魂"废除"魂灵",也不是没有可能。毕竟,"魂灵"更接近民俗,亦指万物的自然灵,不仅限于生物的"灵魂"。如《汉书·外戚传上·孝武李夫人》:"呜呼哀哉,想魂灵兮。"《全唐诗》卷八七四载《挽歌》:"红轮决定沉西去,未委魂灵往那方。"

需要补充的是,《天主实义》并非一次成书。方豪据裴化行著 Les adaptations chinoises d'ouvrages européens,认为《天主实义》最早名为《新编西竺国天主实录》,万历十一年(1584)刻于肇庆;后改名为《天学实义》,抄本;万历二十二年(1595)重抄,利玛窦以未得印度卧亚教会的许可,未付梓;万历二十九年(1601),冯应京校并序,且增若干处,但仍以无卧亚主教许可,利氏拒绝刊行;万历三十一年(1603),始在北京出版,改名《天主实义》。① 所以,《天学实义》抄本在易名为《天主实义》出版前,就已经流传于各堂了。这一切与《耶稣会与天主教进入中国史》的记载基本一致,利氏还在 1599 年将自己与李汝祯之类的论辩写成论文,收入《天主实义》。②

《天主实义》分上下两卷共八篇。第一篇论天主始制天地万物而主宰安养之;第二篇解释世人错认天主。要解释世人错认天主的原因,利玛窦必须将"人魂不灭"的观念引入,于是第三篇即论人魂不灭大异禽兽,而灵魂的结局又引读者进入了天主教的天堂地狱说。有了天主教灵魂的概念,利氏在第四篇辩释了鬼神及人魂的不同,解释天下万物不可谓之一体,进一步说明天主与万物和人的关系。有了这个基础,利氏在下卷第五篇大胆地批评辩排轮回六道、戒杀生之谬说,而揭天主教徒斋素正志。第六篇,利氏深入解释意不可灭,论述死后必有天堂地狱之赏罚以报世人所为善恶。由此可见,"灵魂"对中国人理解善恶报应及现世与永世的赏罚非常关键。

---

① 方豪:《天主实义之改窜》,摘自《方豪六十自定稿》(下册),台北学生书局 1969 年,第 1602 页。
② 利玛窦著,文铮译,梅欧金校:《耶稣会天主教进入中国史》,第 258 页。

第七篇论人性本善并叙述天主门士正学,天主教的修养工夫得到了简要的介绍。最后一篇,利氏总举大西俗尚,论其传道之士所以不娶之意,并释天主降生西土之来由。

通过以上分析,我们可以发现"灵魂"也是《天主实义》通篇论述的一个关键,它承上启下,成为利氏批驳佛、道,弘扬天主正教的基础。这与1593年范礼安要求利玛窦撰写新的"要理本"相关。范礼安要求利氏专门向儒家士大夫提供哲学论证,以预备他们可能的"皈依"。于是,利氏大量使用了罗明坚《天主实录》中的哲学论证,却把原有的教条部分删去,仅留下耶稣基督道成肉身之论。① 后人多以《天主实义》缺乏教条,尤其是缺乏基督的受难与复活而抨击利氏传教不全,实际上,利氏将教条都写进了《天主教要》,从而将"要理本"和"道理本"加以区分,将教外人士与教内人员加以区别。而且,据梅谦立研究,利氏使用了《天主实录》三十多个段落,占《天主实义》的5%。

除了借取罗明坚《天主实录》论及灵魂不朽的五个根据外,在第三篇中,利氏还翻译了范礼安所著《日本要理本》关于灵魂之精神性的六个根据。② 这样,在梅谦立看来,范氏对佛教的错误看法影响到利氏对于中国佛教及宋明理学的正确认识。好在利氏深入挖掘儒家经典,形成了自己对于中国本土的古代文化宗教的某些认同,为日后天主教思想的传播打下了基础。

就文字来说,"物之有始有终者,鸟兽草木是也;有始无终者,天地鬼神及人之灵魂是也;天主则无始无终,而为万物始焉,为万物根柢焉"③。此处,利氏首次使用"灵魂"一词。而在第三篇中,"人魂"一词出现了:"上品名曰灵魂,即人魂也。"④像罗明坚的《天主实录》

---

① 利玛窦著,梅谦立注,谭杰校:《天主实义今注》,第6页。
② 利玛窦著,梅谦立注,谭杰校:《天主实义今注》,第33页。
③ 利玛窦:《天主实义》,郑安德编:《明末清初耶稣会思想文献汇编》(第二册),北京大学宗教研究所2000年,第24页。
④ 利玛窦:《天主实义》,第47页。

一样,利玛窦为了行文的需要,将"魂""魄""灵魂"及"人魂"用于不同语境分别指称中国人与西方人并不一致的灵魂观。例如,"人有魂、魄,两者全而生焉;死则其魄化散归土,而魂常在不灭。吾入中国尝闻有以魄为可灭,而等之禽兽者;其余天下名教名邦,皆省人魂不灭,而大殊于禽兽者也"①。"人身虽死,而魂非死,盖永存不灭者焉。"②"凡知觉之事,倚赖于身形,身形死散,则觉魂无所用之。故草木禽兽之魂依身以为本情,身殁而情魂随之以殒。若推论明辨之事,则不必倚据于身形而其灵自在;身虽殁,行虽涣,其灵魂仍复能用之也。故人与草木禽兽不同也。"③"若夫灵魂之本用,则不恃乎身焉,盖恃身则为身所役,不能择其非。"④"子欲知人魂不灭之缘,须悟世界之物,凡见残灭,必有残灭之者。"⑤"独人之魂能为身主,而随吾志之所纵止,故志有专向,力即从焉。虽有私欲,岂能违公理所令乎?则灵魂信专一身之权,属于神者也,与有形者异也。"⑥"若人之所喜恶,虽亦有有形之事,然德善,罪恶之事为甚,皆无形者也。是以断曰:人之性,兼得有形、无形两端者也。此灵魂之为神也。"⑦利氏坦白地说明,灵魂不灭是天主教信徒修道的根基:"人魂为神,不容泯灭者也。因有此理,实为修道基焉。"⑧

大体上,利氏在论及死后灵魂散灭问题时多用"魂"来接近中国人的理念,在提到西士对灵魂的看法时,多用"灵魂"以强调天主教的灵魂观,在论及鬼神的存在时又多用"人魂"来强调灵魂的存在状态。例如,"天主欲人尽知死后魂存,而分明晓示于此,而犹有罔诋无忌、乱教惑民,以己所不知,妄云人死魂散,无复形迹,非但悖妄易变,且其人身后之魂必受安言之殃矣"⑨。"人之灵魂不拘善恶,皆不

---

① 利玛窦:《天主实义》,第46页。
②③ 利玛窦:《天主实义》,第47页。
④⑤ 利玛窦:《天主实义》,第48页。
⑥ 利玛窦:《天主实义》,第49页。
⑦ 利玛窦:《天主实义》,第50页。
⑧ 利玛窦:《天主实义》,第52页。
⑨ 利玛窦:《天主实义》,第62页。

随身后而灭,万国之士信之,天主正经载之,余以数端实理证之矣。"①"周公、召公何人乎?其谓成汤、文王既崩之后,犹在天陟降而能保佑国家,则以人魂死后为不散泯矣。"②除此之外,"魂神""灵神"也有出现:"且鬼神在物与魂神在人大异焉。"③"人固有二:曰外人,所谓身体也;曰内人,所谓魂神也。"④"夫天上之天主,与我既共一体,则二之澄澈、混淆无异焉。譬如首上灵神于心内灵神同为一体也,故适痛楚之遭、变故之值,首之神混淆,心之神钧混淆焉,必不得一乱一治之矣。"⑤还要指出的是,"人魂"在下卷中多用来指称"人类之魂"以别于禽兽之魂:"若令禽兽之魂与人魂一,则是魂特有二品,不亦紊天下之通论乎?"⑥

总之,在中士眼中,《天主实义》"先辱示以天主为兆民尊父,则知宜慕爱。次示人类灵魂身后不灭,则知本世暂寄,不可为重。复闻且有天堂为善者升焉,居彼已定心修德以事上帝,与神人为侣;况有地狱,居彼已定心不改恶,以受刑殃致万世不可脱也。"⑦在此基础之上,中士欲询"事天主正道"便知"大西俗尚""传道士不娶之意"与"天主降生西土来由"。按利氏的逻辑,灵魂的重要性仅次于天主,灵魂身后不灭论是天主教徒身前定意修德侍奉上帝(即天主),以致身后荣升天堂,教外人身前若不改恶迁善,身后必遭地狱永殃的理论基础;它为天堂地狱的赏罚能够弥补现世善恶之报的不公做了解释,也为西士批驳中土的所谓异教迷信提供了理论武器。这点与罗明坚《天主实录》如出一辙。

如果说《天主实录》中,罗明坚还使用过一些音译词如"巴喇以所""噜只唎啰",在利玛窦的《天主实义》中,却再没有什么音译词出

---

① 利玛窦:《天主实义》,第55页。
② 利玛窦:《天主实义》,第59页。
③ 利玛窦:《天主实义》,第63页。
④ 利玛窦:《天主实义》,第88页。
⑤ 利玛窦:《天主实义》,第71页。
⑥ 利玛窦:《天主实义》,第84页。
⑦ 利玛窦:《天主实义》,第118页。

现。虽然梅谦立认为耶稣会士在"道理本"上仍在使用音译词,但在《天主教要》中,我们并没有发现什么音译词。所以,不用音译词大概是利氏自己的一个翻译原则。这样,我们在作者身上并没有看到谢和耐所谓的"犹豫不决"。①

如前所述,利氏的"犹豫不决"可能是发生在选择"灵魂"还是"魂灵"的问题上。而且,通过上文的分析可以肯定,利氏知道在什么语境下用什么词,虽不是完全分类清晰,但"魂""魄""人魂""灵魂""魂神""灵神"等词的使用还是有据可依的。利氏利用了上古中国人通过"气""鬼""魂气""精气""游魂"等词所表达出的对灵魂观的模糊认识来说明灵魂的存在,以"灵魂""人魂"等词所代表的天主教灵魂观取代中国人的模糊认识。张西平认为这正是利氏的高明之处。② 此外,利氏虽说"吾将译天主之公教,以征其为真教。姑未论其尊信者之众且贤,与其经传之所云,且先举其所据之理"③,但事实上,利氏在这样做的同时,大量援引先秦儒家的经典来说服士大夫,深入批判了宋明理学和佛老二家,而且还系统阐释了他自己的神学思想。这样看来,《天主实义》应属撰著而非完全的译著。④ 同时,为了让中国文人苟同表面相似实际不同的天主教灵魂观,利氏确实也不必用陌生的音译词"亚尼玛"来指称中国

---

① 谢和耐说:"在汉文中很难找到相当于基督教基本概念的术语,这一棘手问题,可以通过传教士们的犹豫不决表现出来。对于与身和情相对立的灵魂观念即如此。传教士们使用了'魂'一词,来指被中国人归于人类的两种灵魂的最易逝者。但这种灵魂与生命力是不可分割的,就如同二者中最明显者'魄',是在死后一定时间内才消失的一样。这种观念与基督徒们在永生的灵魂和注定要消失的身体之间做出的区别,没有任何共同之处。'魄'的观念在中国的哲学观点中不起任何作用,过分缺乏稳定和坚实的基础,以至于使大家也使用了一个作亚尼玛(灵性)的拉丁文对音词。"(耿昇译:《中国与基督教——中西文化的首次撞击》,第183页)
② 张西平:《中国与欧洲早期宗教和哲学交流史》,第88页。
③ 利玛窦:《天主实义》,第2页。
④ 梅谦立认为利氏不仅仿照范礼安《日本要理本》的目次,而且还把原书拉丁文大量翻译成中文。见利玛窦著,梅谦立译,谭杰校:《天主实义今注》,第12页。

文化中早已隐约可见的"灵魂"。① 这亦是"格义""连类"的好处。

三

难道罗明坚笔下的"魂灵"真是汉语中最早表达基督宗教灵魂概念的译词吗？

明天启五年(1625)，刻制于唐德宗建中二年(781)的"大秦景教流行中国碑"在西安出土。此前国人一直不解圣教缘何直到明末才得传入的问题立时明朗了。原来，天主的福音千年之前就已传入中国。那么彼时的文字翻译有何特点呢？单从人们误将此碑当作佛碑已不难看出此碑文字酷似佛语。而日本学者高楠顺次郎考证出碑文撰者景净曾与佛僧般刺若合译《六波罗密经》，这点更加证明景净通晓佛语。② 碑文有云："悬景日以破暗府，魔妄于是乎悉摧，棹慈航以登明宫，含灵于是乎既济。"③ 路远的解释是："高悬的光耀的太阳冲破了黑暗，魔鬼的伎俩全被摧毁，划着慈悲的航船登上光明的天堂，人类的灵魂得到了拯救。"④ 可见，"含灵"应指景教之灵魂。可是，《晋书·桓玄传论》有："夫帝王者功高宇内，道济含灵。"《宋史·乐志十》有："卿云纷郁，祐我含灵。"⑤ 两处"含灵"皆指人类，谓人为万物之灵。可见，即便是当年的景净，也很难找到一个现成的词指称景教的灵魂。

除《大秦景教流行中国碑》外，《一神论》是 20 世纪发现的七篇景教文献之一。林悟殊在《唐代景教再研究》一书中对富冈谦藏氏

---

① 梅谦立在最近的"西方灵魂论进展"国际学术会议上谈到，明末清初西方传教士更多地用"灵魂"来适应中国士人阶层读者的口味，以"亚尼玛"做专门代名词来教化入教信徒。笔者认为，这是一个有启发性的思考。
② 林悟殊：《唐代景教再研究》，中国社会科学出版社 2003 年，第 13 页。
③ 路远：《景教与景教碑》，西安出版社 2009 年，第 69 页。
④ 路远：《景教与景教碑》，第 70 页。
⑤ 徐复等编：《古汉语大词典》，上海辞书出版社 2005 年，第 359 页。

藏景教《一神论》真伪有过辨析。此处我们只关注景教灵魂的用词。我认为《一神论》应由"喻""一天论"与"世布施"三部分组成。所谓"喻第二""一天论第一""世布施论第三"的说法，与明清传教士文本将序号写在篇章末尾如出一辙。学界有人认为《一神论》的三部分排序有误，当以"一天论"为首，可是，就灵魂概念的介绍与深入来看，现有的排序自有其浅入深出的道理。至于排序、抄写之人来自哪个朝代，尚待考证。需要注意的是，在此经文中，作者将"魂魄"演绎成为景教的灵魂。

以《喻》为例，作者用譬喻来说明一神住立天地犹如一舍一主人，一身一"魂魄"，神于天地不可见犹如"魂魄"在身不可见。"见一神住立天地，不见捉天地，而能养活一切众生，则是可见。譬如一个舍，一个主人，（一）身一魂魄。若舍饶主，则舍不得好。一人身饶魂魄，则人不得为善。故人魂魄无二，亦无三。譬如一个舍，一舍主，无两主，亦无三。天地唯有一神，更无二，亦无三。一神在天地不可（见），亦如魂魄在人身，人眼不可见。魂魄在身，既无可执见，亦如（一神在）天下，不可见。魂魄在身，人皆情愿执见。大智之圣，等虚空，不可执，唯一神遍满一切处。将魂魄在身中，自檀意亦如此。"①

《喻》中另一处说明一神的所在，既使看不见也常尊在，一神所作的经律亦然。譬如，天下有可见"天尊"者，亦有不可见"天尊"者，仿佛"魂魄"虽不可见，亦有欲见之者，神识（即精神）亦是如此。身体、灵魂兼而有之方为完整，人有精神才是完整。"（一神）所在处，亦常尊在，无（见）亦常尊在。一神作经律，亦无别异。自圣亦无尽，天下无者天尊作。天尊处天下，有者并可见，亦有无可见。譬如见魂魄，人不可得见，有可见欲，似人神识，一切人见二种，俱同一根。若人（无）身不具足，人无魂魄，人亦不具足，人无神识，亦不具足。

---

① 穆尔：《一五五〇年前的中国基督教史》，中华书局1984年，第300页。

天下所见，独自无具足。天下无可见，独自亦具足。"①此外，《一天论》也曾详细论及景教灵魂观，内容包括灵魂不灭与永生及其与肉体的关系等，此处不作赘述。

究竟何为"魂魄"？《左传·昭公七年》："人生始化曰魄，既生魄，阳曰魂；用物精多，则魂魄强。"孔颖达疏："魂魄，神灵之名，本从形气而有；形气既殊，魂魄各异，附形之灵为魄，附气之神为魂也。附形之灵者，谓初生之时，耳目心识手足运动啼呼为声，此则魄之灵也；附气之神者，谓精神性识渐有所知，此则附气之神也。"又《昭公二十五年》："心之精爽，是谓魂魄；魂魄去之，何以能久？"②

《一神论》的作者恰恰利用了"魂魄"的抽象，将景教灵魂不同于肉体且超越于物质的意义表达出来。由此，灵魂可以得救升入天堂的结论就不难阐发了："一切人谁欲解，于一神处分具足，于魂魄上天堂，亦须依次法行，所以可见。不是虚诳，亦不是迷惑，亦不妄语，不无罪业，法须如此。"③

结　　论

历史的确很有意思，通过唐景教文献，我们看到当时的景教僧人不惜利用佛教"天尊"来阐发景教"一神"的教义，甚至不惜使用"魂魄"这一具有道教背景却已为佛教吸取的词汇来论述景教灵魂观。假设《一神论》确实不曾为任何明清传教士所涂改，那么分析过明末天主教传入的灵魂观，我们就不难发现，二者都不得不利用异教的词汇来表达他们的灵魂观。而且，他们都扬弃了此类词汇原有

---

① 穆尔：《一五五〇年前的中国基督教史》，第301页。
② 徐复等编：《古汉语大词典》，第2492页。
③ 穆尔：《一五五〇年前的中国基督教史》，第313页。

的异教含义,而赋予了它们新的宗教含义。不可否认,景教虽被西方教会视作异端,其灵魂的观念与天主教正统教义却是基本一致的。

经过上述论证,邓恩的一段话会让我们更加明白利玛窦的策略:"早期的教会在调整自身去适应罗马文化环境的过程中,走了很长的路程。在天主教词汇的发展过程中,教会毫不犹豫地自由地运用了希腊语和拉丁语的表达法。在那个时代,这些在异教的场合里所表示的意思与天主教徒所接受的意思相当不同的表达法,并没有被禁止。因为对超自然的秩序的见解还不为异教的世界所了解,希腊和拉丁的语言自身中还没有创造出那么多可被天主教教义所利用的词汇。办法只有两种:或者将原始的希伯来语的全部词汇嫁接到这些语言上,或者将非天主教词汇赋予天主教的含义。结果后者被采用了。通过重新定义和教育的过程,这些词汇扬弃了原来异教的含义,注入了天主教的含义。"①

不难看出,在《天主实录》的翻译中,罗明坚正是遵循了上述方式,将天主教"*anima*"的含义赋予了异教词汇"魂灵"。之后的利玛窦虽然使用"灵魂"取代了"魂灵",但他也同样将天主教"*anima*"的意义赋予了道教和佛教兼而有之的"灵魂"一词。为了利用中国人对灵魂观念认识上的模糊性,利氏当然希望经过"重新定义和教育"使"灵魂"失去其原有的异教含义。但我认为,利氏的高明之处在于,他非常小心地区分"魂""人魂"与"灵魂",让读者意识到,只有"灵魂"才是他极力论说的关键。虽然利氏将天主教含义赋予了"灵魂"一词,但是中国人好像并没有对此太过留意,他们考虑更多的是这种观点是否有道理,是否可以被接受的问题。为什么会这样呢?

"佛家学说传来中国,一开始就夹杂了轮回报应的思想。作为

---

① 邓恩著,余三乐、石蓉译:《从利玛窦到汤若望——晚明的耶稣会传教士》,第3页。

报应的主体的,在原始佛学中是指十二因缘中的'识'……但是在翻译时,作为报应主体的'识'借用了类似的字眼'神'来表达。'识'与'神'这两个概念,不论就内涵或外延方面都不是完全一致的。在中国运用起来,还将它们同魂、灵、精神等混同了。"①这个例子说明,长期以来,中国人已经将儒、释、道三家的很多词汇混合使用了,他们不会去辨别每个词汇的内涵与外延有什么具体的区别,他们在乎的是整个道理是不是可以理解接受。而在本文的所有引文中,我们不难发现,表达抽象意义的"魂""灵""神""形""识"等都有出现,它们正是传教士需要仔细研究、选择、整合以阐述天主教灵魂观的基础词汇。

也许,如何让智慧的中国人真正在"anima"与"灵魂"之间尽可能画上等号才是难题所在。"道理本"用"anima","要理本"用"灵魂",固然是一个办法;毕方济《灵言蠡勺》正文用"亚尼玛",注释用"灵魂"也是一个办法;还有全文使用"亚尼玛",只有一个"灵魂"出现的罗儒望的《天主圣教启蒙》的办法。

利氏之后,龙华民进一步统一规范,自此,传教士多使用"灵魂"一词。② 可是龙华民是否真正赞同罗明坚与利玛窦早年的翻译方式呢?嘉定会议上,龙氏主张使用音译词"陡斯""斯彼利多三多""罢德肋"及"费略",可为什么他没有主张用"亚尼玛"替换"灵魂"呢?李奭学认为,龙氏与毕方济看法一致,以为中国人缺乏完整的"亚尼玛"之见,便从道经中觅得"灵"与"魂"二字,尤其觅得二字合一的"灵魂"后,即以此作为中译。③《论中国人宗教中的某些问题》的确反映出龙华民对"上帝""天使"及"灵魂"等译词的反对,这些看法受

---

① 吕澂:《中国佛学源流略讲》,第152页。
② 李奭学:《译述:明末耶稣会翻译文学论》,香港中文大学出版社2012年,第401页。李奭学认为:"天主教用'灵魂'一词,大致一统于龙华民中译的《圣若撒法始末》,再见于利玛窦的《天主实义》,但今天我们朗朗上口,说来全拜龙华民《灵魂道体说》之赐。"
③ 李奭学:《译述:明末耶稣会翻译文学论》,第402页。

到西方社会的诟病甚至影响到后来的"礼仪之争"。① 可是这篇文章到底写于 1700 年前后,主要是为了彻底否认中国礼仪合乎天主教理的耶稣会传统之见。这离"灵魂"得到大致统一的《圣若撒法始末》的翻译将近一个世纪,更何况当时正是利玛窦领导的时代。谁能说得清龙华民在前后近一个世纪的传教生涯中思想发生过怎样的反转?

可是,话说回来,谁又敢保证,明末初来的传教士如若直接使用音译词"亚尼玛",西方哲学的灵魂观就一定能为当时的部分中国人理解而不至于引起西方世界的指责呢?

必须强调的是,后来的传教士对"anima"译词的思考并非到此为止。庞迪我在《七克》中用"灵神",艾儒略在《性学觕述》和利类思在《性灵说》中用"灵性"来表示天主教灵魂,高一志在《天主圣教四末论》中用"灵神""神魂""灵民""灵性"和"灵魂",而赖蒙笃在《形神实义》中用"灵魂"等不一而足。所有这些都说明,如何将西方哲学灵魂观中的"anima"一词介绍给有着完全不同哲学思想、教育背景、属于不同阶层的中国人是一个没有统一标准的问题。不同的传教士,不同的传教观念,对中国文化及不同阶层的中国人的不同认识等众多因素会影响到传教士对"anima"的翻译。要想找到一个放之四海皆准、为当时的来华传教团体和远在西方的天主教会都能认可的译词实在是难上加难。即使被赋予了天主教含义,"灵魂"也只能成为传教士眼中最接近"anima"的理想词汇,若在二者之间画上等号必然是危险的。而对当初的中国人来讲,除了有一定知识涵养的教内人士,恐怕少有人理解彼之"灵魂"与吾之"灵魂"的真正不同。这就如同中国古人的"上帝"与基督宗教的"上帝"有很大的不同,利

---

① 龙华民《论中国人宗教中的某些问题》的写作背景和发表经过及对礼仪之争展开之际耶稣会的影响,参看谢和耐著,耿昇译:《中国与基督教——中西文化的首次撞击》,第 12—13 页。至于与儒释道三教有关的中国科学中是否有过上帝、天使和灵魂的问题,可参阅龙华民:《论中国人宗教中的某些问题》的绪言部分。

玛窦无意对二者加以辨别,却只用中国士大夫们熟悉的名号,引导他们在认同古儒的基础上,了解并信仰与之貌似的天主教。①

总之,无论是"魂灵",还是"灵魂",都无法完全等同"*anima*"的意义,因为当时的中国人既没有一个完整同一的"灵魂观",又没有与肉体对立的"灵魂"概念。但不可否认的是,以利玛窦为首的耶稣会士到底将天主教含义赋予了"魂灵"与"灵魂",他们成功地使用了"格义""连类"的翻译方法,渐渐固定了"灵魂"这个词并规定了它的天主教含义,让明清之后直至今天的部分中国人一步步认识了西方神哲学中极为重要的"亚尼玛"。②

---

① 孙尚扬:《1840年前的中国基督教》,学苑出版社2004年,第152—153页。
② 感谢李奭学以"任何宗教刚开始的译词,绝大多数是先格义,后连类的结果,中外皆然",令我茅塞顿开。

灵魂论在中国的第一个文本及其来源

——对毕方济及徐光启《灵言蠡勺》的考察

中山大学哲学系　梅谦立撰[*]
中山大学哲学系　黄志鹏译[**]

明末清初中国的基督宗教文本研究的一个主要困难，是关于它们所采用的文本来源。在 1935 年，法国遣使会神父惠泽霖（Hubert Verhaeren）比较了明末清初的西学文本与耶稣会《柯因布拉亚里士多德评论》，发现有四部作品为《柯因布拉评论》的"转译"，区别于对它们的直接翻译。这四部著作中，其一为《灵言蠡勺》，由毕方济（Francesco Sambiasi,1582—1649）"口授"，徐光启（1562—1633）"笔录"。其序言所标日期为"天启甲子七月"，对应于 1624 年 8 月 14 日至 9 月 12 日之间。根据惠泽霖的观点，《灵言蠡勺》源于《柯因布拉论灵魂评论》，该评论成书于 16 世纪 80 年代，由葡萄牙耶稣会士曼

---

[*] 我想借此感谢柯因布拉大学的马里奥·卡瓦略教授（Professor Mário Carvalho）给我一些重要的文献参考；多伦多大学的沈清松教授也提供了一些关于亚里士多德主义哲学的有用资料；伊莎贝尔·迪瑟也回应了我对她著作的评价，澄清了她在撰写研究专著的过程中并没有使用《柯因布拉评论》；中山大学哲学系博士生黄志鹏，校对了中文注释。原文："The first treatise on the soul in China and its sources", *Revista filosofica de Coimbra* N. 47 (2015), pp. 203 – 242。中文简版《灵魂论在中国的第一个文本及其来源》（黄志鹏译）曾载于《肇庆学院学报》2016 年第 1 期。

[**] 译者按：凡涉及专有名词，或为读者方便理解故，皆用括号列出英文原文；拉丁文文字皆用斜体以示区别；关于《神学大全》的引文，皆采用"中华道明会/碧岳学社"的中译，特此说明。

努埃尔·德·古瓦(Manuel de Gois,1547—1597)编撰,但该书初版于编撰者去世后的一年(1598),早于中文文本约二十五年。①《灵言蠡勺》一书是中国的第一部专论灵魂的著作,如同天主的观念一样,灵魂也是西方思想的核心观念之一。②

在比较中文译著与拉丁文文本之后,惠泽霖面临两个主要问题。第一,《灵言蠡勺》的第二卷与哲学无关,事实上包含两部"布道书",其一是论人的灵魂与天主相似,另一部是论灵魂之最高的善(Supreme Good),即天主。同样,关于第一卷,惠泽霖认识到,很难将冗长的《柯因布拉评论》与相较之下极为精简的《灵言蠡勺》进行平行比较。然而,他将此种困难解释为中译本结尾处提到的"挂一漏万",因此他认为该中译本只是纲要。惠泽霖根据三个理由,认为《灵言蠡勺》源于拉丁文本,但没有充分展开讨论:第一个理由,中文译著的引言,是对《柯因布拉评论》的引言(*proemium*)第一段的直译;第二个,两部著作的结构相似;第三个,"论明悟者"部分将认识过程中所产生的物象描述为四种"象",这个翻译十分接近于柯因布拉文本。③ 遗憾的是,惠泽霖的开拓性研究并没有深入下去。

最近,伊莎贝尔·迪瑟完成了一部杰出的"中文—西班牙文"双语版《灵言蠡勺》。在这部著作中,她对惠泽霖的观点提出了挑战,

---

① Bulletin Catholique de Pékin N. 264 (Août 1935):417 - 429。至于该评注的介绍,参见 Carvalho, "Pierre Bayle et la critique d'Averroès à Coimbra; deux épisodes de l'histoire de la réception d'Averroès," *Revista Filosófica de Coimbra* 44 (2013):420 - 421.

② 艾儒略(Giulio Alieni)同年亦完成了一部论灵魂的著作。《性学觕述》约于1624年由艾儒略译著而成,但是却在他去世前三年,即1646年才被出版。

③ 《灵言蠡勺》:"缘是格物之家分物象为四等……"见朱维铮、李天纲主编:《徐光启全集》第三册,上海古籍出版社2010年,第399页。它也被收录于黄兴涛主编:《明清之际西学文本》,中华书局,2013年,第317—353页。这两个现代版本都以李之藻的《天学初函》为基础,对应于《论灵魂评论》(柯因布拉,1598年),Liber 3, c. 5, q. 3, a. 2, 335:"Porro quibusdam veluti gradibus ascendant species, quae cognitionis principia existent..."

她指出:"《灵言蠡勺》显然并非《柯因布拉论灵魂评论》的简单改写本。"①在惠泽霖提出的两个困难之外,迪瑟提出了另外两个。在《灵言蠡勺》中有很多评论触及了神学问题,与《神学大全》有多处对应,这并非来自《论灵魂》的哲学式评注。

不管是惠泽霖还是迪瑟,都没有对《灵言蠡勺》和《柯因布拉评论》做一完整的比较。的确,想要找出如此冗长的拉丁文评论与中文文本之间的相似之处,是一个非常艰巨的任务。我没有很详尽地比较,而是花了一段时间,采取了系统的研究方式。这是一个复杂的问题,因为《柯因布拉评论》的许多段落引自《神学大全》。因此,有必要找出《柯因布拉评论》的一种特殊的解释,它同样出现在《灵言蠡勺》之中。这不是一个纯粹的哲学问题,而是指出了更为重要的问题。耶稣会士如何设想哲学与神学之间的关系?《柯因布拉评论》对哲学和神学的传统划分如何做出创新性的重新阐释?耶稣会士如何从自己的视角出发与中国进行沟通?

一、《灵言蠡勺》的结构及其序言

《灵言蠡勺》的结构很简单明了。在第一卷,通过一般性的介绍(引)之后,文本处理了灵魂作为实体或本体(substance)的问题,接着是"植物灵魂"与"感觉灵魂"(生能觉能)。在对"理智灵魂"做一般性讨论之后,其三个能力被指出:记忆(记含)、理智(明悟)和意志(爱欲)。第二卷讨论了灵魂的尊贵与天主相似,而后讨论了天主的属性。

惠泽霖已经注意到两卷之间鲜明的对比,他对第一卷作为哲学

---

① Isabelle Duceux, *La introducción del aristotelismo en China à través del De Anima*, *Siglos XVI - XVII* (México: El Collegio de México, 2009), p. 36.

作品表示赞许，但他将第二卷作为充斥着反复说教的"布道"而摒弃。与惠泽霖不同，迪瑟认为第二卷是一部详尽的神学作品，有趣的是，她将整部著作划分为三个部分：第一部分处理了灵魂的定义；第二部分，关于灵魂的认知方面，涉及植物的和感觉的灵魂，以及记忆和理智；第三部分是神学的，包括在第一卷最后讨论了意志，以及整个第二卷中讨论了灵魂与天主的结合。

我将对全文的结构问题重新检查，但首先让我们回到序言。不出所料，序言给出关于灵魂的研究之重要性的理由。第一，对灵魂的研究关涉认识自己（认己），如文中所说"古有大学膀其堂"。这是对刻在德尔斐神庙上的句子之回应，同样被《柯因布拉评论》所提到，后者更进一步解释道："没有人能够认识自己，除非思考自己灵魂的本性和神性。"①这一苏格拉底式的引文出现在亚里士多德学派的评注中，着实让人奇怪。然而，如同马里奥·卡瓦略的解释，这一主题有典型的文艺复兴特色，它将人类置于宇宙的中心，在人类的精神之中，知识与真理和合为一。②

灵魂研究的第二个重要原因在于通过理解其功能及其"美好"，人类得以认识道德上的"理"，以规范其生活和管理其他事务，尤其"从理"并节制、控制自己的情感。《柯因布拉评论》甚至强调灵魂研究的伦理功用："理性拥有对灵魂的最高掌控，所以它可以让欲能和怒能服从其管制。"③中文文本也参考了亚里士多德学派认为灵魂知识作为一门疗法的观念，该观念也出现在《柯因布拉评论》中："对医

---

① Coimbra, Proemium, 1: "*Sententia foribus templi Delphici*：…*nosse autem se nemo potest，nisi animi sui naturam et dignitatem perspectam habeat.*"

② 在耶稣会的评注中，卡瓦略发现了一个新兴知识的开端，稍后被称为心理学，它建立了一个关于灵魂的真正的知识，以及哲学和道德的基础。参见 Mário Santiago Carvalho, "Imaginaçao, pensamento e conhecimento de si," *Revista Filosófica de Coimbra* 37 (2010): 26-27.

③ Coimbra, Proemium, 1: "*Ratio summam animae arcem teneat，ut inde appetendi & irascendi vim sibi subjiciat.*"

生来说,灵魂的知识是治疗身体疾病的需要;对治疗精神疾病则更甚。"①与《柯因布拉评论》不同,《灵言蠡勺》更强调关于灵魂的知识可以管理他人。它遵循传统的中国范畴——齐家、治国、平天下。毕方济和徐光启很可能考虑到士大夫们,他们作为统治帝国的官员,这种灵魂知识可能怎样被利用于他们的事务中。

灵魂研究的第三个好处是人可以认识一点"天主之性":"为依其本性所有诸美好,可溯及于诸美好之源也。"②拉丁文为 bonum 概念翻译为一个中文新名词"美好",或许是为了避免使用"善"这个中国哲学中的关键概念,后者是诸多不同观点以及被讨论的对象。③以"美好"这个概念为基础,"天主"的概念被译为"至美好"。

认识自己、帮助其他人以及认识天主,是灵魂研究的三个最大的好处。从一开始,反思就包括了哲学的、道德的和精神的三个方面。第三个方面是进一步的强调,灵魂的一个独特之处就是作为"地平",联结永恒与有限。《柯因布拉评论》将此观点归诸于赫尔墨斯·特利斯墨吉斯图斯(Hermes Trismegistus),他是一位古代作家,因其将人类置于宇宙中心的观念,他在文艺复兴时期再度受欢

---

① 《灵言蠡勺》,第 381 页:医者欲疗肉体之病,尚须习亚尼玛之学。知人者疗灵心之病,其须习也,殆有甚焉。Coimbra, Proemium, 2:"Huc pertinent illa Aristotelis commonitio in extreme capite libri I Ethicorum, Sicut medici, qui remedia curandia corporibus adhibent, ut munere suo probe fungantur, in animorum cognitione multum operae collocant; ita ac multò potiori ratione Philosopho civili, qui sanandis animi morbis studet, comperta esse debere, quae ad animi scientiam spectant."

② 《灵言蠡勺》,第 382 页。Coimbra, Proemium, 2:"Humana mens se supra se convertens, à se ipsa ad divinam naturam, à qua profecta est, revocatur, et quicquid ipsa perfectionis habet, in Deo omnium perfectionum fonte invenit."

③ "美好"在中文里作为形容词。后来,为了更好地强调"善"(good)这个西方概念,高一志(Alfonso Vagnone)在他的《修身西学》中,将此形容词的两个字调换顺序,创造了"好美"这个中文新词。参见拙文:"Aristotelian ethics in the land of Confucius: a study of Vagnone's Western Learning on Personal Cultivation," in Antiquorum Philosophia 7 (2013):145 - 169.

迎起来。① 根据西方天文学的描述,《灵言蠡勺》在一个注释中解释道,人类位于此地平线中,它作为界限,在空间上划定了在上的"六宫"以及在下的"六宫"。尽管《柯因布拉评论》对此观点未作考证,但《灵言蠡勺》完全继承了前者对人类心灵的这种强调,并以此作为灵魂知识的基础。当亚里士多德将灵魂知识整合到自然哲学(物理学、生物学、医学,等等)的框架中时,灵魂知识成为整合了物理学、生物学、宇宙论、伦理学和人类精神方面的总体框架。

将人类看作宇宙中心的广阔视角,确实可能与中国的士大夫有很大的共鸣,他们将人类视为沟通"天"与"地"的联结。《灵言蠡勺》并不将灵魂局限在物理宇宙的界限,不管后者多么的广大,因为该著作将灵魂与永恒联系起来。跟随《柯因布拉评论》,《灵言蠡勺》试图建立一种超越论的灵魂知识。

为了强调灵魂研究的重要性,中文文本首次提到了奥古斯丁的名字,他的哲学由两个问题构成:灵魂和陡斯(Deus)。② 根据奥古斯丁的语词,应该区分"可受福"和实际的"享福"。③

序言亦概述了这部著作的四个部分:论亚尼玛(按:灵魂)之体;论亚尼玛之能;论亚尼玛之尊;论亚尼玛所向美好之情。这种区分在某种意义上与惠泽霖或迪瑟的有所不同,我将在最后提出自己的解释。

---

① Coimbra, Proemium, 2: "*Animus rationis consiliique particeps (ut Trismegistus in Asclepio ait) sit veluti Orizon aeternitatis et temporis.*"

② 读者可以在这里看到一个引言,来自奥古斯丁《独语录》(*Soliloquia*)中的原话(chapter 1: *Deum et animam scire cupio, nihil aliud*)。然而,《柯因布拉评论》引用的是来自《论秩序》(*De Ordine*)中的一段话。

③ 参见《灵言蠡勺》第 382 页。亦可参见 Coimbra, Proemium, 2: "*D. Augustinus 2 De Ordine, cap. 8, asserit; nimirum duas esse praecipuas in Philosophia quaestiones; unam de anima; alteram de Deo. Primam, efficere ut nos ipsos noverimus; alteram, ut originem nostram; illam nobis dulciorem, hac chariorem esse; illam nos dignos beata vita; hanc beatos reddere.*"柯因布拉的耶稣会士在他们的《尼各马可伦理学评论》(1593)中,进一步地解释了他们对于两种至福的理解,该评论也被高一志在《修身西学》中翻译成中文。

二、理智灵魂的本体及其特性

第一章关注的是作为实体的灵魂,并没有给出灵魂的定义,却罗列出理智灵魂的九个特性。前八个特性几乎以相同的顺序紧随《柯因布拉评论》。① 让我们简要地逐一检查。理智灵魂的第一个特性是作为实体。实体(自立之体)和偶性(依赖者)的概念由利玛窦在《天主实义》(1603)中引介。《灵言蠡勺》沿用了相同的翻译,解释灵魂之所以为实体,是因为它自身具有生命的原理。换言之,所有动物构成一个共类(common genus,总),而人的灵魂属于共类中的一个别类(species,专),因为只有后者能够"论理"。② 有趣的是,灵魂在这里并不被定义为与动物性的和感觉性的身体有关,但却与最广泛的共类——生命相关。这正是《柯因布拉评论》所采取的方法,其讨论灵魂是否作为实体时,说明有生命物拥有一个实体,那是一个确保其自身保存的内在组织原理。③ 与阿奎那和中世纪经院哲学

---

① Liber 2,从 question 1(32) 到 question 6 (78)。

② 《灵言蠡勺》,第 384 页。在《神学大全》,阿奎那认为人类灵魂作为动物这个总类中的一部分,但因其形式的不同而作为一个不同的别类,即理性能力。参见:ST, Ia, q. 75, a. 3:"*Ad primum ergo dicendum quod homo, etsi conveniat in genere cum aliis animalibus, specie tamen differt, differentia autem specie attenditur secundum differentiam formae. Nec oportet quod omnis differentia formae faciat generis diversitatem.*"伊莎贝尔·迪瑟将"自立之体"翻译为西班牙文的"substancia subsistente"(p. 50)。但在我看来,似乎没有必要加上"实体性的"这样一个限定,我将其保留给灵魂的下一个方面,作为"本自在"——迪瑟十分奇怪地将这个术语翻译为"algo originalmente independiente"(p. 51)。

③ Coimbra, Liber Ⅱ, c. 1, q. 1, a. 4, 39:"*Ita qui in qualibet re viventi animadiverterit contrarias qualitates ad concentum reductas conservari, & repugnantes organorum affectiones, ne se mutuò perimant, rata lege cohiberi, & denique tam diversa munia tanto ordine, & consensus administrari; planè intelliget dari unam aliquam formam, cuius merito ac beneficio haec omnia perficiantur.*"

家不同,《柯因布拉评论》在这里强调灵魂知识的生物学基础,而《灵言蠡勺》采取了相同的出发点。

第二,灵魂也是自立物(subsistent,本自在)。《灵言蠡勺》举出三种灵魂:植物的(生魂)、感觉的(觉魂)和理智的灵魂(灵魂)。前两者并非自立物,因为它们源于物质,并且依靠身体而存在。当植物的和感觉的灵魂所依赖的身体一经消亡,此二魂亦同时消亡。仅有理智灵魂本身是自立物,由于它不源于物质,因此即便身体消亡后,它仍可继续存在。① 在一个注释中,文本进一步解释了实体(substance)与自立的实体(subsistent substance)之间的区别:马是实体,但只有人的理智灵魂,或者说理智,是一个自立的实体,因为它不依赖身体。在《神学大全》中,阿奎那解释了自立的实体概念,它不源于物质,因此独立于身体。《柯因布拉评论》引用了阿奎那的段落,复述了这一解释。②

理智灵魂的第三个特性是属于精神性的范畴(神之类),这一断言纠正了认为理智灵魂是"气"或物质的理论。同样,《柯因布拉评论》列举了一些唯物主义思想家,如芝诺(Zeno)认为人类的灵魂是火,阿那克西曼德(Anaximander)则认为是气(air)。③ 对于恩培多克勒(Empedocles)来说,气指四元素之一,与火、水和土一起构成四元素。然而我们应该注意,中国哲学并不将气降低为物质元素,对于朱熹来说,气乃是"心理—生理的"质料,使人得以成其为人。在没有完整地理解关于气的这一复杂含义的情况下,利玛窦和其他传

---

① 关于植物的和感觉的灵魂的段落,迪瑟这样翻译:"Ambas dependen de la sustancia para su existencia. El lugar al cual se conformam tiene un fin; por lo tanto, las almas vegetativa y sensitiva tienen un fin."(p.397)迪瑟错误地理解了"尽",将其作为神学上的终点,如她清楚地在引言中,尤其是在脚注中(第52页)所表达的。

② ST Ia, q. 75, a. 2. Coimbra, L. II, c. 1, q. 2, a. 2, 49:"*Inter animas sola intellectiva est subsistens secundo modo. Probatur, quia omnes animae, excepta intellectiva, educuntur de materiale potestate...*"

③ 参见:Coimbra L. II, c. 1. q. 1, a. 6, 41.

教士将此概念解读为唯物论而加以批评。因此,《灵言蠡勺》在这里将古希腊唯物主义者和新儒家作为批评的目标。

第四个特性是不朽(不能死),与其他生物的植物和感觉的灵魂不同,后二者与身体同生灭。那种认为人的三种灵魂随身体死亡而消失的理论①,与认为仅只有理智灵魂可以在死后单独存在的理论,同样被否定。后一种理论不被接受,因为它对于灵魂的统一性做出了让步。即使个人身体消亡了,植物的和感觉的灵魂仍继续存在,但不发挥其功能。在复活(复生)时,植物的和感觉的灵魂将重新与理智灵魂结合起来。②《柯因布拉评论》没有讨论整个灵魂的不朽,因为亚里士多德只肯定了主动理智(agent intellect)的不朽。因此之故,很难在一个《论灵魂》的评论中建构灵魂不朽的观念。然而,柯因布拉的耶稣会士仍然相信能够通过自然理性论证整个灵魂的不朽,在《论灵魂》评注的附录中,他们增加了"关于分离灵魂的论述",以此明确地提出他们对灵魂不朽的论证。③ 在《天主实义》中,利玛窦提到在天堂里的永恒至福,但他没有提到包括身体的完整个人的复活。在这里,可能是这一基督宗教的核心信仰,在中国的第一次理性阐释。

接下来,我们获得灵魂的三个相似方面:由天主创造、从无物而有、在时间与空间之中(第五、六、七种特性)。接下来说明了人的灵魂不是由众神或者其他东西,而是由天主创造,文本提出了一个理性解释:天主创造万物,包括人类和天使(天神),所有可见与不可见之物,因此人的灵魂必然由天主所造。神学的创造观显然超越了亚

---

① 迪瑟解释道,在这里毕方济批判了阿威罗伊关于分离的灵魂的理论(第56—57页)。事实上,在我们看来,他所批判的是唯物主义的立场。

② 《灵言蠡勺》看起来引用的是阿威罗伊的理论,他认为存在着一个对全人类来说都一样的主动理智灵魂(active intellective soul),独立于个别的灵魂而存在。《柯因布拉评论》批判了这个理论,使人想起第五次拉特兰会议(Fifth Council of the Lateran, 1513),当时已经谴责了该理论。Coimbra, Lib. II, c. 1, q. 7, a. 2, 80 - 82.

③ *Tractatus de anima separata* (Coimbra, 1598), pp. 441 - 532.

里士多德学派的灵魂理论。然而,与我们探讨的中文文本一样,《柯因布拉评论》讨论过创造问题,并特别地否认了人类灵魂由天使或神力创造。① 灵魂"从无物而有",并非从天主的一部分或者伟大的世界灵魂而来。这一主张看起来显得奇怪——随着《柯因布拉评论》的强调而断言——由于灵魂的这种统一,它不可以离开物质而被创造。在此意义上,灵魂在创世之后被创造,并且不可能离开物质而被创造。然而,同样肯定的是,人类并不从物质而得到形式,而是来自具有神圣本源的理智灵魂。事实上,拉丁文本与中文文本同样否定了诺斯替主义的流溢(emanation)说,以及柏拉图主义和阿威罗伊主义的理念——预先存在的世界灵魂。理智灵魂对于身体的优先性不能理解为先后次序上的,而是本质上的。② 因此,文本拒绝了这样一种观念,即认为天主在创世开始就创造了各个灵魂的理性部分,接着将其赋予身体——这一观念由奥古斯丁在《论灵魂的不朽》(*De immortalitate animae*)中宣称,但是这一观念并不被教义所保留。同样,《柯因布拉评论》认为灵魂在怀孕时间被创造。③

在关于受造灵魂的神学讨论之后,文本回归于一个哲学的特性:灵魂作为实体形式(substantial form)。理智灵魂不是外在的、可见的一个偶性形式(accidental form),而是一个实体形式,是内在的和绝对必要的。这否定了理智灵魂由热、冷、干、湿四种品质造成,是可聚集和消散的。这个理论让我们想起前面提到的恩培多克勒,他持有灵魂由四种元素构成的观念,但《灵言蠡勺》很可能同样批判了这一中国概念——所有有知觉的存在,皆由"气"产生的五种

---

① 阿威罗伊曾提出这样的理论。见 Coimbra, Lib. Ⅱ, c. 1, q. 3, a. 1, 55: "*Pro eorum autem dogmate, qui animas hominum ab Angelis produci contendebat, haec sunt argumenta.*"

② 《灵言蠡勺》第 385 页:"有原先后,无有时先后。"

③ Coimbra, Lib. Ⅱ, c. 1, q. 4, a. 2, 64: "*Respondemus... animam intellectivam infundi & uniri corpori in eo instanti quo primùm materia, & membrorum effigie, & caeteris accidentibus, quae talis forma exigit, instructa dispositaque.*"

自然元素暂时聚合而成。①

灵魂的最后一个特性获得最长篇幅的阐释，显示其重要性。灵魂的最终所向并非其自身，而是天主，因此需要依赖恩宠（grace，额辣济亚），或者天主的特殊眷顾（special providence of God，特祐）。这通过三个步骤来展开：首先，理智灵魂接受天主的恩宠；然后，通过至死不渝的善行而持有之；最后，获得真正的幸福作为奖赏。迪瑟注意到，这里存在着包括方法和来源的一个巨大的转化。这种方法并非哲学式的，而是神学式的。的确，通过检查《柯因布拉评论》，我没有找到任何关于恩宠、神圣眷顾、意志或者幸福这些问题的特殊讨论。同样，该来源也不再是托马斯主义，而是奥古斯丁主义。迪瑟指出，耶稣会对灵魂问题感兴趣，事实上是从属于恩宠问题的，即神圣眷顾和人的自由的关系，这是一个在文艺复兴时期的争论核心，尤其是与新教所展开的争论。② 恩宠的问题将在后面论意志的部分重新出现。

文本接下来回到哲学，它驳斥了七个错误的灵魂学说。迪瑟指出，这些学说不仅能够在古代哲学中找到其根源，也可以在现代生物学中找到，例如灵魂寓于血液中的观点，由几乎同时期的威廉·哈维（William Harvey，1578—1657）所发表。③ 与《柯因布拉评论》一样，《灵言蠡勺》同样否定了这一说法。这表明，耶稣会被卷入最为晚近的生理学理论的争论之中。④

初看之下，理智灵魂的九个特性，四个可以被归为哲学的，另外五个则是神学的。然而如前所述，柯因布拉耶稣会士显然倾向于超

---

① 同样，《柯因布拉评论》持有理智灵魂需要实体形式的观点。Coimbra, Lib. Ⅱ, c. 1, q. 6, a. 1, 72: "*Ut sit principium essendi substantialiter ei, cuius est forma.*"

② 见：Duceux, p. 65.

③ 见：Duceux, pp. 81 - 83.

④ 见：Christoph Sander, "Medical Topics in the *De Anima* Commentary of Coimbra (1598) and the Jesuits' Attitude towards Medicine in Education and Natural Philosophy," in *Early Science and Medicine* 19 (2014): 76 - 101.

越传统的哲学划分,企图为某些传统神学上的主张找到一个哲学基础,譬如灵魂的受造及其不朽。

三、植物的和感觉的能力

在《神学大全》第一部分第七十八题的引言中,阿奎那讨论了灵魂的三种能力的顺序,他承认理智灵魂是神学的对象(subject matter)。但是与神学的"完善的顺序"(order of perfection)不同,取而代之的是,他首先讨论了植物的和感觉的能力,因为他视这两种能力为理智能力的前序。同样,《柯因布拉评论》讨论了感觉的和植物的能力作为理智能力的生物学的和生理学的基础,它提道:"有三种灵魂,因其赋予物质身体以生命的模式之不同而被区分;植物的和感觉的灵魂是其中两种,包含在三重复合体之中;还有一类,就是分享了理性的那种。"① 与阿奎那一样,柯因布拉的耶稣会士将植物的和感觉的灵魂与理智灵魂的区别开来。他们的目的在于,将关于植物的和感觉的灵魂的论述以及感知理论,置于一个一般的理智灵魂的学说之中。然而,因为他们相当重视灵魂的生物学和生理学基础,所以他们选择了"生成的顺序"(generative order)来解释,而不是通过"完善的顺序"。

与阿奎那和柯因布拉耶稣会士一样,《灵言蠡勺》同样遵循了"生成的顺序",将植物的和感觉的能力归于相同的段落,而在随后的段落中则涉及了理智能力。看起来,前两种能力是"万行万动、至近至切之所以然"②。同样,通过罗列植物能力的三种功能,它也遵

---

① Coimbra, Lib. II, c. 3, q. 1, a. 1, 108: "Tres animas distinctas ex diverso modo sese excitandi supra materiam comparatam; it aut in hac tripartita varietate continenantur duo genera, nempe anima vegetatrix & sentiens, & una species, id est, anima rationis participes."

② 《灵言蠡勺》,第389页。

循了一种"生成的顺序":营养、生长和繁殖。①

《灵言蠡勺》并没有过多讨论植物能力。在涉及感觉能力的部分,作者对外在感官的陈述十分基础,只为我们描述了五种感官,而没有解释发生在感知过程中的变化过程。这种基础性的陈述,与亚里士多德的《论灵魂》和《柯因布拉评论》对此问题的详细说明,形成了强烈的对比。②《灵言蠡勺》大部分致力于内在感官的讨论。根据阿奎那,有四个进程:共通感(common sense)、想象力(*phantasia*)、判断力(estimative power)和记忆(memory)。③ 这种顺序表明了从物质到非物质的一种连续性。同样,阿奎那认为,在人类中,判断力(在人类那里被称为思维能力)和记忆"并非两种不同的能力,而是相同的,只是比其他动物更完美"。④ 因此,对于阿奎那来说,在动物那里有四种内感官,但在人类那里可以被简化为三种:共通感、想象力和判断力。

就这一点来看,《柯因布拉评论》努力纠正阿奎那的观点——通过宣称亚里士多德的权威以反对阿奎那。根据柯因布拉的耶稣会士,他们在仔细阅读《论灵魂》之后指出,只有两个内在感官,即共通感和想象力,因为思维能力被归入了想象力。⑤ 除了亚里士多德的权威之外,他们提出自己的依据,从而将三种内在感官减少为两种。

---

① 根据"完善的顺序"的理论,生殖机能位于第一,因为生产者生产与自己相似者。见 ST, Ia, q. 78, a. 2, resp.

② 见 Coimbra Commentary Lib. Ⅱ, c. 7 - 12, 162 - 268; and Lib. Ⅲ, c. 1 - 2, 271 - 293.

③ ST Ia, q. 78, a. 4, resp. 也参见 Coimbra, Lib. Ⅲ, c. 3, q. 1, a. 1, 302.

④ ST Ia, q. 78, a. 4, ad 5.

⑤ Coimbra, Lib. Ⅲ, c. 3, q. 1, a. 3, 305 - 306: "Denique quòd haec nostra opinio Peripatetico dogmati non repugnet, ex eo ostenditur, quia Aristoteles capite secundo, & tertio huius libri, potentias sensitivas internas accuratè investigavit, non plures invenit, constituitve quàm duas; videlicet sensum communem & phantasiam." Coimbra, Lib. Ⅲ, c. 3, q. 2, a. 2, 311: "Docet ergo D. Thomas locis citatis, vim cogitatricem (quam nos à phantasia non distinguimus)..."

首先,只有两种变化模式:共通感通过可感事物而直接地被改变,想象力通过可感觉的形像(sensible species)而被改变。第二,共通感在对象之前而起作用,但是想象力则可以在对象消失之后继续作用。同样,共通感只能理解可感觉物,但是想象力则可以同样地理解不可感觉的对象。① 此种阐述表现了耶稣会士在他们解释过程中的自由发挥,卡瓦略以此证明耶稣会的立场为"现代的"。② 在这个内在感官数量的重要问题上,《灵言蠡勺》没有遵循阿奎那三个或四个的分类,而是遵循了《柯因布拉评论》两个内在感官的分类。迪瑟清楚地看到其中的差异,但她没有看到,与其他很多观点一样,《灵言蠡勺》在这一点上遵循的是《柯因布拉评论》的分类。

关于第一个内在感官——共通感(公司),《灵言蠡勺》的陈述是很基础的:它清楚地解释了共通感接受外在的可感对象(如颜色、味道,等等),然后区分它们,但是却没有提及共通可感对象(如运动、静止,等等)。然而,它也提示共通感是在第二个层面上进行运作。换言之,外在的视觉感知颜色(第一层),而共通感则感知颜色的视觉(第二层)。

然而,《灵言蠡勺》背离了《柯因布拉评论》,它将第二个内在感官归入思维能力(思司)而不是想象力。换言之,当《柯因布拉评论》将思维能力归入想象力这个总称时,《灵言蠡勺》完全站在相反的立场而将想象力归于思维能力之下。《灵言蠡勺》的作者可能担心想

---

① Coimbra, Lib. Ⅲ, c. 3, q. 1, a. 3, 306: "*Deinde obstant hae rationes: primùm, quia diverso modo immutatur sensus communis & phantasia: nam ille immediatè à sensibus externis immutatur; haec non nisi mediatè, & interventu illius. Item, ille praesentia duntaxat obiecta, ac simul cum sensibus externis apprehendit; haec etiam iis cessantibus, & remotissima percipit. Ille tantùm sensata; haec etiam non sensata dignoscit, administratque; alias functiones sibi peculiares de quibus suprà.*"

② Carvalho, "Introdução Geral," in *Comentários de Colégio Conimbricense da Companhia de Jesus, Sobre os três livros de Tratado Da Alma de Aristóteles Estagirita* (Lisboa: Edições Sílabo, 2010), 110.

象力或者幻象这样的概念,对于中国知识分子来说显得太过难以捉摸、易逝和不真实,与佛教徒讨论的"幻"相类似。或者可能是他们想要进一步强调自己的计划,即建立一种并非针对一般动物而言的认识论,而是单独针对人类而言的,因为仅有后者可以进行思考。从下表中,人们可以清楚地看到《神学大全》《柯因布拉评论》和《灵言蠡勺》的不同立场:

《神学大全》 三个或四个内感官	《柯因布拉评论》 两个内感官	《灵言蠡勺》 两个内感官
共通感	共通感	公司
想象力	想象力,包括:	思司,包括:
判断力和记忆的能力	——判断力或者人类所拥有的思维能力 ——记忆的能力	——主藏所收五司 ——晓达之意 ——主藏所收诸物之意

除了两种内在感官之外,感觉灵魂也具有一种嗜欲的官能(appetitive sense,嗜司),包括欲能(concupiscible power)和怒能(irascible power)。① 文本中的一个注释说明两种能力是互补的:"怒非喜之对,如草木怒生之怒,言其敢也。"② 实际上,《灵言蠡勺》在这里继承了这样一种观念,即重新评估嗜欲官能的价值,或者说灵魂的激情——我们可以在《柯因布拉评论》中看到,他们以一种物理的基础,使嗜欲的官能作为某种积极的东西而被合理化。③

四、对记忆的论述

在非常简要地介绍理智灵魂的三种能力(记含或记忆、明悟或理智和爱欲或意志)之后,《灵言蠡勺》长篇地讨论了记忆作为一个

---

① ST Ia q. 80 and 81; Coimbra, Lib. Ⅲ, c. 13, q. 1. a. 1 – 3, 415 – 418.
② 《灵言蠡勺》,第 390 页。
③ 见 Carvalho, "Imaginação, pensamento e conhecimento de si," 35.

独立的能力。亚里士多德在《论灵魂》中并没有特别地讨论记忆。然而,在《自然诸短篇》的"记忆与回忆"部分,他声明:"记忆偶性地属于理智,而本质地属于感觉—知觉的首要能力。"① 如我们所见,亚里士多德并不将记忆作为理智灵魂的能力来处理,而是作为感觉灵魂的一种能力。在后来的西方世界,记忆作为理智灵魂的一种能力,大部分要归因于奥古斯丁。他谈论了记忆、理智和意志,它们被刻在人类灵魂中,作为圣三一的标志而在人之内。② 彼得·朗巴德(Pierre Lombard,约 1100—1160)和大阿尔伯特(Albert the Great,约 1206—1280)曾经解释记忆、理智和意志作为灵魂的三个能力。尽管阿奎那将记忆作为理智灵魂的一个能力来对待,他却没有将其视为一个独立的能力,而是认为理智灵魂只有两个能力,即意志和理智,记忆则被包含在理智之中。③

依纳爵·罗耀拉在《神操》中谈及灵魂的三种能力,利玛窦在《天主实义》中也遵循了奥古斯丁主义的传统,然而和阿奎那一样,他将记忆归属于理智:"又其司爱、司明者已成,其司记者自成矣,故讲学只论其二尔已。"④事实上,耶稣会课程由阿奎那的理念形成,因此耶稣会论灵魂的著作通常遵循阿奎那的二元区分。在利玛窦的《西国记法》,他同样提出关于记忆的性质的一般性理念,他指出感觉的记忆在人脑的后面部分(颅脑后)。⑤《灵言蠡勺》也提及了这个字,由此知道这来源于《天主实义》。这个理念本身可以追溯到古代医学大师盖伦(Galen,129—约 200)。⑥

我们可能对如此长篇的关于记忆的讨论感到困惑,因为在《柯

---

① 见 Thomas Kjeller Johansen, *The Powers of Aristotle's Soul* (Oxford, Oxford University Press, 2012), 203.
② 见 Sermo 52; *De Trinitate*, Ⅸ, Ⅹ, ⅩⅣ.
③ ST Ia, q. 79, a. 7.
④ 利玛窦著,梅谦立注,谭杰校:《天主实义今注》,商务印书馆 2014 年,第 189 页。
⑤ 朱维铮编:《利玛窦中文著述集》,复旦大学出版社 2007 年,第 143 页。
⑥ Duceux, 101.

因布拉论灵魂评论》中没有关于该问题的详细处理。虽然关于记忆的讨论在理智灵魂的标题之下,《灵言蠡勺》首先讨论感觉的记忆对所有动物来说都相同,因此它归属于感觉灵魂;而后讨论属于人类的理性记忆,确切地说属于理智灵魂。如同迪瑟的附注:"对记忆的检查可以建立一个从感觉的、非理性的灵魂,到理智灵魂之间的过渡。"① 她同样指出《灵言蠡勺》的论记忆部分与《神学大全》之间的许多相互对应之处。

然而,该文本中讨论记忆的论述,直接来源并非《神学大全》,也不是《柯因布拉论灵魂评论》,而是《柯因布拉论自然诸短篇评论》(1592)。这并不让人奇怪,因为经院哲学家认为《自然诸短篇》是《论灵魂》的姊妹篇。正如沈清松教授所指出的,毕方济翻译了《自然诸短篇》的其中两个部分,"论睡眠"(De somno et vigilia)和"论梦"(De insomniis),都以《柯因布拉论自然诸短篇评论》为基础。②

根据《灵言蠡勺》和《柯因布拉论自然诸短篇评论》,感觉记忆有三个方面:记忆的能力(记; pro ipsa facultates eupotentia, quârecordamur)、记忆的行为(记功; pro recordandi actu)、回忆或重复(习像; pro habitu, seu imaginibus, quarum interventu memoranda actus exercetur)。③ 中文文本紧跟《柯因布拉评论》的那三个部分,关注于记忆的第一个方面。

关于这第一个方面,《灵言蠡勺》相当详细地解释了非物质化的过程,从物质的可感觉对象开始,留下其非物质化的东西印记在记

---

① Duceux, 97.

② 参见沈清松:《亚里士多德灵魂理论的迁徙和早期的中国式阐释》,《西学东渐研究》(第三辑),商务印书馆 2010 年,第 80 页。也参见董少新:《形神之间——早期西洋医学入华史稿》,上海古籍出版社 2008 年。

③ "In Librum de memoria et reminiscentia," in *Commentarii Collegii Conimbricensis Societatis Iesu*, *In quatuor libros De coelo*, *Meteorologicos*, *De parva naturalia*, & *Ethica* (Lyon: Horatius Cardon, 1608), p. 1, column 1.

忆上:"非收物之体也,收物之像也。"①文本也区分了感觉记忆和理性记忆两者。前者在动物和人类中相同,并举了一些动物的例子。然而,一些动物,如蚝、蛆虫则被排除在此之外。②

人类兼有感觉的和理性的记忆,后者专属人类所有。当人死后,感觉记忆失去其肉身的基础而消失,但是理性记忆仍然保存"生前之事"。如我们从《柯因布拉论自然诸短篇评论》所得知,《灵言蠡勺》在这里讨论了死后的分离灵魂(separata anima)。灵魂不能记忆任何特殊之物(专),但仍然记得一般性的概念(综)。③ 如前所述,感觉记忆在人脑的后部有一肉身的基础。然而,理性记忆与其他两种灵魂的能力(意志和理智)一样,并没有肉身的基础,而仅依赖不朽的灵魂的本体。

灵魂的记忆行为只是作为潜在的而存在,因此需要被激发而驱动。这是记忆的第二个方面——作为行动,《灵言蠡勺》分析了两种功能(功):回忆(忆记)和推理(推记)。④ 在人死后,回忆仍然有其作用,但是推理则因缺乏物像的补充而停止作用。推理本身是一个复杂的过程,它被通过三个步骤来分析。⑤ 根据《柯因布拉评论》,《灵言蠡勺》指出大部分的动物都通过其感觉记忆来记住东西,但是不能进行推理。然而,普鲁塔克并不这样认为,他断言动物也是可以进行推理的,认为从两个例子可以看出。第一个例子是关于狐狸涉冰的故事,它听到冰下的水流声,便知道此处有危险,而停止不前。来自普鲁塔克的第二个例子是猎犬逐兔,当它来到三条路的交叉路口时,它在嗅了两个方向而没有兔子遗留的味儿后,无需嗅第三次,即可通过排除法得知兔子选择的是第三条

---

① 《灵言蠡勺》,第 392 页。
② "In Librum de memoria et reminiscentia", column 7.
③ "In Librum de memoria et reminiscentia", column 3 – 4.
④ 拉丁文的概念"reminiscentia",一般被译为英文的"reminiscence",显得很模糊不清,但是毕方济选择用中文的"推记",则没有这种模糊性。
⑤ 《灵言蠡勺》,第 394 页;"In Librum de memoria et reminiscentia", column 11.

路,进而追逐之。① 然而,柯因布拉的耶稣会士和《灵言蠡勺》认为普鲁塔克的观点并不正确,因为在狐狸的例子中,它回忆(复记)了一个过往的经验,而在第二个例子中,动物行为由其自然本能而起作用。

最后,《灵言蠡勺》处理了记忆的第三个方面,即它的实际作用,也提及了利玛窦的《西国记法》。文中也给出了本都国王米的利达(Mythridates of Pontus)的例子,他可以讲二十二国语言;还有波斯国王大流士(Cyrus),可以记住四十万士兵中每一个人的名字。这两个例子都取自《柯因布拉评论》。②

如我在前面指出的,《灵言蠡勺》在理智灵魂的标题下讨论记忆。然而,讨论是否包括蚝和蛆虫在内的所有动物都具有感觉记忆,似乎与理智灵魂的对象无关。这是因为《灵言蠡勺》借助《柯因布拉论自然诸短篇评论》中"记忆和回忆"的部分,来展开关于记忆的讨论。另外,《灵言蠡勺》的作者可能认为,插入探讨记忆的能力具有重要的战略意义,因为这可以吸引那些正在准备科举考试的中国知识分子的注意力。但是,可能更为重要的是,记忆对于回忆从天主而获得的恩宠,具有重要的作用。

五、理　智

亚里士多德在《论灵魂》第三卷第4、5章中一起讨论了主动和被动理智;其后,在同卷第6、7、8章中,他特别讨论了被动理智。为了更为清晰,《柯因布拉评论》决定分论两种理智,通过六个问题来检查主动理智,"它因自然本性和功能而处于首位",而后通过八个

---

① "In Librum de memoria et reminiscentia", column 12.
② "In Librum de memoria et reminiscentia", column 15.

问题来讨论被动理智。① 这里有一个重复,因为论主动理智的第一个问题,讨论了它与被动理智之间的区别。《灵言蠡勺》大部分注意力放在主动理智,并没有呈现一个关于被动理智的系统性翻译。②《灵言蠡勺》罗列出理智的八个特性。第一个是作为主动理智和被动理智的差别。《灵言蠡勺》强调了两种理智在功能上的差别:

> 作明悟者,作万像以助受明悟之功;受明悟者,遂加之光明,悟万物而得其理。作者能为可得;受者所以得之也。③

在这里,主动理智被描述为作为对被动理智的"帮助"④,这种关系在《柯因布拉评论》中被表述为"几乎作为一个帮助者"(quasi administer)。根据亚里士多德主义,主动者高于被动者的原则,主动理智应该位于被动理智之上。⑤ 然而,正如《柯因布拉评论》所解

---

① Coimbra commentary, Lib. Ⅲ, c. 5, q. 1, a. 1, 320: "*Duobus capitibus superioribus egit Aristoteles partim de intellectu possibili, partim de agente, rursusque de possibili disseret iis tribus, quae proxime sequentur. Nos ad maiorem doctrinae perspicuitatem de agente, qui natura & officio prior est, hoc loco disputabimus, postea verò separatim de possibili.*"

② 《柯因布拉评论》通过思维活动的实现这个特殊问题来处理主动理智:主动理智如何积极地运作,即如何将事物的理象(*simulacra rerum intelligibilium*)传递到被动理智,从而实现思维活动。Coimbra, Lib Ⅲ, c. 5, 318: "*Accedit nunc ad investigationem contemplationemque alterius intellectus, quem agentem vocant, quod eius officium non sit pati, sed agere duntaxat transmittendo rerum intelligibilium simulacra, seu species in patientem ad intellectionem perficiendam.*"

③ 《灵言蠡勺》,第 396 页。

④ 主动理智与被动理智之间是从属关系,而我们相信迪瑟对此问题有误译,颠倒了两种理智的关系:Duceux: "El entendimiento activo pone en acto todas la imágenes mediante la ayuda del trabajo del entendimiento pasivo" (463).

⑤ Aristotle, *De Anima* 430a17 - 18, translated by R. D. Hicks (Cambridge: Cambridge University Press, 1907) p. 135: "For that which acts is always superior to that which is acted upon, the cause or principle to the matter."

释的,这一原则不应该被看作绝对的:如果我们综合考虑两种理智的功能,我们应该更喜欢被动理智甚于主动理智,因为思考的能力是人类最高的成就,事实上属于被动理智,而不是主动理智。① 在实践理性方面,发生在被动理智中的具体理解过程,是最终的结果,因此,它排在更高的地位——比起通过主动理智之"光照"(illumination)而来的理论功能。这种对思维活动的重视,事实上是《柯因布拉评论》和《灵言蠡勺》的一个重要特征。② 尽管如此,主动理智的绝对必要性同样被清晰地表述:"为何不能只有一个理智?"这个问题被回答为:理智无法理解对象的物质性,需要抛弃其物质性才能被认识。这是对《柯因布拉评论》的附和。③

至于一个物质对象,《灵言蠡勺》描述了四个步骤用以理解这样的对象:首先,视觉从物质对象里提取出物体的像(物像);第二,物像进入共通感,使自己与物质分离而成为一个感觉的像(sensitive image,形像),也被称为特殊的像(particular image,专像);第三,"像"作为单独的像(singular image),进入思维能力(思司);最后,"像"归入主动理智,失去其物质性和独特性,成为一个可被理智理解的一般概念(公共者),也被称为灵像(灵像)。"归"字的使用很容易引起歧义,因为它可能表明可被理智认识的类(intellectual

---

① Coimbra, Lib. Ⅲ, c. 5, q. 1, a. 3, 326: "*Itaque si intellectus agens, quatenus species intelligibiles in patientem producit; patiens verò prout eas recipiendo patitur, absolutè spectetur, haud dubie sub ea praecisè consideratione ante ponendus est intellectus agens patienti. Verùm id non obstat quominùs patiens, si secundùm proprias actiones quas edit, expendantur agenti simpliciter praeferri debeat.*"

② 从生成的观点来看,其顺序是相反的;《灵言蠡勺》,第 396 页:"The principle is that there is first an agent intellect producing intelligibles [species], and then there is a patient intellect which understands them, and thus understanding follows."(其缘则先有作者为可明,次有受者明之,则遂明矣)。主动理智被理解为认识活动的直接原因,逻辑上先于被动理智。

③ 《灵言蠡勺》,第 396 页;Coimbra commentary, Lib. Ⅲ, c. 5, q. 3, a. 1, 321.

species,或简称为"理象")似乎在知觉活动之前已经存在。如此解读可能让理象近似于柏拉图的理念(idea)。事实上,动词"归"在这里的意思是加入,表明在主动理智中的像同时产生理象。如《柯因布拉评论》所说明的,"没有什么能够阻止理智将自己与所有的像任意地结合起来,以便产生理象"①。

  与阿奎那的解释比较起来,这四个步骤的解释很详尽。② 在此过程中,我们对外在感官、共通感和主动理智所扮演的角色并不感到奇怪,然而,《灵言蠡勺》在理象的形成中,也插入了思维能力的角色。在此,它跟随了《柯因布拉评论》,后者追溯到多明我会神学家和枢机主教托马斯·卡耶坦(Thomas Cajetan, 1469—1534)的观念:"思维能力表达了一个单独实体的对应的像。"③《柯因布拉评论》辩论道:"我们不认为,当思维第一次接收到偶性的形象,便立即从印在它之上的东西,抽出一个潜在实体的像;但我们认为,它首先领会

---

① Coimbra commentary, Lib. Ⅲ, c. 5, q. 5, a. 1, 346: "*At nihil impedit quominùs intellectus cum omnibus phantasmatis indiscriminatim jungi queat ad species intelligibiles producendas.*"

② Aquinas: "Since Aristotle did not allow that forms of natural things exist apart from matter, and as forms existing in matter are not actually intelligible; it follows that the natures of forms of the sensible things which we understand are not actually intelligible. Now nothing is reduced from potentiality to act except by something in act; as the senses are made actual by what is actually sensible. We must therefore assign on the part of the intellect some power to make things actually intelligible, by abstraction of the species from material conditions. And such is the necessity for an active intellect." (Ia, q. 79, a. 3, resp.); and: "Wherefore we must say that in the soul is some power derived from a higher intellect, whereby it is able to light up the phantasms. And we know this by experience, since we perceive that we abstract universal forms from their particular conditions, which is to make them actually intelligible" (Ia, q. 79, a. 4, resp.).

③ Coimbra, Lib. Ⅲ, c. 5, q. 5, a. 1, 347: "*Caietanus 3, part. quaest. 76, artic. 7 aliique nonnulli putant vim cogitatricem hominis, quam nos à phantasia non distinguimus, proprium exprimere idolum singularis substantiae.*"

这种偶性，其后，从这样的一种预备的知识，进入关于实体的知识。"① 换言之，关于特别事物的知识属于思维能力，即属于感觉机能。从那里开始，通过主动理智，理智能力从任意单独事物中分离出一个实体的知识。

在表明所有的物质实体的理象都产生自主动理智之后，《柯因布拉评论》进一步提出，关于物质实体的偶性（如数量、性质、关系、地点、时间、姿态、状态、活动和遭受）的认识也是真确的。《灵言蠡勺》取了关系范畴的"整体大于部分"，它举了一个物质对象——木尺，来加以阐释。这里对理象产生的过程，采取了相同的四个步骤：视觉凭借尺和寸理解了获得物像；共通感从物质得到感觉的像，并收藏之；思维的能力得到尺和寸的抽象数量；最后，主动理智使具体的尺寸成为抽象概念，得到一个整体与部分的形式上的关系。被一直强调的重点是，物质实体的偶性并非被五个外在感官或者两个内在感官（共通感和思维能力）直接认识，而是需要一个认识的主动原则，即主动理智，从而在心灵中产生出理象。这里所用的例子是整体和部分的形式化的关系。《灵言蠡勺》称通过主动理智而被获得的东西为"微妙玄通"，它采用这个在《道德经》中找到的表述，在那里被用来形容善于行"道"之人。② 因此，主动理智独自认识什么是共同的、主要的和普遍的（公、大、总）。

《灵言蠡勺》继续进一步探讨质量的范畴，以白色作为例子。文本了解释了主动理智的角色是作为某种潜在，提供了"白"作为理象。至于发生对白色的现实的认识，则需要被动理智。《灵言蠡勺》强调在具体的认识实现过程中，主动和被动理智两者的功能互补，并且用漏壶作为比喻。

---

① Coimbra, Lib. Ⅲ, c. 5, q. 5, a. 1, 347: "*Non credimus tamen cogitativam ut primùm recipit speciem accidentis confestim elicere expressam imaginem latentis in eo substantiae; sed primo agressu apprehendere tale accidens, deinde ex illius praenotione in substantiae notitiam penetrare.*"

② 《道德经》第 15 章：古之善为士者，微妙玄通，深不可识。

《灵言蠡勺》解释了主动理智的角色是作为光照(illumination),使它在被动理智中产生现实的认识,这与亚里士多德和阿奎那的理解一致。① 相似地,《柯因布拉评论》讨论主动理智的三个功能:光照感觉的表象(*illustrare phanstasmata*);实现可被理解的对象(*efficere objectum intelligibile actu*);以及在被动理智中产生理象(*producere in intellectu patiente species intelligibiles*)。② 《柯因布拉评论》也介绍了一个关于有效光照的更为创新的理论,以代替阿奎那激进的光照理论,但是《灵言蠡勺》并没有发挥这一新理论。③

《灵言蠡勺》到目前为止已经描述了理智的第一个特性,是作为主动和被动理智。另外七个特性则很简要:第二个特性属于灵魂的理智能力。第三个是主动理智不仅产生出物质实体的理象,而且在形成非物质实体的理象的过程中也扮演角色。第四个,理智能够认识外在的和物质的对象,而且也能认识它自己。自我认识不以任何外在感官为基础,而理智可以被拿来和"神目"进行比较,它能够认识所有事物,也能够认识自己。对自我的认识在两个方面很特别:只有当它反思自我时方可获得,因此并非持续性的;并且,因为灵魂在身体中,因此与肉体性的元素相混合,它的自我反思不可能完全纯粹。理智的第五个特性是以对象的物像或理象为基础进行运作。

---

① Aristotle, *De Anima* Ⅲ, c. 5, 430a16; Aquinas, *A commentary on Aristotle's De Anima*, translated by Robert Pasnau, Yale University Press, 1999, chapter 10, 43 - 53, 365 - 366; ST, Ia, q. 79, a. 3, obj. 2.

② 见 Coimbra, Lib. Ⅲ, c. 5, q. 1, a. 1, 321.

③ Coimbra, Lib. Ⅲ, c. 5, q. 2, a. 1, 329: "It is not as if the agent intellect impresses some kind of light, but like an external light and with the help of its ray, it actively raises the phantasmata in producing intelligible species, in which the common nature is represented without individual differences and remains known by the intellect alone" (Non quasi intellectus agens aliquid luminis phantasmatibus imprimat; sed quia tanquam externa lux radii sui consortio activè elevat phantasmata ad producendam speciem intelligibilem, in qua communis natura repraesentatur exuta differentiis individualibus, manetque à solo intellectu perceptibilis). See Carvalho, *Psicologia e Ética no Curso Jesuita Conimbricense* (Lisboa: Edições Colibri, 2010), 88 - 89.

被动理智需要接收理象或者理性的像(灵像)。文本给出三个理由:正如感官需要对象来被其感知,同样地理智也需要可被理智认识的对象;理智可能获得一些对象,但仍然需要知道它们归属于何种范畴,从而知道是什么理象;思维的能力提供单独的物像或者形像,它们事实上处于心灵之外。心灵仍然需要内在的原因来运动,而这可以在心灵自身中、在理象中被找到。哲学家(格物之家)区分了四种等级的像:与五种感官相关联的感觉的像、与共通感相关联的感觉的像、人类的理象和天使的理象。惠泽霖很早之前便指出,这一段落取自《柯因布拉评论》。① 第六个特性是理智并不在物质之中,因此而不朽。第七个特性是与感官有相似之处。理智的最后特性是具有三种功能:直接的认识(直通)、复合的认识(合通)和推演(推通)。②

六、意 志

在《论灵魂》的最后一章,亚里士多德讨论了有生命物的嗜欲能力或者欲望(appetitive power),但是没有特别处理人类的意志问题,但在他的伦理学著作中加以探讨。《柯因布拉评论》的结尾部分(卷三,章十三,问题 1—3)是有关于人类意志的简要讨论,之所以加插在这里,可能是为了他们的伦理学卷作准备。然而,与《柯因布拉评论》比较,《灵言蠡勺》给我们提出了更为详尽的处理,共有十点。

第一点确立了自然的、感觉的和理性的欲望(性欲、司欲、灵欲)三者的差别,分别有不同的对象:适宜、欢乐和正义(宜、形乐、义)。

---

① Coimbra, Lib. Ⅲ, c. 5, q. 3, a. 2, 335:"*Porrò quibusdam veluti gradibus ascendunt species...*"

② 见:Coimbra, Lib. Ⅲ, c. 6, 354 - 357.

然而,主要的区别是必要性和自由:

> 故圣多玛斯曰:禽兽所行,不可谓行,可谓被行。不能自制之谓也。其在于人,一见可欲,或直从之,或择去之,或从否之间,虚悬未定。如是者,稍似自制,实则禀于灵欲以使其然,非由本质,盖乃自制之彰耳。又人最初一欲,不待思辨,触之即发者,虽属灵欲,而灵未用事,若者不得为罪。婴儿有欲,灵亦未用。病失心者,灵为病阻。三者亦皆不能自制之类也。①

如迪瑟恰当地指出,中文文本在这里参考了阿奎那在《神学大全》中定义的自主行为问题。然而,在她的介绍中,她将"最初一欲"这一术语和对幸福的根本追求视为一致。② 事实上,这一段几乎是逐字逐句地翻译了《柯因布拉评论》,从这一评注我们可以知道,这一术语指的是神学家所说的"*primo primi*",即非自主的冲动行为。③ 两个文本都给出了三个相同的例证。

接下来的两点(欲望作为灵魂的三种能力之一,欲望作为对某一对象的爱或恨)被简单地介绍。第四点涉及自动决断(自专)或者说自由意志(*liberum arbitrium*)的核心理念:就理智理解并审查欲望客体、而后意志自由地作决定这一意义上来说,只有人类有理性

---

① 《灵言蠡勺》,第 334 页。

② Duceux, 153. 同样,她将"本质"译为"物质的自然性"(material naturalness, p. 509),但我想并不准确。

③ Coimbra, Lib. Ⅲ, c. 13, q. 1, a. 3, 417: "*Bruta, ut Damascenus lib. 2 Fidei orthodoxae Cap. 27, inquit, potius aguntur, quàm agunt. Adverte tamen quosdam esse actus voluntatis, quos Theologi vocant primò primos, qui tametsi non nisi praeunte cognitione exerceantur; quia tamen non liberum, sed dubitum, ac necessarium rationis iudicium sequuntur, liberi non sunt, neque in nostra potestate est eos suspendere, quod similiter dicendum est de iis, quos pueri, & amentes, ac caeteri, quibus rationis usus impeditus est, administrant.*" Interestingly, Sambiasi chose not to introduce the name of Damascene, but he refers the quote to Aquinas.

欲望。另一点,由于理解来自理智,这一理智和意志的分工意味着欲望并不能理解欲望自身。

第六点声明了理智和记忆可以受到外在影响而以某种方式被强迫,且无法抵抗。但是意志不同:意志是人类自由的部分,而且不能被胁迫。《灵言蠡勺》中列举了两个联系到宗教自由的例子:极端暴力不能使基督教殉道者的意志屈服,以及暴君不能强迫人民去崇拜偶像。与人的自由相关,《灵言蠡勺》讨论了在什么意义上上帝给予了他们的恩宠,然而让人自由地去做决定。迪瑟注意到《灵言蠡勺》并没有提及上帝的习惯恩宠(habitual grace)和实际恩宠(actual grace)之间的区别,但是在实际恩宠的范畴中,文本介绍了充分恩宠(sufficient grace)和有效恩宠(efficient grace)的差别。这一差别并没有出现在奥古斯丁和阿奎那的著作中,但在16世纪神学思想体系中,它却被和因信称义(justification)问题联系在了一起。非常值得注意的是,迪瑟指出,《灵言蠡勺》中有关充分恩宠和有效恩典的衔接,反映了西班牙基督教神学家路易斯・德・莫利纳(Luis de Molina,1535—1600)在他的《自由意志与恩宠的统一》(*Concordia liberi arbitrii cum gratiae donis*,1588)一书中所表达的理念。该书写于莫利纳居住在葡萄牙期间(1584—1591)。莫利纳的观念显然被曼努埃尔・德・古瓦所知晓,尽管没有出现在《柯因布拉论灵魂评论》中。迪瑟做出非常可能的假设,认为毕方济在欧洲学习期间就已经知道了那些观念。①

第八点讨论了意志拥有对象——对善的认识。第九点说明了理解最完美的善,其结果是自然而然地爱它。自相矛盾地,这一意志的自发行为并不由意志本身决定,它也是伴随最高级别的自由的行动。

最后的第十点,讨论理智或意志是否灵魂最重要的能力。三个说法被列出:有的人说智力和意志就像"孪生姊妹";对于亚里士多

---

① Duceux,167.

德,他认为没有什么是可以完全平等的,因此必须要分层级;奥古斯丁认为,既然灵魂的三种能力都是以灵魂的本体为基础,那么它们就有同等地位。《灵言蠡勺》几乎逐字翻译了《柯因布拉评论》中的这一节。① 前面提到的三个权威争论,遵循的是一个关于三个范围的理性争论,同样从柯因布拉文本中提取:实践德性(所习之德,*habitus*)、行为(所行之行,*actus*)和对象(其所向之向,*objecta*)。首先,意志的实践德性是仁,而理智能力的实践价值是智。在儒家的价值排列中,仁高于智,因此意志排在理智之上。② 第二,在行动方面,理智被外在对象所驱动,但是意志仅由其自身驱动。因为主动比被动要更好,意志同样排在更高的位置。③ 同样,理智启发人们幸福是什么,但只有意志可以驱使人们去获得幸福。④ 一个反对论点以一种反问句的形式被提了出来:最邪恶难道是对德行的无知,或

---

① 《灵言蠡勺》,第 408 页;Coimbra, Lib. Ⅲ, c. 13, q. 2, a. 1, column 423:"*Fuere, qui voluntatem, & intellectricem potentiam quasi duos sorores eodem partu editas, parique nobilitate insignes putarint. Sed hos refellit Aristotelis,& aliorum philosophorum… Nec nobis adversatur Divus Augustinus Lib. 10. De Trinitate cap. 11…*"

② Coimbra, Lib. Ⅲ, c. 13, q. 2, a. 1, 423:"*At charitas, quae est habitus voluntatis tum sapientiae, tum caeteris animae ornamentis ac donis excellit, ut testatur non solum idem Doctor in De Trinitate. cap. 19, sed etiam Divus Paulus primae ad Corinth. 13 & ad Colossens. 3.*"对于亚里士多德来说,理智排在最高位置。《灵言蠡勺》从《天主实义》那里得到将灵魂的能力与儒家德性联系起来的观念,事实上,利玛窦将"意志-理智"这组概念和"仁-义"(Benevolence-Rightness)这组概念联系起来,后者在《孟子》一书中被提及 27 次。见利玛窦著,梅谦立注,谭杰校:《天主实义今注》,189—190 页。然而,中国"义"的涵义与西方的理智相去甚远。因此,《灵言蠡勺》在处理这个问题的时候,明智地用"智"(智慧)的概念替换了"义"。

③ Coimbra, Lib. Ⅲ, c. 13, q. 2, a. 1, 423:"*Perfectius est movere quàm moveri.*"

④ Coimbra, Lib. Ⅲ, c. 13, q. 2, a. 1, 424:"*At amore, qui est actus voluntatis, redditur homo simpliciter bonus, non autem cognition, quae est actus intellectus; ut enim D. Augustinus11 de Civitate Dei, cap. 28, sapienter ait: Vir bonus non dicitur, qui scit id, quod bonum est, sed diligit.*"

者对德行的厌恶吗?① 最后,在客体方面,意志倾向于"全美好",而智力倾向于真理,乃是一种个别的善(分美好)。②

简言之,这个部分在意志问题上给出了一个哲学的说明,但还是在人类自由和天主恩宠之间的关系上做了神学式的介绍。这一主题在有关灵魂的哲学著述中并不常见。如同我在前面所指出的,灵魂作为受造的存在以及依赖恩宠这样的特性,并不被包含在论灵魂的基本著作中,而是被柯因布拉耶稣会士加入的,因此也同样呈现在《灵言蠡勺》中。以相似的方式,在欧洲和中国的耶稣会士同样在他们探讨意志的章节中,加入了这样的论述。

七、灵魂与天主相似

在第一卷关于灵魂的大部分哲学讨论之后,《灵言蠡勺》在第二卷讨论了灵魂与天主的关系。共有两个部分,第一个部分标题为:"论亚尼玛之尊与天主相似"。它清晰地表明,灵魂因与天主分享三种相似性——本性(nature)、模仿(modeling)和行为(operation),从而获得了尊贵。《创世记》介绍了人类灵魂由天主依其自身的肖像和相似,而被创造的重要理念:"让我们照我们的肖像,按我们的相似造人。"③奥古斯丁认为肖像和相似两个术语之间存在差别,而在

---

① 《灵言蠡勺》:"明悟之反爲不知,爱欲之反为恶。人之不知德行,方于人之恶德行,其恶孰重?"(第 409 页)亦参见 Coimbra, Lib. Ⅲ, c. 13, q. 2, a. 1, 424: "*Ea sunt meliora, quorum corrumpentia deteriora sunt, oppositum verò amoris peius est, magisque fugiendum, quàm oppositum cognitionis, ut patet in odio Dei, & eiusdem ignoratione: quippe multo detestabilius est Deum odisse, quàm ignorare.*"

② Coimbra, Lib. Ⅲ, c. 13, q. 2, a. 1, 424: "*Quia id, in quod voluntas fertur, est ipsum bonum absolutè sumptum & perfectum, atque ultimis finis; obiectum autem intellectus est bonum quoddam particulare, nempe verum.*"

③ Genesis 1: 26.

《神学大全》中,阿奎那进一步发掘了这种差异:

> 由此可见,相似(*similitudo*)乃是肖像(*imago*)之内涵之一,以及肖像给相似之内涵增加一点东西,即肖像是根据另一个东西摹成并为表示那东西的;称之为"肖像",是因了它是摹拟另一个东西的。为此一个鸡蛋,无论怎样与另一个鸡蛋相似和相等,也不说它是另一个的肖像,因为它不是由于摹拟另一个而来的。(Ia, q. 93, a.1, resp.)

因此,肖像比之于相似,具有某种更为本质的东西,以确立人类由天主创造的观念。阿奎那更进一步指出,相似应该在类(species)之中,与天主和人类分享某些特殊的性质有关。[①] 对于阿奎那来说,相似具有不同的层次:

> 由于相似是着眼于在形式上的相合(*convenientia*)或相通(*communicatio*),所以,依在形式上的多种相通方式而有多种相似。有的东西被称为相似,因为他们在同一形式(*forma*)上,依同样的理(*ratio*)或本质和同样的方式(*modus*)彼此相通;如此他们不只是被称为相似,而且是在相似点上相同或相等,就如两个同等白的东西,是在白色这一点上相似。这种相似是最完美的相似。[②]

因为天主和人类皆属于相似的理性存在的类,有一种相似根据相同的理(formality),但不是根据相同的方式或者程度,因为人类只是分享了天主的部分理性,所以这种相似并不完美。

《灵言蠡勺》把 likeness 翻译为"相似",将 image 翻译为"影像",

---

① 见 ST Ia, q. 93, a.2, resp.
② ST Ia, q.4, a.3, resp.

并没有确立两者之间明显的区别。如同这部分的标题所指出的,关注点在于人类的灵魂与天主的相似。《灵言蠡勺》区分了三种不同的相似:根据本性(nature,性)、形式(form,模)和行为(operation,行)。这些看似与阿奎那的范畴相一致:理性(ratio)、形式(forma)和方式(modus)。① 因此看起来《灵言蠡勺》在该问题的处理上受到托马斯主义的启发,但是《神学大全》不可能是直接的和首要的来源,因为后者并没有详细列出如我们在前者所看到的二十五个相似:八个相似根据本质(essence),七个根据形式(form),而有十个根据行动(operation)。

不同的著作家都列出过关于相似的列表:熙笃会士赫利纳图斯(Helinandus of Froidmont,约1160—约1237)列出了灵魂与天主的七个相似;锡耶纳的伯纳德(Bernardinus of Siena,1380—1444)声称有十四个;佛罗伦萨的安东尼(Antoninus,1389—1459)甚至达到二十七个,分为三组,每组九个:九个根据本性(nature),九个根据基督的道成肉身,另外九个根据超性(supernature)。大部分著作家关注灵魂与天主相似,但另有一些,比如佛罗伦萨的安东尼努斯,也将相似发展为灵魂与基督相似。②《灵言蠡勺》没有提到灵魂与基督相似,可能是因为它宁愿首先建立一种以基督宗教天主观念为基础的人类学。那时,基督论在中国语言中,并没有得到太多的发展。

因此,人类灵魂与天主有八个相似,依据的是他们的本性或本

---

① 在《神学大全》第一部分第93题,阿奎那讨论了天主肖像的问题,尽管他没有根据本性、形式和运动的结构明确地讨论该问题,我们仍可以找到这三方面内容的细致阐释。第一节讨论相似作为本体论的一种。接下来两节可能对我们讨论的问题没多大相关,因为第二节讨论的是无理性的受造物,而第三节讨论的是天使,这两种对象在《灵言蠡勺》中并无明确讨论。与第一节一样,第四节依据一种本体论的讨论来展开人魂的理性本性的观念。其后,在第五节离开了本体论的框架而讨论了关系,尤其是人魂与圣三一的关系。第七节转而从灵魂运动的观点来探讨人类灵魂。

② 见 Antoninus of Florence:"*Imago incarnatae veritatis mediantibus virtutibus quae si naturae sunt, non a se habet, sed infusas a deo,*" Summae Sacrae Theologiae (Venice, 1632), pp. 2a.

质。第一个是"本自满足",意思是灵魂不必经受腐朽消亡。文本中有一个注释取自奥古斯丁,可以被追溯到奥氏的《论约翰福音》(Treatise on the Gospel of John)。① 第二个相似是关于灵魂的纯洁(极纯),这个相似被其他著作家提到。② 第三,灵魂分享了天主的属灵(纯神)。③ 与天主一样,灵魂并不是通过感觉(眼睛)来认识事物,而是通过心灵。④ 第四,灵魂具有最高的智能(至灵)。⑤ 第

---

① Augustine, *Evangelium Ioannis Tractatus* Ⅲ. 2: "Then the soul will be restored to the image of the Creator, according to which image human being was made. What will be the power of the soul when the mortal body shall put on incorruptibility and immortality?" (*Ubi etiam ad imaginem Creatoris sui renovatur, ad cuius imaginem factus est homo. Quid erit haec vis animae, cum et corpus hoc induerit incorruptionem, et mortale hoc induerit immortalitatem?*)

② Helinandus(Hélinand de Froimont), in *Chronicorum opus*, edited by Antoninus Florentinus, Lyon, 1586, 59-60, 2nd likeness: "Deus simplex est, et anima"; Bernardinus Senensis, *Opera omnia* (Venise, 1745), vol. 3, Dominica VI, Sermo XXXIX, 272, 7th likeness: "Quia sicut Deus est simplicissimus, & purus: ita anima"; Antoninus of Florence, 3rd: "*Et anima nostra simplex et quantumad hoc, quia non est composita ex materia & forma, prout est homo ex corpore & anima, & alia corporalia.*"

③ Helinandus 1st: "*Deus spiritus est, et anima similiter*"; Bernardinus Senensis, 5th: "*Quia sicut Deus spiritus est, ita nostra anima est spiritus.*"; ST Ia, q. 75, a. 1, resp.

④ ST Ia, q. 14, a. 5, resp: "Now in order to know how God knows things other than Himself, we must consider that a thing is known in two ways: in itself, and in another. A thing is known in itself when it is known by the proper species adequate to the knowable object; as when the eye sees a man through the image of a man. A thing is seen in another through the image of that which contains it; as when a part is seen in the whole by the image of the whole; or when a man is seen in a mirror by the image in the mirror, or by any other mode by which one thing is seen in another. So we say that God sees Himself in Himself, because He sees Himself through His essence; and He sees other things not in themselves, but in Himself; inasmuch as His essence contains the likeness of things other than Himself." See also ST Ia, q. 89, a. 1, resp; Ia, q. 89, a. 3, resp.

⑤ Helinandus 7th: "*Postremo Deus rationalis est vel potius ratio; anima similiter est rationalis*"; Bernardinus Senensis, 4th: "*quia sicut Deus est pure rationalis; ita homo est animal rationale.*"迪瑟认为这是作为灵修(spirituality)的第二个方面,但这种联系在我看来并不十分明确。

五、六个相似是,尽管有多种多样的运动,但却是本体上的"惟一"。①

接着,天主和人的灵魂都是不朽的。不同之处在于,天主非受造,没有开始;而人的灵魂则是从它被创造的那时起是不朽的。基督宗教早期教义已然因灵魂的非物质性而坚持灵魂不朽的观念。奥古斯丁在他的早期著作中不确定到底灵魂是在从世界开始时便被创造,还是在历史中被创造。后来,神学家们一致认为灵魂是在历史中被创造的,该观点也被表达于我们研究的这个文本中。例如,奥古斯丁区别了属于天主的永恒与属于人类的"永常"(aevum)。②

第七个相似:天主无处不在;同样,人类在地球上"无不可在"。第八个即最后一个相似,表达了灵魂的行为都由自己驱动的观念:"亚尼玛既备物之灵像以行其功,即其功行不由他物,其居本躯时,明悟、爱欲、记含之功行,不由于本躯。离本躯后,亦能明悟,亦能爱欲,亦能记含,如在本躯时。故其体其行,皆不由他物,与天主相似。"③

---

① Bernardinus Senensis, 13th: "*quia sicut Deus stans in toto mundo, omnia vario modo ornat; ita anima stando in corpore, variat diversimode membra, dando unicuique membro varias, & mirabiles operationes...*"; ST Ia, q. 11, a. 3, resp: "Since therefore what is first is most perfect, and is so 'per se' and not accidentally, it must be that the first which reduces all into one order should be only one. And this one is God."

② Cf. ST Ia q. 10, a. 5. Helinandus 3th: "*Deus immortalis est, et anima*"; Bernadinus Sinensis 6th: "*Quia sicut Deus est interminabilis, & infinibilis; ita anima, liceat habeat principium, numquam habet finem.*" 佛罗伦萨的安东尼肯定灵魂在本体上的不朽,但是他注释道,在被断绝天主恩宠的意义上说,罪人的灵魂仍是可死的。

③ 《灵言蠡勺》,第 412 页。ST Ia, q. 89, a. 1, resp: "Now the soul has one mode of being when in the body, and another when apart from it, its nature remaining always the same; but this does not mean that its union with the body is an accidental thing." Bernadinus Sinensis 9th: "*quia sicut est ubique, scilicet, in inferno per justitiam, in terra per praesentiam & gratiam, & in coelis per gloriam; ita anima est in toto corpore, & est tota in qualibet parte ipsius corporis; sed secundum diversas operationes.*"

那八个天主的属性因此都被人的灵魂所分享——作为属于它特有的本质或本性。这种与天主的共同自然性(co-naturality),给予了人类灵魂以准神圣或类神圣(quasi-divine)的地位。《灵言蠡勺》仍然小心地在一些例子里表示出,即便天主和人魂在本质上分享了一些属性,但天主是绝对的本质,而在人魂之上——后者的各种属性是被给予的。此外,人魂的各种属性对比于全能的天主来说,其范围是有限的。

在讨论了天主和人魂所分享的八个本质的相似之后,《灵言蠡勺》提出七个相似——根据一个遵循形式或者模式的进程。首先,灵魂具有一个三重的形式。《灵言蠡勺》混合了两种理由,一种来自奥古斯丁,一种来自阿奎那。根据奥古斯丁的理由,人类灵魂有三种能力,即记忆、理解和爱,它们模仿了圣父、圣子和圣灵——天主的三个位格(天主之三位),所以人类可以记忆、理解和爱天主。这意味着人类灵魂不仅仅只是依照耶稣基督的肖像而被创造,而是依照三个位格的肖像。①《灵言蠡勺》也解释了圣三一中三位格的排列,以及灵魂中三种能力的排列:圣父生圣子,圣父和圣子同生圣灵,类似地,记忆肇始理解,记忆和理解肇始爱。阿奎那接受了人类灵魂三位一体的方面,②他也提到记忆、理智和意志之间的排列。③

然而,在《神学大全》第一部分问题 93 中,阿奎那提出人类灵魂的三重维度的另外一种解释——并非基于灵魂的三种能力,而是基于天主给予的三个能力——根据众人所有的本性,根据义人所获得

---

① 参见 Augustine in his *De Trinitate*. See *De Trinitate* IX-4.4; X-12.19; XIV-3.5; XIV-6.8。也参见 Helinandus 5th: "*Deus unus est in substantia et trinus in personis; anima est una in essential et trina in potentis; Ideoque etiam illis tribus nominibus insinuandam mentis putavimus trinitatem, memoria, intelligentia, voluntate.*"

② 见 ST Ia, q. 93, a. 5, resp.

③ 见 T Ia, q. 93, a. 6, resp.

的恩宠,根据天上圣人和天使获得的荣福。① 伊莎贝尔·迪瑟准确地觉察到《灵言蠡勺》紧随阿奎那的这一个段落,似乎毕方济凭记忆引用了这一段。② 与奥古斯丁关于灵魂的静态方案不同,阿奎那提供了一个更为动态的视角——关于天主肖像的三个不同层次。然而,阿奎那设想肖像的三个层次,作为一种连续性,从一般的人类到在世上的基督徒,最后达到在天上受荣福的人、圣人和天使。《灵言蠡勺》更多地让自己适应非基督徒,避免提及基督和教会。

属于模仿的方式的第二个相似是从恩宠的转化能力:人们自愿遵循天主的旨意。正如《灵言蠡勺》所言:"故亚尼玛得额辣济亚时,其爱欲与否之意,转合天主之命。"③第三个相似,是传达意志于"全模肉躯":天主如其所愿地运用所有对象,如同使用工具一般;相似地,人类的灵魂通过心灵(spirit)来支配整个肉身或者某些部位。如同迪瑟注意到的,这反映了亚里士多德主义的灵魂观念,即灵魂作为被赋予生命的肉身之隐德来希(entelechy)。④另外一个相似是灵魂"有先验的意得亚":在天主创造东西之前,在祂心中就有关于这些东西的理念;类似地,人魂在心灵中也具有关于事物的理念和综合观念。根据第五个相似,通过爱天主,灵魂逐渐接近天主,愈发相似天主。两个来自圣经的引用以及一个谚语支持了这个观念。⑤

---

① ST Ia, q. 93, a. 4, resp. 我们可以注意到,阿奎那没有明确地对圣三一的三个位格进行三个层次的定义,但是这可能是假设,因为本性可能关联圣父,恩宠关联圣子,而荣福关联圣灵。

②④ Duceux, 185.

③ 《灵言蠡勺》,第 341 页。

⑤ Psalm 91:1 (NRSV, slightly modified): "You who live in the shelter of the Most High, you will abide in the shadow of the Almighty" (Vulgate: qui habitat in abscondito Excelsi in umbraculo Domini commorabitur). See also ST Ia q. 20, a. 1, ad 3: "So far love is a binding force, since it aggregates another to ourselves, and refers his good to our own. And then again the divine love is a binding force, inasmuch as God wills good to others; yet it implies no composition in God."

第六个相似通过如下方式:天主"不受限制";相似地,人魂亦不被物质空间所涵括在内。由此得到一个结论,天主与人魂皆为不朽,如同我们已经在第二个相似里依据本质所看到的一样。根据第七个相似,即便宇宙的一部分被毁,天主仍有其绝对的完整性。相似地,即便身体的一部分被损坏,灵魂仍保有其完整并且"不能被毁灭"。①

正如我们看到的,第一个系列的各种相似,依据的是由天主和人魂共同分享的、被罗列出来的本质属性;第二个系列依据的是形式,被描述为主要地是一种天主和人魂的动态关系,通过这种关系,灵魂回应了天主的爱并且融入天主。我们现在转向第三个系列的相似,根据的是功能或行动。总共有十个:1. 天主是宇宙间所有运动的开始,而同样地,灵魂也是所有自主行为的开始;2. 天主的活动目的不在祂之外,祂自己便是所有活动的目的;相似地,灵魂的所有活动之目的并不外在于它,而是灵魂自己;3. 天主知道一切;相似地,灵魂是精神性的,也具有从物质世界抽象出各种观念的能力,因此它可以同样认识物质的和非物质的事物;4. 子乃是父之内言(inner word);同样,当灵魂认识一个对象,它便产生出一个内言,如同其内在原则;5. 天主依自己而生活,并且给予一切以生命;相似地,灵魂依其自己而生,而并不从肉身获得生命;6. 天主依据他们的尊贵以祂的赐福支持万物;同样,灵魂支持身体的所有部分;7. 天主不动而使万物运动,而灵魂也是身体所有运动的根源;8. 天主治理一切,通过祂的律令治理理性的存在,通过祂的安排管治非理性的存在;同样,灵魂凭借三种能力来控制;9. 天主通过自己来决定;同样,灵魂被赋予自主的能力,在天主的帮助下,灵魂掌

---

① Cf. Bernardinus Siensis 11th: "*Quia Deus in quocunque loco turpi existar, non deturpatur, vel deformatur radius in fimo, & in stercore; ita anima in quocunque corpore leproso, infirm, vel debilitate, & deformato existat, non deturpatur vel deformatur propter illud corpus; sed solum propter peccata deturpatur, & inficitur.*"

控七种激情。

第十个依据行动的相似最为详细。它通过天主要人们注意他们自己的灵魂、注意他们自己的尊贵,而表现了这种行动:

> 故撒罗满,古贤人也,欲令亚尼玛自识其尊而言,曰:万物最美者(此称亚尼玛之词也),尔欲识尔尊,尔出随尔羊群之踪迹(羊群者,指人之五司,耳、目、口、鼻等。踪迹者,指天下万物也)。牧尔之羔羊(羔羊者,人之情,人之欲也),近牧者之牢(牧者,世间狗欲之徒。牧者之牢,是世人嬉游戏乐,逐利溺色,功名荣贵等暂欢之所也),乃得识尔尊而可安也。①

读者可以认出,这一段话取自《雅歌》,属于所罗门所作:"女中的佳丽!你若不知道,出去跟踪羊群的足迹,靠近牧人的帐棚,牧放你的小羊。"②圣特尔里的威廉(Guillaume de Saint Thierry,约 1085—1148)将这段话解读为关于灵魂的寓言:爱者请求被爱者解释他的灵魂,不是通过封闭他自己,而是走出来——解释了所有受造者如何认识和爱天主。③

通过本性、形式和行动三个阶段,先前的二十四个相似,已然足以让人最终认识他自己灵魂的尊贵,不是封闭其自身,而是与天主深层次的沟通。随着那二十五个相似,我们可以这样解读,好比灵魂通过一个梯子逐级上升,以朝向与天主的和合为一,类似于波纳文图拉(Bonaventure,约 1217—1274)的《心灵朝向天主之旅》(*Itinerarium mentis in Deum*)或者贝拉明(Bellarmine,1542—

---

① 《灵言蠡勺》,第 416—417 页。

② Song of Solomon, 1:8; Vulgate: "*Si ignoras te, o pulcherrima inter mulieres, egredere et abi post vestigia gregum, et pasce hedos tuos iuxta tabernacula pastorum.*"

③ Guillaume de Saint-Thierry, "Expositio altera super Cantica Canticorum", in *Patrologiae Cursus Completus*, Migne ed., 1902, vol. 180, 493-494.

1621)的《通往天主的心灵之梯——借着诸受造者的梯子》(*De ascensione mentis in Deum per scalas rerum creaturum*)。

八、"至美好"

前一章节已经解释了依据灵魂与天主相似,列出了二十五个相似。第二个章节解释为什么灵魂能够认识最高的善(Supreme Good,至美好),即天主。在这里,关于天主的知识可由多种途径获知。文本从神学著作转向灵修著作——与天主和合为一。我们可以注意到,这部分内容扩展了范围,处理的是完整的个人(人,我)而不仅仅是理智灵魂。①

该章节以最高的善之属性为开始,祂作为"原美好""总美好"和"非由他造"。祂的存在和善同一。② 祂包含所有的善③,在自己中存在(有),在自己中保存(存驻),在自己中作用(作用),通过自己认识自己的功能(知作用)。祂是一切事物的动因,使万物得以完成④,奖赏善的并且惩治恶的。⑤

剩下部分的结构并不清楚。然而,在这个部分中有一条线索,指出了认识天主的七个途径:通过自然理性;通过超自然理性;通过心灵的洁净;通过亲尝祂的滋味;通过恒久而亲密的关系;通过让五官清静;通过默想圣经。⑥ 从这些标题,我们可以得出,关于天主的知识,并不仅仅只是概念上的知识、推论或演绎的知识,而是可以通

---

① 在这一节中,亚尼玛和灵魂这两个词,只各出现了三次。
② 《灵言蠡勺》,第 418 页:"其善与体,其体与其善,是一非二。"
③ 《灵言蠡勺》,第 418 页:"能包人万亿美好。"
④ 《灵言蠡勺》,第 418 页:"至足于无穷世之万物。"
⑤ 《灵言蠡勺》,第 418—419 页:"悉能利益于善者吉者,悉能治疗于凶者恶者。"
⑥ 因于自然之本光一;因于超自然之真光二;因于心之洁清三;因尝其味四;因于恒相密交五;因于谧静五司六;因于默想,透达经典深意七。

过信仰的生活、与天主交流和默想圣经的方式,获得更为广泛的知识。文本没有按照七个途径的确切顺序来行文,但我们还是可以找到这七种途径来认识天主,尽管《灵言蠡勺》提醒我们这些途径有某些重迭。

首先,虽然天主无法被看见①,祂仍可通过超自然理性而被认识,即通过信、望、爱(想)三个神学美德。三个美德依照生成的顺序而被给予,而不是依照完善的顺序。② 同样,这种知识依赖天主的恩宠。

其次,人类可以通过经验天主的爱而认识天主,这让灵魂具有勇气、高贵、富足、有功,以及被赋予种种善的力量。③ 第三,灵魂与天主恒久合一(常与人偕)的途径有三个:天主通过依照自己的肖像"以造成人与人偕",这并非物理上的,而是使之拥有认识和爱的能力;④通过提供必要的恩宠"以备所须与人偕",如父母教育子女,子女赡养长者,或者教师教育学生;⑤通过保存的方式"以保存人与人偕",如天主让人类通过灵魂的三种能力(记忆、理智和意志)来保存

---

① 《灵言蠡勺》,第 419 页;Cf. 1 John 4:12:"No one has ever seen God."
② 见 ST Ia, q. 62, a. 4.
③ 《灵言蠡勺》,第 419 页:"令我勇,令我贵,令我乐,令我富,令我有功,令我于万善众德,种种备足。"
④ 《灵言蠡勺》,第 419—420 页。In the *Commentary on the Sentences of Peter Lombard* (I Sentences, Distinction 37, Question 1, Article 2), Aquinas presents the three ways. The first way is: "A creature, however, is united to God in three ways. In the first way, according to likeness only, insofar as some likeness of the divine goodness is found in a creature, not because it attains God himself according to substance. That union is found in all creatures by essence, presence, and power." http://www4.desales.edu/~philtheo/loughlin/ATP/Sententiae/ISentd37q1a2.html (translated by John Laumakis).
⑤ 这符合于阿奎那的第二种方式;*Commentary on the Sentences of Peter Lombard*: "In the second way, a creature attains God himself according to a consideration of its own substance, and not according to a likeness only. This occurs by an operation, namely, when someone clings by faith to the first truth itself and clings by charity to the highest goodness itself. And so, there is another way by which God is particularly in the saints by grace."

自身。① 这回应了前面提到的三种相似,即根据本性、形式和行动。虽然三种结合的模式伴随着所有创造物,但也暗示了一种连续性:天主在祂的相似性里进行创造,通过给予祂的恩宠进行支持,最后天主将自己与理性灵魂相结合。除了与天主相结合的三种模式之外,《灵言蠡勺》提出第四种遍在的模式。这令人感到十分意外,因为阿奎那只提出了三种。② 为了强调三种结合模式的普遍性,《灵言蠡勺》似乎解释了第四种模式——"以无不在与人偕",通过将上述的三种模式延伸到所有地方:通过创造的方式,使天主的本质无所不在地呈现(体无不在);通过恩宠的方式,使天主能见任何地方(见无不在),而最后根据事物的本性保存事物非方式,使天主无所不在地行动(能无不在)。天主的遍在建立了一个非常重要的关系:"无处不可讲说之,无处不可见之,无处不可闻之,无处不可尝之。"③虽然讨论始于无法亲见天主,但我们在这里的要点却是天主在宇宙内任何地方都可以被看见。这可能并不矛盾,如果我们记得天主的本质无法被完全地认识,但是根据阿奎那,仍然有很多方式可以得到关于天主的确切的知识,甚至可以稍微认识祂的本质。

第四,在现世中,天主通过自然理性(自然之本光)被认识。如前所述,自然理性已经被包含在保存的进程中。在这里,文本更为

---

① 这符合于阿奎那的第三种方式;*Commentary on the Sentences of Peter Lombard*: "In the third way, a creature attains God himself not only according to an operation but also according to being, not indeed insofar as being is the act of an essence, because a creature cannot change into the divine nature, but insofar as it is the act of a hypostasis or person, in whose union a creature is assumed. And so, there is the last way by which God is in Christ by union."

② Aquinas, *Commentary on the Sentences of Peter Lombard*, I Sentences, Distinction 37, Question 1, Article 2: "It should be said that the divine attributes are considered only according to a threefold order to things: either according to operation, or according to power, or according to essence. There are, therefore, only three ways that God has being in things that are understood according to a different order of relation of God to things."

③ 《灵言蠡勺》,第 421 页。

具体地在比例(analogy,比例)方面讨论了天主,祂作为"倍万为真,倍万为确,倍万为益,倍万为宜,倍万为足,倍万为贵,倍万为乐"①。然而,它也声明了这种谈论天主的理性方式,仍然是有限的和含糊的。

另外一种认识天主的方式是通过内心的洁净:想要认识天主的欲望并不来自推理的思维方法(讲究思惟),而是来自爱的感觉(衷情慕爱)和心灵的纯洁(心地纯洁)。第六,通过禁欲的生活,"为此美好而能遗弃他诸美好,为他美好能贬我抑我"②。任何事物因而被"视若敝屣",这里可能引自《斐里伯书》3.8"我将一切都看作损失"。最后一个认识天主的方式是通过默想圣经和无数圣人、主教以及智者的见证。他们的言语和行为遍于环宇,而只有很少的一部分被知道。

在确立关于天主的确切知识之后,这一节的最后部分宣称,天主是"最玄最微"。人类不能认识天主,他们越想认识祂,那么关于天主的观念就越模糊,所以在关于天主的观念和天主之间,有着巨大的鸿沟,但是"此正为有所知,有所见矣"。③ 这一关于认识天主的可能性的完全转变,让我们想起,甚至连阿奎那也曾经将天主描述为"陌生的"(*ignotum*)。④

关于天主的最后一个说明是被给予。祂如同"至香",能够抑制所有恶臭,祂受到所有圣人和天使的赞叹,以至于永恒。通过灵魂的三种能力,人类记住天主、理解天主、爱天主,并因此而被转化为

---

① 《灵言蠡勺》,第 421 页。
② 《灵言蠡勺》,第 422 页。
③ 《灵言蠡勺》,第 424 页。
④ Aquinas, *Super Boethium De Trinitate*, Question 1, article 2; translated by Rose E. Brennan (Herder, 1946): "God as an unknown is said to be the terminus of our knowledge in the following respect: that the mind is found to be most perfectly in possession of knowledge of God when it is recognized that His essence is above everything that the mind is capable of apprehending in this life; and thus, although what He is remains unknown, yet it is known that He is."

"至尊至贵"。有些人,他们想为他人行善,引导他人,拯救他人,这些人可谓甚善。"开辟以来",无数的圣人完成了值得称颂的功绩,如真正的工匠、画师或者医生,他们获得了真正的和有用的知识。天主不行不善。祂在诸多艰难困苦中默默照顾,使得最困难之事变得容易。祂吸引一切朝向祂。那拥有天主的人,即便他可能"无一有",然而他却是最为富有和满足之人;但那失去天主的人,即便他可能"无一无",他却是最为贫乏之人。天主是"实公有之,为普遍故"①。只有通过接近天主,人方可理解天主。但此人必须先盲、聋、哑,摈弃他所见、所听和所论。那行小善之人亦可获得无尽的报偿;但那施小恶之人必将遗恶更多。天主是灵魂的开始和目的,是人各种行为和欲望的终极所向。人因认识天主而欢欣。因分享祂,人们将找到无尽的幸福;为祂而死,人将获得永生。为天主而遭灾,这是最大的平安和欢乐。天主应当受所有人的尊敬,西方所有的知识分子都礼拜祂、侍奉祂。这部著作没有其他目的,除了警戒生于此世之人,应当认识天主、侍奉天主,并且在死后得见天主、享有祂的赐福。我自己必须承认,相较于前半部分,论"至美好"的部分架构很松散。然而,它是整部著作的高潮部分,是作者想要读者接受的重点所在。

结　　论

关于《灵言蠡勺》的文本来源问题,我已经肯定了由惠泽霖最初提出的,并且通过我的文本考证,证明《柯因布拉论灵魂评论》构成了《灵言蠡勺》的主要来源。我也试图对迪瑟提出的关于其他文本来源的使用问题进行回应。我特别解释道,有关记忆这一章节来自《柯因布拉论自然诸短篇评论》。我也接受了她的观点,即这部著作

---

① 《灵言蠡勺》,第 426 页。

同样受到莫利纳的影响。就中文文本来源而言,我们用一些例子表明《灵言蠡勺》怎样采用了《天主实义》里的一些翻译,同时有时候又会做出一些替换性的翻译。

通过对文本来源的分析,我们可以解决该著作的结构问题。第一卷主要是有关灵魂和自由意志问题的哲学论述,附带一些神学解释,例如灵魂的属性是由上帝恩宠创造并依赖恩宠的,自由意志的问题亦是如此。第一卷在哲学讨论中引入神学因素是非常值得注意的,这为表现为神学论述的第二卷的讨论做了准备,我们甚至可以说第二卷是一个关于灵魂的尊贵及其与上帝结合的灵修论述。我仍没有能力回溯这个部分的来源,这个来源很可能是属于灵修文学(spiritual literature),不太像托马斯主义或耶稣会的,更像是奥古斯丁或方济各式的著作。

最后,我想指出《灵言蠡勺》对哲学和神学的传统划分做出重新阐释,以及该传统划分已然被西方所接受两者之间的相关性。因为与《圣经》的紧密联系,传统上灵魂的某些方面被归于神学,例如灵魂的创造观念。由于亚里士多德和其他古代哲学家的明确论证,灵魂的另外一些方面与哲学紧密相连,例如灵魂作为实体这一观念,及其三种能力,等等。中世纪和文艺复兴时期的学院课程继承了这一划分,但是柯因布拉耶稣会士尝试建立一种挑战这种传统划分的灵魂知识。如我们所见,他们的《柯因布拉论灵魂评论》以及"分离灵魂的论述",涉及灵魂不朽、上帝创造这些以前属于神学的问题。

这种传统的划分在传教士进入另一个文化领域并用另一种文字写作的时候遇到了更进一步的挑战。罗明坚在他的《天主实录》(1584)试图提出一个纲要——混合了关于天主和灵魂的哲学论辩以及关于十诫和圣礼的解释。这种涵盖了哲学和神学的整体方法,并不被中国文人士大夫所接受。在《天主实义》中,利玛窦目的是对天主、灵魂和道德做理性的阐释,克制基于圣经或者教会的礼仪来获得证明。在第三章,利玛窦给出一系列的论辩以证明灵魂的不朽,而在后一章,他驳斥了佛教的轮回学说和新儒家的万物一体学说。

与《天主实义》不同,《灵言蠡勺》不是一部争辩性的著作,因此并不致力于直接驳斥一些中国的概念。在灵魂问题上,它继续并展开了《天主实义》未竟的工作,在第一卷中呈现了对灵魂的理性解释,也包括一些传统上属于神学的主题,并在第二卷中呈现了灵修的论述。当讨论到那些"神学的"主题,如灵魂由天主所造、依赖天主的恩宠并且与天主合一,《灵言蠡勺》通常采用哲学的方式进行辩论,而不是借助《圣经》。这表明了哲学理性如何在没有《圣经》帮助之下,却能够在中国建立一个完整的基督宗教的灵魂知识。

晚明福建关于灵魂的耶儒对谈

香港大学　宋刚撰；
中山大学哲学系　祝海林译

前　　言

灵魂是西方思想史的重要概念之一，其发源可追溯到古希腊哲学。柏拉图（公元前 428—前 347）的《蒂迈欧篇》《斐多篇》和亚里士多德（公元前 384—前 322）的《灵魂论》都有相关论述。中世纪教父的代表人物奥古斯丁（354—430）和托马斯·阿奎那（1225—1274）发展出更为复杂且系统化的灵魂论，他们通过注释解经的方式，将柏拉图及亚里士多德的理论（灵魂—身体二分说、灵魂不朽等）融入基督教教义。① 到中世纪结束之时，灵魂概念已成为"整合了关于人的生物学、医学、心理学、认识论、伦理学、形而上学以及宗教学等学

---

① 相关研究，请参见：D. Bostock, *Plato's Phaedo*. Oxford: Clarendon Press, 1986; H. Lorenz, "Plato on the Soul", *The Oxford Handbook of Plato*, edited by G. Fine. Oxford: Oxford University Press, 2008; M. C. Nussbaum & A. O. Rorty, eds., *Essays on Aristotle's* De Anima, Oxford: Clarendon Press, 1992; Anton Pegis, *St. Thomas and the Problem of the Soul in the Thirteenth Century*. Toronto: Pontifical Institute of Medieval Studies, 1934; Ronald J. Tekse, *To Know God and The Soul: Essays on the Thought of Saint Augustine*, Catholic University Press of America, 2008; John Peterson, *Mind, Truth and Teleology: An Introduction to Scholastic Philosophy*. Heusenstamm: Editiones Scholasticae, 2015.

科研究的一整套学说"①。

从 16 世纪后期开始，天主教传教士在中国与欧洲间的文化相遇过程中扮演了至关重要的角色。他们主动引入中世纪神学的灵魂概念，作为西学或者"天学"的一部分。他们到中国的时间对传教比较有利，大明帝国与外部世界维持着密切的经济交往，在文化领域也经历了一系列重要转变，如印刷业的兴盛、儒释道三家的交融、时人对古玩和奇器的癖好等。这些因素造成了相对宽松的社会环境，使传教士得以在中国立足，在传播天主教基本教义的同时，与儒家学者展开学理的对谈。

早期入华耶稣会士罗明坚（1543—1607）及利玛窦（1552—1610）率先引入西方的灵魂论。在《天主实录》中，罗明坚介绍了如三种魂、人类五种感知等观念。1603 年，利玛窦出版了更具影响力的问答体著作《天主实义》，其中"灵魂"作为关键词贯穿了大部分的论述。借助一位西士之口，利玛窦将灵魂与生魂、觉魂做对比，以凸显灵魂的独特地位，并阐明了灵魂不朽或不死的特质。同时，他批评了宋明理学中"理""气"两个有问题的概念，还坚定地驳斥了佛教的轮回说。

利玛窦之后，明清之际的耶稣会士出版了很多关于灵魂的著作，如高一志（1568—1640）的《性灵说》（约 1610）、罗儒望（1565—1623）的《天主圣教启蒙》（1619）、毕方济（1582—1649）的《灵言蠡勺》（1624）、艾儒略的《性学觕述》（约 1624）、龙华民（1565—1655）的《灵魂道体说》（约 1636）、卫匡国（1614—1661）的《真主灵性理证》（约 1650—1660）、利类思（1606—1682）的《超性学要》（1654—1677）等。相较而言，其他天主教修会的传教士关于这个话题的中文出版

---

① Zhang Qiong, "Translation as Culture Reform: Jesuit Scholastic Psychology in the Transformation of the Confucian Discourse on Human Nature," in The Jesuits: Cultures, Sciences, and the Arts, 1540 - 1773, edited by John W. O'Malley, Gauvin A. Bailey, Steven J. Harris, and T. Frank Kennedy. Toronto: University of Toronto Press, 1999, p. 367.

并不多见，代表性的著作有赖蒙笃（1613—1683）的《形神实义》（1673）。虽然这些作品只占同期天主教中文出版物的一小部分，却表明传教士在这方面有共同的关注，他们都认为灵魂论是向中国人传播天主教信仰的一个基石。

尽管对帝制晚期中国天主教的研究越来越多，上述关于西方灵魂论的著述在学界仍未得到足够的重视。以下几个问题值得进一步的探讨：传教士们是否采用类似的方式介绍灵魂论，抑或他们的阐释存在不同甚至相互矛盾之处？在回应这个外来概念时，中国人尤其是儒家士人如何做出多种阐释或误读？在这个跨文化交流过程中，传教士和儒家士人双方都面对一种复杂的自我—他者身份认同，他们在灵魂概念上如何互动，并对对方产生影响？此前的研究尚未充分探讨这些问题，由于缺少全局性的视野，学者们常常得出迥异的结论。

例如，张琼与董少新均以艾儒略的《性学觕述》为范例，考察经由阿奎那基督教化后的亚里士多德灵魂论如何被"翻译"和"传播"到晚明中国。张琼从近代中国和西方间的"文化隔阂"角度分析，认为艾儒略翻译亚里士多德的心理学"并非调适，而是转变"中国文化，而艾儒略对儒家术语的再诠释目的是"从根本上重构中国文化，以消解其不可兼容的异质性"。[1] 然而，董少新更关注艾儒略对灵魂概念的介绍如何与耶稣会的调适策略相一致，借用儒家术语解释亚里士多德学说和天主教神学。这种策略本应使灵魂论更容易被儒家士人所理解，但实际上经过神学包装过的希腊哲学对清朝士人精英的影响甚微，他们对天主教这一外来宗教持怀疑甚至敌视的态度。[2] 产生上述两种不同观点的主要原因在于张琼较为关注艾儒略

---

[1] Zhang Qiong, "Translation as Culture Reform", p. 364.
[2] 董少新：《明末亚里士多德灵魂学说之传入——以艾儒略〈性学觕述〉为中心》，载《西学东渐研究》（第五辑），商务印书馆2015年，第39—60页。

隐藏的欧洲中心主义思想,而董少新从反向切入,强调艾儒略不得不面对的中国文化强制力。不过,我们需要认识到,艾儒略在达成"转变"中国文化的目标前,首先要以某种方式"转变"亚里士多德的心理学。同样,艾儒略针对儒家术语采取调适策略,是一种有意识的行为,旨在转变中国文化的异质性,将迷失的灵魂带入普世拯救。因此,在这个双向对话交流的语境中,张琼和董少新都未能充分考虑到欧洲中心主义思想与中国文化强制力二者对立并存的实情,因而结论明显向一方倾斜。为避免这种单向度的观点,笔者认为有必要采取一种综合的视角展开考察。

　　本文对晚明福建的耶稣会士和士人信徒关于灵魂的对谈进行深入分析,以《口铎日钞》为主要文献,探讨尤其是以艾儒略为代表的耶稣会诸先生与他们的信徒弟子如何就灵魂等议题展开真实对谈。这种对话式论学揭示出一种混合式的基督教—儒家身份认同及宗教生活的形成过程。《口铎日钞》提供了一系列的例证,让我们得以窥见灵魂如何从一个抽象概念转化为一种内化的灵修体验。借助师徒相承的知识传播模式,耶稣会士与福建士绅信徒创造出一个新的糅合中西元素的灵魂概念,超越了中世纪神学与帝制儒家对其定义的既定边界。此外,这个概念具有独特的间性(in-between)特点,进而表现出更大程度的灵活性和多样性。在综合分析《口铎日钞》及其他天主教著述的基础上,笔者将集中探讨在跨文化语境中传教士与中国信徒对灵魂概念的重新解读,以及在解读过程中出现的显著的和隐在的不同。

一、译名问题

　　早期入华耶稣会士首先面临的挑战,是如何选择合适的中文词来翻译"灵魂"这个西方的概念。在《天主录》中,罗明坚没有明示拉丁文 *anima* 一词,而是使用"魂"和"魂灵"这两个中文词作为对应词。① 利玛窦则在《天主实义》中灵活使用多个中文词,如"神""魂""灵""灵才""灵性""灵觉""灵魂""神魂"等。不过,罗明坚所用的核心词"魂灵"并未出现在利氏的词表中。有意思的是,早期耶稣会士也许对现成可用的中文译词感到不妥,尤其是考虑到"魂"这一常见概念带有物质性色彩。他们因而转用音译词"亚尼玛"指称拉丁文的 anima。罗儒望在《天主圣教启蒙》中就采用了"亚尼玛"一词,仅在第13章论及灵魂的定义时给出一个简短注释,将"亚尼玛"译为"灵魂"。② 可见他倾向于不借用这个已有的中文词翻译 anima,以便指明此一中世纪教会用语的特殊性。上述的例子表明,直到17世纪20年代,耶稣会士尚未确定一个标准化且被广泛接受的"灵魂"中译词。

在《性学觕述》中,艾儒略特别论及"灵魂"概念的译名问题。他在回答关于"魂"和"性"的区别时,列举出一系列与拉丁文词 anima rationalis 意思接近的中文词:

> 中华用字甚活,著书各有其意。字虽同,意或大异,率以上下文推其旨也。……"魂"者,生活之原,加以"生"字,则指草木所以能生长养育;加以"觉"字,则指禽兽所以能触觉运动;加以"灵"或"神"字,则指人所以能明理推论之原也。总之,人以灵神、肉躯二者而成,一为内,一为外,一为神,一位形,一为魂,一为魄,一为顽,一为灵,一为主,一为仆,一为贵,一为贱,一为小体,一为大体。如此论之,其内神大体,或谓之"灵性",指其灵明之体本为人之性也。或谓之"灵魂",以别于生、觉二魂也。或谓之"灵心",以别于肉块之心也。或谓之"灵神""神体",指其灵明而不属形气者。或谓之"良知",谓之"灵才",指本体自

---

① 罗明坚:《天主实录》,钟鸣旦、杜鼎克编:《耶稣会罗马档案馆明清天主教文献》第一册,台北利氏学社2002年,第37—50页。
② 罗儒望:《天主圣教启蒙》,钟鸣旦、杜鼎克编:《耶稣会罗马档案馆明清天主教文献》第一册,第503—514页。

然之灵者也。或谓"灵台",谓"方寸",指其所寓方寸之心,为灵魂之台也。或谓之"真我",明肉躯为假借之宅,而内之灵乃真我也。或谓"天君",指天主所赋于我以为一身之君也。或谓"元神",以别于"元气",二者缔结而成人也。大学谓之"明德",指其本体自明,又能明万理者也。《中庸》谓之"未发之中",指其本体诸情之所从出也。孟子谓之"大体",指其尊也。总之,称各不一,而所指之体惟一。①

从上文可见,艾儒略不但接受儒家经典中如"明德""未发之中""大体"等词语,而且也倾向于接受宋明理学的"良知",乃至如"灵台""天君""元神"这类广泛出现于佛、道二家著作中的词语。艾儒略强调,虽然这些词的意涵随着不同语境而变化,但他们依然指同一事物。② 在这个涵盖宽泛的术语列表中,不难体会到艾儒略以语词挪用的方式来调和天主教灵魂概念与传统中国思想的意图。

如果将《性学觕述》与后来龙华民的《灵魂道体说》比较,就可看出两位耶稣会士处理中文译名的显著差异。龙华民试图明确区分灵魂与作为终极存在的"道体",而在帝制晚期的中国,"道体"是被儒、佛、道三家频繁使用的一个重要术语。龙华民的看法是:"所谓太极、大道、佛性,皆指道体言也。且前人又谓之太乙、太素、太朴、太质、太初、太极、无极、无声无臭、虚空大道、不生不灭,种种名色,莫非形容道妙耳。"③在该书结尾,龙华民再次强调他的目的是澄清道体和灵魂的不同,以消除中国人将二者混淆的误解。

艾儒略在《性学觕述》中也论及龙华民所否定的"太极"概念,但他

---

① 艾儒略:《性学觕述》,钟鸣旦、杜鼎克编:《耶稣会罗马档案馆明清天主教文献》第六册,第105—107页。
② 艾儒略:《性学觕述》,钟鸣旦、杜鼎克编:《耶稣会罗马档案馆明清天主教文献》第六册,第104—107页。
③ 龙华民:《灵魂道体说》,钟鸣旦、杜鼎克、蒙曦编:《法国国家图书馆明清天主教文献》第二册,台北利氏学社2009年,第355—356页。

通过介绍亚里士多德"四因说"中的"元质"概念,提出了一种微妙的解释。首先,他把"元质"描述成一种没有变化和死亡的实体,是自然界的根本,也是万物所共有的元素。其后,他认定儒家思想的"太极"和"元气"概念在意涵上与"元质"接近。然而"元质"或者说儒家学者所言的"太极"有其自身的局限:既不能说没有开始,也无法自存;既不是浩无边界,也不是人类灵魂及如天使一般精神实体的"创造者"。①

艾儒略曾于 1633 年到访漳州,一位当地学者以自己所熟知的"太极"概念向他提出质疑。既然《易经》有言"太极生两仪",他认为"太极"才是万物的终极起源。艾儒略在回应时,再次使用上述经院哲学式的论辩作答。② 在此对话交流中,艾儒略并没有强烈反对"太极"观念,他仍然承认其某种意义上的价值,从而将儒家的宇宙观与早已被纳入中世纪神学的亚里士多德自然哲学建立了联系,即便不是一种很强的联系。由此看来,艾儒略的表述可以被视为有意地对中西传统观念进行了双向的调适或挪用。

艾儒略与龙华民以不同方式处理"灵魂"的译名,反映早期入华耶稣会士在中文术语上存在着争议。在这场争议中,艾儒略是利玛窦倡导的文化适应策略的支持者,而龙华民则是批评利玛窦向"灵魂"和"上帝"等儒家词语妥协的代表人物。③ 尽管在其后几十年间耶稣会的传教事业快速发展,他们的对立观点依然存在。我们从上述比较中很容易看到:艾儒略采用儒家思想中的一些近似术语解释天主教的灵魂概念,态度开放而且灵活;龙华民却对灵活处理那些意义含混的中文词表示怀疑,它们在儒、佛、道三家思想中被随意使用,已显示出很大程度的不可靠性。态度对立的结果毫不令人意外,艾儒略在《性学觕述》中交替使用"灵性""灵魂""灵神"等词,而龙华民在《灵魂道体说》则比较审慎,开篇先注明中文"灵魂"的西文

---

① 艾儒略:《性学觕述》,第 100—101 页。
② 李九标等编:《口铎日钞》,钟鸣旦、杜鼎克编:《耶稣会罗马档案馆明清天主教文献》第七册,第 259—260 页。
③ Zhang Qiong, "Translation as Culture Reform," pp. 366 - 367.

原词是"亚尼玛"(即 anima),其后各部分的论述则只使用"灵魂"一词。

在福建传教期间,艾儒略一直以较为灵活方式处理与"灵魂"相关的中文词。仔细阅读《口铎日钞》中的相关记录,会发现他和信徒弟子在对谈中主要使用"灵魂"一词,不过在某些场合下也使用"灵性"和"灵神"等其他词语。这些例证都出自 17 世纪 40 年代,表明艾儒略仍然在译名问题上延续了利玛窦的适应策略。从这个意义上讲,艾儒略是在尽力争取一种建立在对话基础上的折中方式,借此与包括"灵魂"在内的儒家词语相调适,尽管在中国语境下这些译名的意涵难以明确界定,他仍努力将其融入天主教神学的框架之内。

二、等级秩序世界中的人类灵魂

罗明坚和利玛窦率先将"三魂说"引介到中国,其主要内容与亚里士多德的灵魂论保持一致。利玛窦对"三魂"的解释如下:

> 彼世界之魂有三品:下品名曰生魂,即草木之魂是也。此魂扶草木以生长,草木枯萎,魂亦消灭;中品名曰觉魂,则禽兽之魂也。此能附禽兽长育,而又使之以耳目视听,以口鼻啖嗅,以肢体觉物情,但不能推论道理,至死而魂亦灭焉;上品名曰灵魂,即人魂也,此兼生魂、觉魂,能扶人长养及使人知觉物情,而又使之能推论事物,明辨理义。①

此处提到的"生魂""觉魂""灵魂"分别对应亚里士多德灵魂论

---

① Matteo Ricci, *T'ien-chu shih-i* (The True Meaning of the Lord of Heaven), trans. Douglas Lancashire and Peter Hu Kuo-chen. Taipei: Ricci Institute for Chinese Studies, 1985, p. 144.

的三个概念,即植物、树木具有的生命之魂(anima vegetativa)、动物具有的感知之魂(anima sensitiva)、人类具有的灵魂(anima rationalis)。这些由罗明坚和利玛窦首创的译名为后来的耶稣会士和中国信徒广泛接受,影响深远。

在《性学觕述》中,艾儒略也详细解释了三种魂。他特别强调三者间存在一种等级关系:它们都由天主创造,灵魂处于最高一层,动物体内的觉魂包含生魂,而人类身体内的灵魂则包含前两种魂。① 根据阿奎那等中世纪神学家的论述,这种高低之别是上帝创造的完美等级秩序世界的原初理据。② 在后面的论述中,艾儒略也强调人只有一个灵魂,而不是三个。灵魂非父母所赐,而是由天主赋予,兼具生魂及觉魂的所有功能。③ 这种主张似乎源于阿奎那《神学大全》中广为人知的命题。④ 由此可见,艾儒略在有关"三魂"的论述中运用了典型的经院哲学推理模式。

然而,当与福建信徒对谈时,艾儒略却有意试图避免过于复杂的论证。他常常使用具体的例子,以便对方更容易理解论述的要点。例如,《口铎日钞》记录了1632年8月13日的一次谈话,艾儒略问福清信徒李九标人的身体中有多少个灵魂,李九标回答说有三个,而且灵魂与同一身体内的生魂和觉魂交杂共处。这是一个明显的误解,因而身为先生的艾儒略必须及时纠正,给弟子以正确的指引:

> 否!否!人之魂只有一灵魂是也,其复长大能知觉者,乃兼生、觉二魂之能,非与生、觉二魂并列人身而为三也。譬之钱

---

① 艾儒略:《性学觕述》,第103—104页。
② Norbertus M. Wildiers, *The Theologian and His Universe: Theology and Cosmology from the Middle Ages to the Present*. New York: Seabury Press, 1982, p. 70.
③ 艾儒略:《性学觕述》,第113—117页。
④ Thomas Gilby, trans., *Summa Theologiae*, New York: McGraw-Hill Book Company, 1964, Vol. 11, pp. 59–65.

焉,有铜钱,有银钱,有金钱,银钱能兼铜钱之价,非银钱之中有铜钱也;金钱能兼银、铜钱之价,非金钱之中有银钱、铜钱也。明乎此,则知灵魂之能特兼生、觉二魂之能,岂灵魂之中,复有生、觉二魂哉?所以然者,凡物贵能兼贱,而贱不能兼贵,譬府能兼县之事,未有县能兼府之事者。夫灵魂贵也,生、觉二魂贱也,则灵魂兼生、觉之能,尤大较著矣。①

将三种魂与三种钱币加以模拟,听起来简单而有效,而这个模拟也见于《性学觕述》中。② 艾儒略的重点集中在灵魂与其他两魂相比所具有的涵盖力,正如金币与银币及铜币相比,前者的价值更高,可以涵盖后两者。在解释天主包罗万有的完美本性时,利玛窦也曾提过"一黄金钱有十银钱及千铜钱价"的说法,所以艾儒略有可能受到了利玛窦著述的影响。③ 至于第二个模拟,艾儒略明确将不同层级的三魂与行政机关的等级构架相对应。这更像是即兴式的举例论证,艾儒略意图以中国帝制的等级秩序为参照,支持自己的论点。

如果灵魂被视为一种实存的物质,那么灵魂的创造者是谁?灵魂何时形成,居于何处?艾儒略在《性学觕述》中有相应的解释,他说灵魂不是从人的父母而生,也不是由乾、坤两者结合而成,而是作为"浑然纯然一神体",在人出生之时被无限、全能的造物主所赋予。④ 有人对这个解释提出挑战,质问灵魂存在于心中还是胸中,是在全身还是在某一部位。艾儒略以中世纪神学的观点作答,指出灵魂是一个不可分割的整体,存在于人身各处。⑤

据《口铎日钞》的记载,福建士人信徒也提出了类似的疑问。1631年10月5日,艾儒略接待两位来自福清的信徒林承孔和王子

---

① 李九标等编:《口铎日钞》,第 223—225 页。
② 艾儒略:《性学觕述》,第 113—114 页。
③ Matteo Ricci, *T'ien-chu shih-i*, p. 118.
④ 艾儒略:《性学觕述》,第 126—134 页。
⑤ 艾儒略:《性学觕述》,第 118 页。

观,他们的讨论涉及灵魂的形成过程。林承孔首先问天主何时将灵魂放入人的身体内,艾儒略按照阿奎那的学说给出回答:

> 先生曰:"推经典所载,男身赋于结胎四十日内,女身赋于八十日之内也。"承孔问故,先生曰:"凡人之灵魂,必俟其体具而后赋之,男体易成,大约在四十日之内,女体难成,则在八十日之内,故灵魂之赋,亦有迟速之殊耳。"①

这个回答显示,在胎儿经过40天或80天成形之前,天主赋予的灵魂不会进入人的身体。由此引出源于亚里士多德生物学的另一个问题。亚氏认为,胎儿先有植物的生命之魂,然后有动物的感知之魂,最后出现人的灵魂。男胎在孕育40天后,其灵魂方能形成,而女胎则需孕育90天之后。这个观点被阿奎那和其他中世纪神学家广泛采用。不过,天主教主张"人各一魂",为了保持正统教义,他们对亚里士多德关于三种魂分多个阶段发展的理论予以否定。

教会的正统立场为艾儒略批判亚氏的灵魂分阶段成形理论奠定了基础。在《性学觕述》中,他提出一个修辞式的推论:"如此说,则人先为草木,次为禽兽,终乃为人,有是理哉?"②很多信徒对这个问题感到困惑不解,上述李九标回答说三魂共存于人体内,就是一个生动实例。艾儒略对这种误解非常敏锐,为去除李九目标疑惑,他进一步给出了灵魂无形的解释,并与五种感官相互关联:"灵魂之妙,不落形相,盖纯是神体,全在一身也。如全在目以司视,亦全在耳以司听,全在鼻口以嗅且尝,亦全在手足,以持行也。即至五官并用之时,斯魂亦全无不在,所以别生、觉二魂而称灵耳。"③

---

①③ 李九标等编:《口铎日钞》,第143页。
② 艾儒略:《性学觕述》,第117页。

接下来由王子观向艾儒略提问。他先问灵魂是否有可能衰惫。在中国传统思想中,"魂魄"常常指称某种同时具有物质性和精神性的东西。人的身体被认为是借助两种力量维持活力,进而与流行的阴阳学说相吻合:物质性的"魄"属阴,人死后与身体分离;飘忽不定的"魂"属阳,人死后仍然徘徊在世一段时间,但最后会逐渐消散。①王子观应该是受此观念影响,因而提出了疑问。

显而易见,灵魂会衰惫的观点与天主教灵魂不朽或不死的教义冲突,所以艾儒略直接指出这种认识是错误的,人的身体会疲惫,但灵魂并不会在老年时衰退。这个回答未能令王子观信服,他接着提出另一个问题:为什么人从中年开始就渐渐变得昏耄和健忘。这实际上是前一个问题的延续,只不过换了一个角度。艾儒略不得不做出新的解释,以除去王子观的疑虑:

> 先生曰:"此非灵魂之故也,效用之官不利也。人当壮时,血气充盛,而五官之效用者无不称职,及老而气衰,于是耳聋目瞶,记含渐昏,虽灵魂之司令如故,而效用者已渐逊其初矣,譬之善书者焉,笔颖新发,则挥洒从心,久而颖秃,字画且顿改也。斯岂善书者有异哉,则笔之日久而颖秃也。"②

此处艾儒略将灵魂的精神功能与"血气"或"精气"的物质功能加以区分,而后者在中国传统思想中被认为是导致人体器官逐渐丧失功能的某种无形的物质。③从这个回答可见,艾儒略一方面达到了证明灵魂不朽的目的;另一方面通过灵魂/器官和毛笔/笔尖两组模拟,引申到灵魂—身体二分说,这是他与福建士人信徒对话交流中遇到的另一个重要话题。

---

① 朱熹关于"魂魄"观念的论述,可参见《朱子语类》第 3 册,台北文津出版,1986 年,第 37 页。

②③ 李九标等编:《口铎日钞》,第 301 页。

三、灵魂—身体二分说

在传统中国思想中,灵魂与身体的关系是一个重要的哲理命题。儒、佛、道三家都认为身体是欲望、狂躁和痛苦的源头,相对的则是简单、平静和至善之德。然而,他们很少像天主教那样持"身体即肉体"的看法,也没有为灵魂与身体在生物学、心理学和形而上学方面的界定做出持续努力。在哲学、宗教和医学领域的讨论中,他们常将这两个概念混为一谈。例如,宋代理学家代表人物朱熹(1130—1200)认为,理应被理解为一种非物质的终极性实体,而气则是一种物质的有生命的力量,与理相对。在此框架内,体和魂都被归为气的范畴。正如朱熹所言:"天道流行,发育万物,有理而后有气。虽是一时都有,毕竟以理为主,人得之以有生。气之清者为气,浊者为质。知觉运动,阳之为也;形体,阴之为也。气曰魂,体曰魄。"①他的说法对后代产生很大影响,而这正是晚明士人信徒将儒家对"魂"的解释与天主教的"灵魂"定义混淆的原因,也说明他们为何难以理解利玛窦、艾儒略及其他传教士所宣扬的灵魂不朽的观念。

在欧洲语境下,灵魂—身体二分说不是一个僵化教条的观念。比如阿奎那就认为,灵魂在人死后可以独立存在,故而它是非物质的、不朽的和独立存在的实体。②灵魂本质上是身体形成的原则,不是与身体相似或依赖身体的某种物质。由于亚里士多德哲学的影响,阿奎那认为灵魂是身体的实现,有与身体联合的倾向。③换言

---

① 朱熹:《性理大全》,见纪昀等编:《影印文渊阁四库全书》第710册,台湾商务印书馆1983—1986年,第714页。

② Gilby, trans., *Summa Theologiae*, Ia. Q. 75, a. 1 & 2. Vol. 11, pp. 5–13.

③ Gilby, trans., *Summa Theologiae*, Ia. Q. 76, a. 5. Vol. 11, p. 73; Aristotle, "On the Soul," in *The Complete Works of Aristotle*, Princeton, NJ: Princeton University Press, 1984 Vol. 1, pp. 656–657.

之,尽管对灵魂与身体做出了清晰的划分,他仍希望避免落入二元论的陷阱,转而提倡一种平衡的观点,即灵魂、身体两者共同构成了物质与知性合一的人。

有意思的是,也许因为中国人对灵魂—身体关系的模糊理解,天主教传教士倾向于将灵魂—肉身二分说的教义推至绝对。例如,利玛窦使用一组具负面含义的词描述身体,包括"知觉尸""机动俑""梏神狱"等。① 同样,虽然艾儒略对身体—灵魂关系的阐释与阿奎那学说契合,他似乎更关注两者之间的冲突及对抗,而非和谐统一。

在《万物真元》中,艾儒略指出人是身体与灵魂的统一,形、神相合而成为人。但随后他表明,灵魂是身体知觉和运动的实现,"灵神一离身体,纵有五官四体,亦不能知觉运动,必至颓倒毁坏矣"②。在《性学觕述》中,他将灵魂归为神明之体(神体),将身体归为物质实体(形体),其后列出九个原因证明此二分说,包括灵魂"追远穷究"的能力,"反照"的能力,"察五官迷谬"的能力以及"憣然悔悟"的能力等,这些方面都与身体的负面特点相对应。

此外,艾儒略还强调,灵魂尽管与身体相合,却是身体的主人。两者之间的关系可以比作舟人与船的关系:舟人操控船在水中前行,一旦靠岸,舟人登陆归家,船无法自行移动。③ 在《三山论学记》中,艾儒略借用了柏拉图著名的御者(指理性)与马(指欲望)的比喻,强调灵性与形躯的关系,犹如"主人之勒马,克己复礼、自强不息,自可变化气质,以抵成德"。④ 艾儒略有意提醒对谈的儒家学者,身体是灵魂天然的反对者,因而他是从绝对意义上阐释灵魂—身体二分说。

---

① 利玛窦:《斋旨》,钟鸣旦、杜鼎克、黄一农编:《徐家汇藏书楼明清天主教文献》第一册,台北利氏学社 1996 年,第 4 页。
② 艾儒略:《万物真元》,钟鸣旦、杜鼎克、黄一农编:《徐家汇藏书楼明清天主教文献》第一册,第 199 页。
③ 艾儒略:《性学觕述》,第 135—146 页。
④ 艾儒略:《三山论学记》,收入吴相湘主编:《天主教东传文献续编》第一册,台北学生书局,第 462—463 页。

在《口铎日钞》中可以看到,身体与灵魂的关系在耶稣会士和福建信徒中间时有讨论。其中有一次,艾儒略用了两个特别的模拟申明他对灵魂—身体二分的看法:

> 今人弃灵魂而保肉躯,何异欲全手足而任毁其面目?面目毁,手足能独全乎?又譬之树焉,灵魂其本根也,肉躯其枝叶也,培其枝叶,断其本根,于以求独活也,不可几矣。①

还有一次,艾儒略把身体比作驴,灵魂比作驴的主人。主人要用鞭子驱赶驴向前走,直到一个舒适的地方休息。如果他松开缰绳,让驴自由行走,驴就可能在路上浪费时间,最后不能准时到达目的地。② 这些模拟具有鲜明的二元对立结构,灵魂被赋予崇高、核心及根本的地位,而身体只扮演低贱、从属和依赖的角色。

与儒士信徒的对谈中,艾儒略为了强调灵魂—身体二分说,有时做出背离天主教正统教义的解释。1633 年他走访漳州期间,与当地信徒严赞化(?—1695)对谈。严赞化问及缺而不全的残疾人,他们没有正常人的五官,这是否意味着他们在修德和行善方面缺失了某些功能呢?艾儒略反问道,天主教基本教义中的"三雠"是指什么。严赞化当然知道"三雠"指身体、世俗和魔鬼。在中世纪神学中,这个概念与关于诱惑的理论有密切联系,如阿奎那认为身体、世俗和魔鬼是对人的三重诱惑。③ 不过,艾儒略从另一个不同角度解释这个观念,"子既知身体为雠之一,则知灵神与肉躯,体最亲,情最异也。神喜理,身喜欲,恒为结雠"④。他接下来指明,身体器官的缺失不意味着灵魂功能的瑕疵或缺失。这个例子表明,艾儒略在现实

---

① 李九标等编:《口铎日钞》,第 513—514 页。
② 李九标等编:《口铎日钞》,第 196—197 页。
③ Aquinas, *Summa Theologica*, http://www.newadvent.org/summa/4041.htm(2017 年 6 月 29 日网络查询)。
④ 李九标等编:《口铎日钞》,第 267—268 页。

的对谈中并非一贯坚守欧洲经院哲学的知识,只要能够让中国信徒接受更深层次的灵性操练,是否忠实地传达西方语境下的原意已成为次要的考虑。

四、灵魂的三种能力

在《口铎日钞》中,我们还会看到耶稣会士与福建信徒关于灵魂三种功能的对谈记录。三种功能包括记含、明悟、爱欲,称为灵魂"三司"。这个概念经包括奥古斯丁在内的早期教父发展而来,是中世纪神学的核心概念之一。① 它也是早期入华耶稣会士最先引介的基本教义之一,在利玛窦的《天主实义》、罗儒望的《天主圣教启蒙》、毕方济的《灵言蠡勺》和艾儒略的《性学觕述》都有论及。②

《口铎日钞》的记录显示,艾儒略与同会的林本笃(Bento de Mattos,1600—1652)在教导福建信徒时,对灵魂"三司"做出了明显不同的解释。1632 年 9 月 11 日,福清信徒林一儁(?—1679)问艾儒略,灵魂"三司"当中何者可以为功。艾儒略回答说是爱欲,原因是有些人明明知道天主,但从不走近而对天主发爱慕之情;相反,有些人拙于记含和明悟,却对上帝表现出虔诚的爱。在艾儒略看来,这一对比说明爱欲高于其他两种能力,应被视为功德之府。③

几个月后,林一儁就同一个问题向林本笃求教。他先转述了艾儒略的观点,然后提出自己的看法,认为某些人可能无法兼具三种能力。林本笃对此并不认同,按照奥古斯丁对三种功能做出的"三合一"式的定义,他解释说有些特别聪慧的人同时具备三种能力:

---

① 对此,奥古斯丁有详细的讨论: *De Trin itate* (On the Trinity), Book X, Chapter 11. See the online text at http://www.newadvent.org/fathers/130110.htm(2017 年 4 月 3 日网络查询)。

② Ricci, *T'ien-chu shih-i*, p. 364.

③ 李九标等编:《口铎日钞》,第 241—242 页。

若夫明睿过人之士,亦有能兼之者。何则?盖人之记含既精,从此义理纯熟,则灵光顿发,而明悟生焉。既明悟此理,自欣欣勃而行之,是又从明悟生爱欲者也。然此必大过人之士始能兼之,故神之三司,有能兼不能兼之异耳。①

林本笃的回答暗示出对三种能力的不同排序。他更强调记含的关键作用,因为记含是存储理性及知识的宝库,只有记含保持精纯,方能够相继生发出明悟和爱欲。

从上述两次对谈可见,尽管艾儒略和林本笃与信徒讨论同样的议题,他们都倾向于给出个人的解释。艾儒略较为关注爱欲,因为恰恰是自由意志将人引向了救赎,或者说人为得到救赎和恩典而自愿转向天主。另一方面,林本笃将记含放在首位,因为它是其他两种能力的源头,正如三位一体中天父作为圣子和圣灵的源头一样。当然,不同个人偏好并不代表艾、林两人在教义上存在着严重冲突,但仍可以证明耶稣会士在与福建信徒的对谈过程中出现了某些灵活且多元的声音。

结　　语

本文通过对《口铎日钞》及其他晚明天主教著作的分析,揭示了灵魂作为中世纪神学的重要概念,如何在中国语境下发展成为一种综合性的解释,以及如何被转化为中国信徒内化的宗教经验的一部分。

在与福建士绅信徒对谈的过程中,艾儒略和其他耶稣会士并没有一贯严格遵循经院哲学的方式展开论证。艾儒略经常使用具体的例子和模拟,他的解释有时与正统教义不完全兼容,有时与其他

---

① 李九标等编:《口铎日钞》,第286页。

传教士的观点不尽相同。从这个角度看,他们对灵魂的阐释很难说是忠实、全面地传译西方哲学和神学。笔者认为应该采取"对话式混成"(Dialogic Hybridization)的理路,探讨天主教传教士与晚明士人的跨文化交流。① 这一新理路能凸显一系列跨越文化边界的意义的生成过程。这些新生成的意义,对天主教神学和儒家思想进行了双向的调适,从而成为"灵魂"这个融会中西的新概念在晚明中国出现的关键因素。

---

① 关于"对话式混成"理路的详细论述,见笔者即将出版的专著:*Giulio Aleni, Kouduo richao, and Christian-Confucian Dialogism in Late Ming Fujian* (Sankt Augustin: Institut Monumenta Serica).

从灵魂论到伦理学

——以《灵言蠡勺》《性学觕述》和《修身西学》为核心

中山大学哲学系 黄志鹏

亚里士多德在《灵魂论》第一卷开篇便指出,对于灵魂这一主题的研究,因"更精确"①以及"其所关涉的题材"而显得比其他学问更为高贵和更为让人尊敬,因而是"学术上的首要功夫"。② 然而紧接

---

① 萨巴雷拉(Zabarella,1533—1589)在他的《亚里士多德灵魂论卷三评注》(*In III Aristotelis libros De anima*)中指出,所谓"更准确"一词,其希腊文为"*akribeia*",其本意为"*exquisitum exactum*"(更精微、更精致),而非如莫尔贝克的威廉(William of Moerbeke,1215—1286)所翻译成的"*certitudo*"(确定性),后者作为托马斯·阿奎那的学生并且将亚里士多德的著作从希腊文翻译为拉丁文而著称。阿奎那以后的注疏家基本上以威廉的拉丁文译本为准而被误导,从而导致了纷繁的争论:究竟为什么亚里士多德既认为灵魂论知识"更准确",又认为要获得关于这门学科的知识"最为困难"(DA,402a10)? 这里面存在一种悖论,关于这个问题的讨论,详参:Sander W. de Boer, *Methodological consideration in the Later Medieval Scientia De Anima*, in Russell L. Friedman and Jean-Michel Counet edit, *Medieval perspectives on Aristotle's De Anima*. Louvain-Paris-Walpole, MA: Peeters, 2013, pp. 161 - 184, esp. p. 162, p. 165. 案:此争论部分地与本文所探讨的问题相关。因为对于阿奎那而言,"更准确"意味着从最少的前提出发,故属于形而上学范畴,而"最为困难"则意味着认识灵魂的所有偶性(accidents)是最为困难的;而对于某些哲学家而言,如萨巴雷拉或者奥雷斯谟(Oresme,1320 - 1382)而言,"更准确"意味着可以通过我们的感官知觉直接把握,而"最困难"则意味着形而上学的探讨。

② DA, 402a1 - 6. 本文参考的亚里士多德《灵魂论》的英译本为:J. Barnes, *The complete works of Aristotle*, Princeton University Press, 1984;中译本为吴寿彭译:《灵魂论及其他》,商务印书馆 2011 年。本文凡引(转下页注)

着,亚里士多德却指出,获得任何关于灵魂的知识是世界上(所有知识中)"最为困难的"。在第二卷中,亚里士多德继而为"灵魂"概念下了一个经典的定义:"灵魂盖是潜在地具有生命的一个自然物体的原始(基本)实现,而这个自然物体则必须是具有官能(工具)的。"①然而,由于灵魂自身既包括了作为人类独有的思考能力所在的"理智灵魂"②,也包括人与动物共有的"感觉灵魂"以及与植物共有的"植物灵魂",那么对"灵魂"这一主题的研究,便关涉研究领域归属以及研究方法的问题:因"理智灵魂"的诸多活动或者运作本身并不为我们所直接观察和感知(invisible、imperceptible),其研究一般归属于形而上学本体论领域,对后两者的研究则由于我们可以感觉(sense)到其活动而归属于自然哲学(natural philosophy)③;然而,由于灵魂是一单一不可分的整体,如果将对人的灵魂的研究分别置于形而上学和自然哲学之中分别来进行考察,那么其研究对象的统一性将受到"破坏"。本文主要从这个问题或困难出发,介绍这一问题在中世纪和文艺复兴时期所造成的困扰;进而通过明清之际西学文本,主要是亚里士多德的灵魂论和伦理学译著,并非意图建构一种从灵魂论到伦理学的整体性架构(显然在这样一篇短文中无法完成),而是分析两种"相对独立"的学科之内在关联——从伦理

(接上页注)用亚里士多德《灵魂论》的原文,皆根据英、中译本的标注提供的对应的希腊文本标准码,其中某些翻译会根据两种译本的比较有所改动,此后不再一一说明。

① DA,412a27-412b1。

② 理智灵魂(intellective soul),分为主动理智(agent intellect)和被动理智(passive intellect),亚氏认为从逻辑上来说理智的主动部分可以脱离身体而存在,并且正是由于它可以脱离身体,这时它才是"可分离的、不被动的、是单纯的"(it is separable, impassible, unmixed),并且只有在这时它才是"是其所是",从而可以"不朽、永恒"(DA 430a 23)。

③ 中世纪自然哲学的研究方法主要是"经验主义",从外在感官的感知活动中获取对客观世界的直接认识,并且借助于归纳法获取关于杂多现象的综合,也就是说自然哲学需要依靠可视世界(visible world)的可感性(sensible)获取有关认知对象的各种认识。

学的角度反思灵魂论——从而试图为灵魂论研究到底归属形而上学还是自然哲学之争,找出一条可供选择的思考进路,或许能够有益于调和上述两种争论。

一、关于灵魂论科学(scientia de anima)的方法论争论

根据亚里士多德的区分,灵魂(soul)有三种:植物灵魂(vegetative soul)、动物灵魂(sensitive soul)和理智灵魂(intellective soul)。它们分别对应于植物、动物和人类,呈现出一种级差关系。它们对应三种不同的功能:植物灵魂对应营养功能,为生命体提供生命存活所需的养料;感觉灵魂对应外在感知能力,如五官对外在可感世界(sensible world)的认知;理智灵魂对应理智能力,包括抽象和思维等能力,仅为人类所独有。虽然灵魂本身被三分,但不可说有三种不同的灵魂存在于一个单独的生命体中,因为灵魂是单一的统一体(unique),位于更高级的灵魂内在地包含了低级灵魂所具有的功能。因此植物仅有植物灵魂与其所对应的功能,动物则有动物灵魂兼营养功能,而人类则有理智灵魂并且兼具营养和感觉功能。① 关于亚里士多德的灵魂论,在中世纪形成了一门学科——灵魂论科学(scientia de anima)。不过,由于这门学科的研究对象与方法在中世纪聚讼不已,所以几乎所有对亚里士多德灵魂论的注疏者都会有所涉及。本文仅就研究方法(Methodology)方面进行讨论。

理智(intellect)作为人类灵魂的本质(essence),由于其在认知和思维方面兼具认识非可见的、可被思维(invisible、intelligible)的东西,以及可被感官知觉(sensible)的客观实在对象,(理智)灵魂"在

---

① DA, Book Ⅱ, ch. 2, ch. 3,尤其是 414b30 – 34.

某种意义上就是一切(all things)"。① 亚里士多德所说的"某种意义",意思是理智可以认识一切事物的形式和类(species),因而"灵魂是一切事、物的类,意味着它可以同化所有形式,包括通过理智同化可被思维的形式,以及通过感官同化的可被感知的形式"。② 所谓"一切"并不是说在灵魂中具有一切事物的实在,而是被理智能力抽象掉个别事、物的物质部分而剩下的非物质性的东西,即形式(forms)或者"类"(species)。"类"概念指我们对于事物概念化、非形体化的认识,阿奎那在《亚里士多德灵魂论评注》中举了石头的例子来说明,他指出人类在认识石头的时候,并非灵魂中就有一块石头,而是有"一种石头的类"(a species of a stone)。③ 正是由于人类理智可以对非物质实体具有认知能力,而理智又是人的灵魂之本质所在,故而阿奎那认为灵魂论科学更近于形而上学而非自然哲学,不过需要视其"从事、物中的抽象程度"④而言。布里丹(Buridan,1295—1358)则认为:"在自然哲学自身的定义中,灵魂必须通过物理性的、具有官能的身体而被定义。"⑤他主张通过生命活动本身,即可视性的灵魂的诸种功能的现实活动出发来研究灵魂本身,而这些活动本身是可以被我们的经验所把握的。对于布里丹而言,理智灵魂并不是一个超绝的实体(a transcendent substance),而是内在于肉身的⑥;灵魂的思维活动与物质的运动相似,它借助一种内在的

---

① *DA*, 431b20.

② J. A. Aertsen, *The human intellect*, in Russell L. Friedman and Jean-Michel Counet edit, *Medieval perspectives on Aristotle's De Anima*. Louvain-Paris-Walpole, MA: Peeters, 2013, p. 147.

③ St. Thomas Aquinas, *A commentary on Aristotle's De anima*, translated by Robert Pasnau, New Haven & London: Yale University Press, 1999, p. 391.

④ Jack Zupko, *What is the Science of the Soul? A case study in the evolution of Late Medieval Natural Philosophy*, in Synthese, Vol. 110, No. 2 (Feb., 1997), p. 319.

⑤ Jack Zupko, *What is the Science of the Soul?* p. 303.

⑥ Jack Zupko, *John Buridan: Portrait of a Fourteenth-Century Arts Master*, Notre Dame, Indiana: University of Notre Dame Press, 2003, p. 176.

"冲动"(impetus)来实现。因此,他的研究方法是"以生命体的活动的分析,作为解释思维活动的正确方式"①。故而,灵魂论科学本身可借助经验主义(empiricism)的方法更近于自然哲学而非形而上学。与阿奎那和布里丹不尽相同,后来的文艺复兴时期的注疏家持有其他观点,大致上可以分为三种:1. John of Jandun(1285—1328):理智是一个分离实体,拥有属于自己的功能;但是,他仍然坚持对于这个单一的、不灭的理智的研究应该属于自然哲学的领域(可借助经验主义作为研究方法)。2. Radulphus Brito(1270—1320):即便他将所有生命功能,包括理智(功能),都描述为归于"灵—肉结合体"(the body-soul composite)所有;但他仍然要为理智灵魂的研究留有一定的形而上学探讨的空间。3. Anonymus Giele(1270—?):在关于理智的本体论状态的认识上,与 John of Jandun 相同;而在形而上学为理智留有余地的方面,则与 Radulphus Brito 相似。②

不管是阿奎那还是布里丹,抑或是上述提到的三种代表性的观念,都没有将人类灵魂这一研究主题置于一个统一的研究范畴中,不论是形而上学还是自然哲学。然而,根据亚里士多德对灵魂的定义,由于灵魂作为形式并且与身体相结合方才可以称为一个完整的"人",灵魂是唯一的并且不可分割(unique、indivisible),阿奎那在《神学大全》中用三个理由来支持这一观念。③ 不过,阿奎那没有直接介入理智灵魂的研究究竟属于自然哲学还是形而上学的问题的争论,或许这个问题在他的神学系统中,由于灵魂是直接受造于天主的,因此上面提到的争论不属于一个必然要处理的问题。不过,

---

① Jack Zupko, *What is the Science of the Soul*? p. 320.
② 关于以上三种代表性观点,已有学者作了归纳。本文基本认可此种归纳,故列出如上。详参:Sander W. de Boer, *The science of the Soul: The commentary tradition on Aristotle's De Anima, c. 1260 - c. 1360*, Leuven: Leuven University Press, 2013, esp. p. 58, pp. 63-64, p. 68.
③ *ST*. Ia. q. 76, a3.

如果从"*scientia de anima*"的角度出发,在没有明确研究对象归属于何种领域的情况下,研究的主题和研究方法将无法明确界定。

综上所述,如果跟随亚里士多德及中世纪的亚里士多德主义者的研究进路,从灵魂科学自身所要求的"准确性"要求出发,"经验主义"的研究方法可以为这门科学提供直接的认识。然而,由于理智本身并非可感觉的,对理智的研究,相对可靠的方式,应该是通过理智活动所展示的诸种行为,从这些行为中去把握理智本身。① 因此笔者认为,由于理智灵魂的各种活动无法被我们直接感知而造成的所谓自然哲学和形而上学之争论,或许可以在伦理学研究中达成某种程度上的调和。我们在亚里士多德的《尼各马可伦理学》以及高一志的《修身西学》中,都可以看到大量的内容,都涉及灵魂各种功能和活动的论述,而这些活动本身归属于伦理选择。概言之,从灵魂论到伦理学具有连续性,灵魂论是伦理学的理论基础,而对伦理实践活动的各种讨论,又可以对理智灵魂的各种功能、属性及其运作有一种直观的认知。

二、灵魂与伦理活动的等级:基于"幸福"的二重理解

下面就以明清之际耶稣会传教士所翻译的亚里士多德灵魂论和伦理学著作为中心进行考察,灵魂论译著主要包括:毕方济、徐光

---

① 布里丹也认为需要通过理智灵魂的可被感知的各种活动来探讨理智本身,他在《亚里士多德灵魂论的诸问题》中指出:"... because our intellect cannot be sensed (*est insensibilis*)... that we can only comprehend what can be sensed (*sensibilia*), or by deduction from what can be sensed." John Buridan, *Questions on Aristotle's De Anima*, I. 4: 126ra. 转引自 Jack Zupko, *What is the Science of the Soul?* p. 320. 不过,布里丹倾向于将理智灵魂的各种活动归于自然哲学而进行研究,笔者对此并不完全认同,但他认为应该通过生命体的活动本身来探讨理智灵魂,却很有启发意义。

启的《灵言蠡勺》及艾儒略的《性学觕述》;伦理学译著则是高一志的《修身西学》。之所以选取这三种文本,是因为《灵言蠡勺》和《性学觕述》一般被理解为亚里士多德《灵魂论》之汉译①(非完全逐字逐句之翻译),而《修身西学》则被理解为《尼各马可伦理学》之汉译;并且,此三种汉译基本上只给出相关问题的结论性阐述,基本上不涉及具体的论证过程,可以更为便捷地从整体上把握核心观念。本文只是提出一种可能性的思考方案,而不涉及整体架构的构建(在一篇短文中亦无法完成),故而选取亚里士多德伦理学中的核心概念"幸福",作为分析灵魂论与伦理学关系的切入点。

关于亚里士多德的"幸福"概念,学界根据亚氏文本(尤其是《尼各马可伦理学》中的第一卷和第十卷)论述过程中的差异(甚至被认为是"前后不一致的"的)②而聚讼不已。③ 笔者认为,亚氏的论述之所以呈现如此面向,乃在于灵魂的等级差异所造成的,故而伦理活

---

① 相关研究请参见:张西平:《明清间西方灵魂论的输入及其意义》,《哲学研究》,2003 年第 12 期;梅谦立:《灵魂论在中国的第一个文本及其来源——毕方济及徐光启〈灵言蠡勺〉之考察》,《肇庆学院学报》,2016 年第 1 期;沈清松:《亚里士多德灵魂理论的"迁徙"和其早期的中国式阐释》,《西学东渐研究》(第三辑),商务印书馆 2010 年;董少新:《形神之间——早期西洋医学入华史稿》,上海古籍出版社 2012 年。

② Martha Nussbaum, *The fragility of Godness: Luck and Ethics in Greek tragedy and philosophy*, Cambridge: Cambridge University Press, 2001, pp. 373 - 377.

③ 相关研究可以参见:W. Hardie: 1965, 'The Final Good in Aristotle's Ethics', in *Philosophy*, Vol. 40, No. 154 (Oct., 1965), pp. 277 - 295; J. L. Ackrill, 'Aristotle on Eudaimonia', in A. Rorty ed., *Essays on Aristotle's Ethics*, Berkeley: University of California Press, 1980; David Keyt, 'Intellectualism in Aristotle', in J. P. Anton and A. Preus eds., *Essays in Ancient Greek Philosophy*, Vol. II, Albany: State University of New York Press, 1983; John M. Cooper: 'Contemplation and happiness: A reconsideration', in *Synthese*, Vol. 72, No. 2, Kurt Baier Festschrift, Part II (Aug., 1987), pp. 187 - 216, 1987; Thomas Nagal, 'Aristotle on Eudaimonia', in *Phronesis*, Vol. 17, No. 3 (1972), pp. 252 - 259. etc. 余纪元:《"活得好"与"做得好":亚里士多德幸福概念的两重含义》,《世界哲学》,2011 年第 2 期。

动亦被设定为具有等级差异。亚里士多德在《尼各马可伦理学》中提出:"人的幸福,我们指的是灵魂的一种活动。……灵魂的有逻各斯的部分……还有一个和这个部分并列的、反抗着逻各斯的部分……而这第二个部分,如所说过的,又似乎分有逻各斯。……那么灵魂的逻各斯的部分就是分为两个部分的:一个部分是在严格意义上具有逻各斯,另一个部分则是在像听从父亲那样听从逻各斯的意义上分有逻各斯。德性的区分也是同灵魂的划分相应的。因为我们把一部分德性称为理智德性,把另一些称为道德德性。"(NE 1102a 15;1102b 15-1103a 16)①亚氏认为,"灵魂的有逻各斯"的部分归属于理智或理性(intellect),而"似乎分有逻各斯"的部分则归属于欲望(voluntas);德性(virtue)②本身的划分也不能脱离逻各斯而言,因为德性即作为某种品质,也作为某种规定性意义在伦理实践③中为我们提供确定的目的(NE1145a5)。因此亚氏认为,就伦理实践而言,德性"不仅仅是合乎正确的逻各斯的,而且是与后者一起发挥作用的品质"。(NE1144b26)亚里士多德紧接着并不直接探讨灵魂的诸种活动,而是从区分"理智德性"和"道德德性"出发对灵魂中的诸种德性进行一一探讨。

关于"理智"的探讨,亚里士多德在《论灵魂》(De anima)中已经有比较详细的阐述。他将理智能力区分为"主动理智"和"被动理智",而在他看来,前者"类乎光照的效应;……主体活动中的思想

---

① 本文所引用的亚里士多德《尼各马可伦理学》之文皆参考廖申白中译本(商务印书馆 2012 年),此后援引亚氏该著的原文,皆用中译本的标注提供的对应的希腊文本标准码,并简略缩写为 NE,不再一一说明。

② 余纪元先生认为:"Virtue 源自希腊文 rete,原义为'优秀'(excellence)。既可用于人,亦可于其它物。如一把刀之锋利,即是刀之'优秀'。'道德'关心的是作一个好人;'伦理'关心的是作一个优秀的人。我们一向把 virtue 译作'德性'和'美德',由于 virtue 和道德的区别,这些译法都便严重有问题(我倾向于译'优秀')。"(参见余纪元:《中西哲学比较与哲学论证》,载《江海学刊》,1996 年第 6 期)笔者比较赞同余纪元先生的观点,但为了便于讨论,仍旧沿用学界长久以来的翻译习惯,将 virtue 翻译为"德性"。

③ NE 1139a 16:"一事物的德性是相对于它的活动而言的。"

(能力)是'(独立的)可分离的,不被动的,是单纯的(不含杂物的)'"(DA 430a 15-18),并且只有在"'分离了'以后,它才显见其真实的存在。只有在这种情况下,它才是'不死灭的、永恒的'"(DA 430a 21-23)。在艾儒略的《性学觕述》中,则以"质料—形式"(质—模)的关系论证灵魂的不死:

> 盖凡有性之物,必繇二者以成其体:一曰质,一曰模。质者,物质原料……模则有内有外,外模仅存乎形像,内模则成其本性……然而凡物之模,有从本质发者,有从另付始有者。发从本质,则其体之有无、存灭悉系于质,质存模存,质灭模灭……草木禽兽之模,生魂、觉魂是也。此皆从质而发,与质同存,亦与质同灭。若乃人之灵魂,原繇天主特赋,另具一体。是为自立之物,非从肉躯而发,非赖肉躯而存,何缘得有灭乎?①

在《灵言蠡勺》中,毕方济更为清楚地说明了为何灵魂的理智能力(明悟)可作如此分离:

> 何谓不能死?……亚尼玛,是一非三。只此灵魂,亦生亦觉。人死之后,因无躯壳,故生、觉不用……(如草木凋落,枝叶花实,皆晦于根。迨于春时,根力重申,枝叶华实,依然发见。)②
> 惟明悟独在亚尼玛,不在有质之所。其在全不系于肉体,既不在有质之所,而独在亚尼玛,即与亚尼玛同是恒在。虽肉体灭,有质之所亦灭,而此为不灭,故不能死。③

---

① 艾儒略:《性学觕述》,黄兴涛、王国荣编:《明清之际西学文本》(第一册),中华书局2013年,第262页。
② 毕方济、徐光启:《灵言蠡勺》,黄兴涛、王国荣编:《明清之际西学文本》(第一册),中华书局2013年,第321页。
③ 毕方济、徐光启:《灵言蠡勺》,第332页。

在详细地比较《论灵魂》和《尼各马可伦理学》后，便不难看出，对于灵魂论学科来说，认识活动本身具有一种等级秩序，即理智的认识能力高于感官认识，而这种等级秩序的划分标准，则在于认识活动本身与外在可感觉的事物之间的关系——与外在事物关系越近，则层级越低，反之则越高。《性学觕述》中明确指出生、觉、灵三种灵魂的等级差异及三者之间在功能方面的关系：

> 盖魂有上下之分，上者能兼下，下者不能兼上。灵尊于觉，觉贵于生，故灵必有觉，觉必有生，而生未必觉，觉未必灵也。……故必知一人独有一性一魂，第其灵性之贵，浑然粹然，而兼生、觉二魂之能。上者兼下，在兼其德，非兼其体；兼其能，非兼其不能也。①

与灵魂的认知能力相似，作为人的伦理实践的欲求目的和具有普遍规范性原则②的"幸福"（eudaimonia）本身也具有某种等

---

① 艾儒略：《性学觕述》，第 251—253 页。
② 余纪元在《"活得好"与"做得好"：亚里士多德幸福概念的两重含义》（《世界哲学》，2011 年第 2 期）中，尝试用"活得好"和"做得好"来解决关于亚氏幸福观念的"涵盖论—理智论"的争论。简言之，"涵盖论"认为"完全的幸福"（complete eudaimonia）需要各种幸福（包括理智德性的和实践德性所欲求的幸福之总和）之实现，幸福不是仅仅与单一德性的活动相关；"理智论"则侧重于《尼各马可伦理学》第十卷所讨论的"沉思的生活"（contemplative life）才是人类幸福的最终目的所在，而这种生活可能受到其他德性的活动影响甚至相互排斥。余纪元认为亚氏的幸福概念既是"活得好"（各种的德性活动所获得的善之总和），也是"做得好"（思辨理性式的沉思生活）。不管是涵盖论-理智论的争辩，还是如余纪元所提出的"活得好—做得好"的解决前述争辩的方案也好，似乎都忽略了亚氏伦理学中一个最为根本的问题：幸福，究竟其本身是作为一种人类理智的欲求对象，还是作为一种对伦理活动具有规定性的本然自在之善？如果倾向于前者，则由于幸福本身只是作为个人理智所欲求的对象，难以避免一种对伦理学的心理学描述，也就是我们必须诉诸个人经验的体验而非一种普遍性的观念，即如康德所形容的"转瞬即逝即感觉"。（康德著，邓晓芒译、杨祖陶校：《实践理性批判》，人民出版社 2003 年，第 84 页）根据亚里士多德的论述，显然幸福是我们欲求的对象，因此，它一方面是经验性的，

（转下页注）

级①:"幸福"不论是作为复合德性之总和抑或是作为"最高级"的（supreme），若一种"幸福"越需要外在的"善"为依托，则等级越低，反之则越是高级。这里涉及一种亚里士多德式的目的论解释：人类活动皆以获得某种"善"作为其目的，比如运动是为了获得健康，运动以健康为目的，而健康本身之目的乃是借由身体的某种合适的状态而获得更为根本的"善"（或幸福）。因此，亚里士多德认为存在着三种不同的伦理生活：享乐的生活、政治的生活和沉思的生活（NE 1095b 14 - 20）。这三种生活朝向不同的"善"，作为最高级的伦理活动的"沉思的生活"对应于最高的善，即"完美的幸福"（perfect *eudaimonia*）。这种生活的幸福特征在于"是最高等的一种实现活动""最为连续""是所有合德性的实现活动中最令人愉悦的""最为自足""因其自身故而被人们所喜爱（欲求）""包含（最为充分）的闲暇"（NE 1177a 20 - 1177b 15）。其之所以具有如此特征，乃在于沉思的生活属于"神性的生活"，是"不朽的"，而人由于其本性故（理智灵魂），当以此为追求之目

（接上页注）Moody 认为亚里士多德主义的研究方法就是经验主义的［参见：Ernest A. Moody, '*Empiricism and Metaphysics in Medieval Philosophy*', in *The Philosophical Review*, Vol. 67, No. 2 (Apr., 1958), pp. 145 - 163］，不过 Zupko 认为应该将亚氏与休谟等人的经验主义区别开来，从一个更为广阔的视角来看待这种经验主义的研究方式（参见：*What is the Science of the Soul? A case study in the evolution of Late Medieval Natural Philosophy*，前揭）；另一方面，亚氏在许多段落中都认为幸福本身具有某种普遍规定性（NE 1094a 2；1095b 1 - 5；1102a 15；等等）。不过，我们仍需注意的是，这种普遍规定性并不如康德所设准的"自由意志"一样，作为伦理行动的根本前提，而应该从亚里士多德的目的论来理解。故笔者认为，应该从"作为欲求对象"及"普遍规定性"两方面来理解"幸福"概念。

① Thomas Nagal, "Aristotle on Eudaimonia", in *Phronesis*, Vol. 17, No. 3 (1972), pp. 252 - 259.

标,方可真正实现"人自身"。①

在《修身西学》中高一志分列了三种"好美"(即"善",bonum):

> 析好美之端者,古分三种:一系神,仁、义、礼、智之属也;一系身,精力、美色之属也;一系外,令闻、丰资、荣势之属也。②

他进而阐述了"真福"(eudaimonia)并不依靠"身好美"和"外好美",而是在于"神好美"("神"即"内在德性")③:

> 真福诸好美,不系外与身,必系灵府之良贵矣。身,浮壳;神,真我,故神福为真福焉。④

---

① NE 1177b 20 - 1178a 5:"人的完善的幸福(teleion eudaimonia)……就在于这种活动。但是,这是一种比人的生活更好的生活。因为,一个人不是以他的人的东西,而是以他自身中的神性的东西,而过这种生活。……如果努斯是与人的东西不同的神性的东西,这种生活就是与人的生活不同的神性的生活。不要理会有人说,人就是要想人的事,有死的存在就要想有死的存在的事。应当努力追求不朽的东西,过一种与我们身上最好的部分相适合的生活。因为这个部分虽然很小,它的能力与荣耀却远超过身体的其他部分。最后,这个部分也似乎就是人自身。因为它是人身上主宰的、较好的部分。所以,如果一个人不去过他自身的生活,而是去过别的某种生活,就是很荒唐的事。"

② 高一志:《修身西学》,黄兴涛、王国荣编:《明清之际西学文本》(第二册),中华书局 2013 年,第 451 页。

③ 这里的"神美好"指"内在的善",《柯因布拉亚里士多德尼各马可伦理学评论》中提及了亚氏的《大伦理学》关于"善"的基本分类:"有些善是属于灵魂的,如美德;有些是身体上的善,如力量和健康;还有一些是外在的善,如财富、名声、荣誉和权力。柏拉图学派及逍遥派都赞同这种分类。"参见:*Commentarii Coimbricensis Societatis Iesu in libros Ethicorum ad Nichomachum* (Commentaries of the Coimbra College of the Society of Jesus on the Books of the Nichomachean Ethics), 1595, Disp. 1, q. 2, a. 1; p. 12: "*bonorum alia esse bona animi, ut virtute; alia corporis ut vires, sanitatem; alia exteriora, ut divitias, famam, honorem, dominatum. Quam distributionem tam Peripatetici quam Academici veteres celebrarunt.*"感谢梅谦立指出此处引文所在。

④ 高一志:《修身西学》,第 454 页。

然而，与亚里士多德不同，高一志并未造成"幸福"概念的模糊性，其原因有二：一方面诚如梅谦立所言，"虽然亚里士多德及阿奎那从'幸福'开始建立他们的伦理体系，不过，高一志跟着 CCEN，从'好美'（善）开始"①。另一方面，高一志并未将此世的幸福视为人生之终极追求与实现，而是将亚里士多德的 teleion eudaimonia 根据基督宗教的理论，转换成"全福"，"讵知人生本天，全福在彼……况人获寄世之真福，亦必享天上之全福矣"②。虽然高一志特别强调"全福"，但是并不认为此世的"真福"就不值得追求，因为《修身西学》所探讨的主要内容仍然是一般的伦理实践活动。他采用了宋明理学的"体-用"观念来解释"全福—真福"的关系：

> 真福之体，至切实，至美善；真福之用，归于司明、司爱二司焉。
> 至言真福之体，西之古今圣贤默契焉，而以造物主当之。③

换言之，伦理实践活动（真福之用）的实现所依靠的就是灵魂的能力及其活动（司明、司爱）。不过，"全福"与"真福"的关系仍然存在一种等级差异，因为前者乃是根本性保障所在，正如高一志引用奥古斯丁的话所阐明的："知万物不知尔者，不幸之至矣。知万物并知尔者，非为知物，为知尔，获真福之至也。"④

概言之，亚里士多德认为理智只有在脱离了肉体之后才显示其纯粹、不朽；这可以对应于伦理学中的 teleion eudaimonia，因为这种幸福不以其自身之外的任何目的为目的，其本身乃是"自足的"（self-

---

① 梅谦立：《晚明中西伦理学的相遇——从〈尼各马可伦理学〉到高一志的〈修身西学〉》，《"中研院"中国文哲研究所集刊》第三十九期，第 109 页。
② 高一志：《修身西学》，第 454 页。
③ 高一志：《修身西学》，第 454—455 页。
④ 高一志：《修身西学》，第 455 页。

sufficient)①，并且是源自人自身中的"神性"的。在灵魂论中，理智并不是我们可以直接感觉得到的；而在伦理学中，沉思的生活作为一种伦理生活的主动选择，其本质乃是一种活动②，则可以具有某种程度的呈现。另外，灵魂的欲望等其他部分，由于其活动需要借助外在可感对象向其提供认知材料，从而不能与身体相脱离；这可以对应于伦理实践中对诸种德性的善的追求，亦可被我们所直观。（由于篇幅关系无法展开）亚氏认为，遵循德性的各种伦理活动也可以提供善，然而它们并非自足的，仍需以其自身之外的某种更为根本的目为导向，即最终朝向仍然是"幸福"。也就是说，幸福在两种不同的等级上展开：其一是以自身为目的；其二是以实现某种善为前提而朝向获得某种更为高级的善。前者是理论性的（theoria），而后者则是经验性的、实践性的具有复合德性的诸种善的综合。而在基督宗教化的亚里士多德主义伦理学中（以《修身西学》为例），高一志并未完全排斥此世的"真福"，不过最为完整、最高级的幸福乃在于获得"全福"，在此意义上，幸福仍然具有某种等级差异。这虽然与亚里士多德的理论不完全一致，但在幸福的等级设置上，还是具有相似性。

余　　论

中世纪关于灵魂论科学（scientia de anima）应该归属于自然哲学还是形而上学的聚讼不已，始于亚里士多德在《灵魂论》（De Anima）中对该学科的描述：关于灵魂的知识具有"更精确"的标准，而要获得关于这门学科的知识则"最为困难"（DA，402a10）。前者

---

① NE 1097a 30 - 1097b 20.
② 梅谦立：《晚明中西伦理学的相遇——从〈尼各马可伦理学〉到高一志的〈修身西学〉》，第 117 页。

依据亚里士多德及亚里士多德主义的研究方法(主要是"经验主义"),应该将该学科归属于自然哲学;而后一种描述,尤其是关于不可视、不可感觉的"理智"之研究,使得该学科被置于形而上学。笔者认为或许可以借助灵魂论与伦理学的互动研究,来调和上述两种研究方法之争。这种研究不是关于伦理学的心理学描述,也不是借由"智的直觉"而获得关于"物自身"的知识(借用牟宗三先生的观念),而是循中世纪关于"灵魂的科学"究竟应该归属形而上学还是自然哲学之争,将灵魂"不可视"的本体活动的研究诉诸一种可被感知的现实伦理实践活动之中,从而获得对灵魂本体的一种直观认识。本文的切入点是学界长期以来对亚里士多德"幸福"概念的二重解读,而如果借助灵魂论-伦理学的互动研究,我们可以发现,关于"幸福"的两种阐释实际上根源于亚氏《灵魂论》中主动理智能力(agent intellect)的可分离性与灵魂其他功能之实现需要依赖外在事物之间的区分;再者,我们认识"不可被感知"的灵魂部分,亦可借助对伦理实践活动的探讨,为我们提供一种直观的认识。

16—18世纪亚里士多德《灵魂论》在亚洲的传布

复旦大学宗教与国际关系研究中心　段世磊

亚里士多德灵魂学说向东方的输入有其时间、地域以及受容逻辑上的进展过程。在日本，范礼安（Alessandro Valignano）编写的《日本的小教理问答书》(1586)和《基督教要理书》(1591年国字版和1600年长崎版)①，对西方天主教灵魂问题进行了初步介绍。由于范礼安远东地区视察员的特殊身份，对于此区域的整个传教活动产生了极为深远的影响。

在日本，一方面，范礼安亲自监督和指导戈麦斯神父（Pedro Gomes,1533—1600）为日本府内神学院中神学生编写教科书的整个过程，促成了三卷本《耶稣会日本学院讲义纲要》(以下简称"戈麦斯教科书")。另一方面，范礼安编写的《日本的小教理问答书》对日籍信徒不干斋·巴鼻庵《妙贞问答》②中有关灵魂问题的理解予以深刻的影响。最为重要的是，在日本传教期间，出版发行了大量基督教版书籍，直接译介西方灵魂学说。

在中国，范礼安的适应主义策略还影响到了前来中国开教的罗明坚和利玛窦。利玛窦的《天主实义》则通过重新诠释中国古典，强

---

① 此书原版为日语国字体印刷书籍，首先被海老泽有道等人翻刻，收入《日本思想大系》丛书之中，1970年收录在岩波书店编辑的《基督教书·排耶书》中。

② 《妙贞问答》是巴鼻庵为妇女儿童编写的一部基督教入门书籍。以妙秀和幽贞两名比丘尼之间的问答形式展开，妙秀问，幽贞答。海老泽有道等校注:《基督教书·排耶书》,《日本思想大系》25,东京岩波书店1970年，第114—180页。

调儒家学说中的实践伦理,积极主动地调和耶儒关系。

最后,在朝鲜,当利玛窦在中国的传教实践已然成熟,写出了许多汉译西洋书籍,朝鲜使臣作为文化媒介,将这些书籍带往朝鲜,对朝鲜儒家学者的知识结构产生了深远影响。通过对于利玛窦《天主实义》的阅读,李瀷主动地吸收亚里士多德灵魂论中适合改造儒学的部分,试图对灵魂论和性理学做出调适,从而表现出另外一种看待灵魂论的新鲜态度。

一、日本:基督教版书籍中的亚里士多德灵魂论

佩德罗·达·丰塞卡(P·Fonseca)[①]对于亚里士多德学说在耶稣会学院中的传播起到至关重要的作用。他专门为柯因布拉的耶稣会学院编写了八种亚里士多德学术讲义,用于教学。[②] 实际上,在编出八种讲义之前,丰塞卡已经对亚里士多德的哲学著作作注且由罗马教廷在罗马出版。这些书籍很快被耶稣会士带至亚洲,通过耶稣会士们在亚洲的出版事业,为在亚洲传教的耶稣会士编写传教地语言的传教书籍提供了丰富的参考数据。[③] 范礼安为耶稣会在整个印度管区的巡察员,负责远东传教事务。在他到达日本后,改变卡

[①] 佩德罗·丰塞卡,1528年生于葡萄牙,1548年加入耶稣会。在柯因布拉大学教授哲学。1572年作为管区代表被派遣参加总会议。曾经担任过耶稣会总会长助理、管区巡察师、里斯本修院院长等职务。1599年死亡。

[②] 董少新:《明末亚里士多德灵魂学说之传入:以艾儒略〈性学觕述〉为中心》,《西学东渐研究》(第五辑),商务印书馆2015年,第40—41页。

[③] 1616年澳门圣保禄学院藏书目录中显示,有分别于1577年和1589年在罗马出版的丰塞卡对亚里士多德的著作所作的注解:*Commentariorum Petri Fonsecaa Lvsitani Doctoris Theologi Societatis Iesu. In Libros Metaphysicorum Aristotelis Stagiritae*. t. Ⅰ(2vol.). Romae,1577.; t. Ⅱ. Romae,1589. 见拙文:《欧书东传早期概况——澳门圣保禄学院1616年藏书目录》,澳门《文化杂志》中文版第九十三期,2014年冬季刊,第68页。

布拉尔在传教策略上的一些错误,采取适应主义的新策略,结合日本本土情况,培养日籍传教士。为天主教信仰的传布,配合着各地教育机构的发展,他在印度果阿、中国澳门、日本长崎、加津佐以及天草等地从事基督教版书籍的印刷工作。1590—1624年间,总计在日本印刷了50—100种书籍,其中32种含74册书籍得到保存,其中就有讨论灵魂问题的《日本的小教理问答书》《信义经》和"戈麦斯日本府内学院讲义纲要"。

1579—1582年,范礼安写了《日本小教理问答书》,此书原版为 Alessandro Valignano, *Catechismus christianae fidei* (Olyssipone:Antonius Riberius [liber Ⅰ], Emmanuel de Lyra [liber Ⅱ], 1585),此书分为两卷,总计十二讲:

第一卷

绪论:人类拥有理性之光,知性凭此把握、判断乃至分析事物

第一讲:论世界的唯一创造者——天主

第二讲:日本人为何在有关万物起源的问题上陷入谬误

第三讲:人类灵魂不同于作为第一原则的天主,依日本人所教行事必受惩罚

第四讲:日本教义皆虚伪、迷妄。"神""佛""释迦""阿弥陀"既不能掌管此世也不能统御来世,因此日本人所说的清净至福的世界并不存在

第五讲:日本人所作之律法乃虚伪邪恶之物,凭此不能得到任何灵性的救赎,崇拜此种律法必受惩罚

第六讲:基督教之律法和教义乃天主所授,他将人类引入永恒救赎的道路。信仰为何必要?

第七讲:天主有三个位格。天地创设。天使和人的堕落

第八讲:人类因人祖陷入重重谬行,之后,天主将真理示于少数人。神子为何道成肉身?

第二卷

绪论

第一讲:神的诫命

第二讲:为了守护神的律法所需之助力

第三讲:耶稣死而复活和最后的审判

第四讲:天国的至福和地狱的永罚①

第三讲中,范礼安由死者复活和最后审判两个论题出发讨论人类灵魂属性问题,论述了灵魂的非物质性和永恒性。此部分与利玛窦《天主实义》第三篇和戈麦斯教科书之最后一卷"理性或知性灵魂及其知性的欲求能力"内容大体相似。加之此部分与第一讲和第二讲之间逻辑框架上的衔接,即先从自然理性出发证明天主存在,继而再论述灵魂不朽的论证逻辑,使得范礼安《日本小教理问答书》成为灵魂论在东方传播过程中所必然采取之范本。

《信义经》(Fides no Qvio)译自格拉纳达 1583 年以"Preimera Parte de la Introducción del Simbolo de la Fe"(First volume of the introduction to the Symbol of the Faith)命名的书籍,即《信仰象征入门》(实际上是关于使徒信条入门的知识介绍)的第一卷。《信仰象征入门》原典共计四卷。第一卷介绍天主所造之自然界。第二卷论信仰。第三、四卷则展开有关赎罪论和来世荣光的讨论。层层递进,将读者引入基督教信仰的核心。后格拉纳达将此四卷内容重新整理合为第五卷,但此整合的版本并未出版。未经出版的第五卷构成日语基督教版书籍《信仰的导师》(Fides no Doxi,1592 年出版于天草)的印刷底本。《信仰的导师》总计四卷,内容与出版的《信仰象征入门》相重合,只是多出了在第五卷中新附加上去的纲要,所以译自《信仰象征入门》第一卷的《信义经》实则也是《信仰的导师》的第

---

① 日译版为家入敏光编译:《日本的小教理问答书》,天理图书馆参考材料(7),1969 年。

一卷。在翻译出版《信义经》之后,日本耶稣会长上意图继续将《信仰象征入门》的第二、三、四卷翻译出版,但由于1614年的禁教令,印刷机构关闭而未能实现。

《信义经》由三十个章节组成。第一章至第三章为总论,从自然理性出发,举例希腊罗马哲学家相信第一推动者存在的事实,证明天主的存在。第四章至第九章讨论天体运行以及自然诸现象。第十章论草木等植物习性。第十一章至第十六章述禽兽等动物所备的能力。第十七章至第十九章则举例蚁类与蚕等昆虫习性。第二十章则对动物习性进行概括。第二十一、二十二章对人体做生理学上的考察。第二十三、二十四章介绍植物性灵魂。第二十五至第二十八章描述感觉性灵魂。第二十九章则讨论知性灵魂。最后一章则彰显天主的全知全能全善。①

值得注意的是,《信义经》对原典内容做了部分删除和修改,但整体上遵循特伦特会议上的教义规定,时刻强调灵魂不灭,并融入了希腊罗马哲学家的自然论证,这与"戈麦斯教科书"中举例希腊罗马哲学家的做法如出一辙。同时,在介绍感觉性灵魂时,详细地讨论了内感觉和外感觉的各种能力,与"戈麦斯教科书"第二部分之第二卷"论感觉灵魂及其功能"类似,可以说是对亚里士多德《灵魂论》的直接引用。

1582年,戈麦斯神父奉命为府内学院的学生编写哲学与神学教科书,但因职务上的原因,编写工作停顿。1587年,因丰臣秀吉的禁教令,传教工作陷于停顿,这反而给戈麦斯写作的机会。在戈麦斯神父看来,由于日本人缺乏西方知识基础,像柯因布拉或罗马学院那样进行真正的哲学与神学课程为时尚早,必须以简要的纲要形式,向日本修士解释基督教哲学和神学的基本问题。经过近十年努力,戈麦斯神父完成了远东地区哲学和神学教科书的编纂工作。

---

① 折井善果・白井纯・丰岛正之释文・解说:《ひですの経》,东京八木书店2011年。

戈麦斯教科书第二部分名为《亚里士多德灵魂论和自然哲学小品讲义要纲》。有拉丁文和日文两个版本。拉丁文原名为 Breve compendium eorum, quae ab Aristotele in tribus libris de anima, et in parvis rebus dicta sunt, 日文原名为《アニマ上二付テアリストウテチリスト云天下無双ノヒロウソホノ論セシ一決ノ条条》。这是一部讨论人类内在世界的哲学纲要，总分三卷，从各类灵魂的功用上对灵魂进行分类。第一卷论述植物灵魂的机能。第二卷对感觉灵魂（即觉魂），并就其感觉的、欲求的、可动的机能进行了论述。第三卷则着重论述了所有灵魂中最为高级的理性灵魂（即灵魂）及其理性的、欲求的机能。经过对第一卷和第二卷中植物灵魂和动物灵魂的分析，第三卷开头戈麦斯便给出了灵魂的普遍定义，即灵魂盖是潜在地具有生命的一个自然物体的原始（基本）实现，而这个自然物体则必须是具有官能（工具）的，同时，灵魂也是形相。紧接着戈麦斯又从天主教信仰与灵魂性质之间的关系出发，描绘出十一个有关灵魂本质问题的结论：

1. 灵魂并非所有人类共有之同一个灵魂，而是人人各有其灵魂。
2. 之中不能有多个灵魂，有且仅有一个灵魂。
3. 理性灵魂根据其本质构成身体的形相，赋形于质料，并与质料一同形成一个具体的复合体。
4. 理性灵魂由神创造。
5. 理性灵魂并非由具有肉体性和物体性的东西构成，它是属灵的存在。
6. 灵魂并非神的实体，也不是从神的实体中产生，更不是神的组成部分。
7. 灵魂并非在肉体之前被创造，而是与肉体一同被创造。
8. 物的灵魂是可死的。
9. 理性灵魂在肉体消亡后，仍然不死长存。

10. 人类死后,脱离肉体而自存的理性灵魂,断不会重新进入无论是人类还是动物或者是其他物体之内,也不会从此肉体转移至彼肉体。

11. "信仰上来讲,灵魂是不朽的。但哲学上来讲,理性灵魂是有朽的。"持有这种观点的人是错误的。

第四章将知性划分为被动知性和能动知性。在讨论能动知性与被动知性的同时,也相应地涉及灵魂的另外一项功能,即记忆。① 不过,因为是在灵魂的理性功能范畴之下划分能动知性和被动知性的,所以既然戈麦斯将记忆和能动知性和被动知性同等看待,那么记忆也就只能从属于理性功能了。根据梅谦立对于西方有关灵魂记忆功能的文献的梳理,我们知道,亚里士多德将记忆看作感觉的内容,并非理性灵魂的功能。从奥古斯丁开始才有了记忆与理性和意志构成灵魂三个独立功能的说法。阿奎虽然承认记忆为灵魂的功能,但是并不认为它具有独立性。耶稣会创始人依纳爵在《神操》中也采纳了灵魂三种能力的说法,利玛窦则像阿奎那一样,将记忆归于理性之下。②

然而,无论是人类灵魂的理性功能还是记忆功能,都是从认识论角度上来考察灵魂的属性的,直到最后一部分论及灵魂的意志功能之时,戈麦斯才开始从伦理学角度上考察灵魂意志的抉择行为。在第十一章"意志或知性欲求乃人类必备的品质"中,戈麦斯论述道,理性灵魂中所有能力中最为优秀的便是被称为意志或理性欲求的能力。戈麦斯认为,人类除拥有感觉欲求能力之外还拥有理性的欲求能力,也即意志。因为,人类自身并非通过感觉,而是通过理性而认识善恶。而人类的感觉的欲求能力是无法认识善恶的。因为

---

① 佩德罗·戈麦斯:《耶稣会日本神学院讲义纲要》,Ⅰ,第407页。
② Thierry Meynard, "*The first treatise on the soul in China and its sources: An examination of the Spanish edition of the 'Ling yan li shao' by Duceu. x.*" Revista filosófica de Coimbra 47,(2015.3):215.

这种能力只追求感觉所知觉到的东西。继而在第十二章又讨论了意志的对象。首先,意志的对象是超越性的普遍的善。其次,意志并非理性的能力,而是欲求能力。再次,关于意志的器官。意志像知性一样不依赖任何身体的器官。它是灵魂的属性,是灵魂固有之附属品,构成灵魂本性的基础,在灵魂离开身体后依旧保存在灵魂之中。第十三章则集中比照感觉性欲求与意志之间质的差异。第十四章分析认为意志对感觉欲求采取一种自由支配的方式,这种支配方式给了感觉欲求以极大的主动权。戈麦斯认为,虽然感觉欲求能力通过某种力量被赋予听从意志命令的必然性,但它却拥有在没有意志的帮助下依靠自身固有的运动发动自身的能力。紧接着三章内容主要论证,一方面由于意志统治感觉欲求的方式允许感觉欲求发动自身能力,因此可能导致感觉欲求对于意志的反抗。另一方面,由于意志本身不受必然性的束缚,所以由于感觉欲求而引发的罪恶便也只能归诸于意志自身的堕落。第十八、十九章则继续阐述意志自由产生的一切人类行为活动及其伦理实践的意义。第二十章再次强调意志的对象为至善。最后一章则回归整部作品的主题,在承认灵魂不灭的情况下,考察作为身体之形相的灵魂与独立之灵魂之间的区别。

总之,教科书第二部分对于亚里士多德灵魂学说的解读,与当时欧洲流行的柯因布拉大学使用的特兰特大公会议(The Council of Trent)《〈亚里士多德灵魂论三卷〉注解》中的解读相比显得不是十分充分,论述方法也有所不同,论述重点也有很大差异。不同于柯因布拉大学直接对《亚里士多德灵魂论三卷》做出注解的方式,日本神学院教科书中有关亚里士多德灵魂论的认知则是基于柯因布拉大学的注解,参考亚里士多德的理论而做出的继承了柯因布拉注解本的整体理念,却在论证上稍显稀疏笼统的解说。

作为日本耶稣会学院中通行的参考书,戈麦斯教科书中对于灵魂学说的哲学阐释以及天主教信仰的虔诚的历史揭示,深深地影响了当时学院中的学生,成为他们了解西方哲学和神学思想的窗口,其中最具代表性的当属不干斋·巴鼻庵。巴鼻庵在日本教会史上是一个相当具有争议性的人物,他于1565年出生于加贺一带,早年受日本儒、佛以及神道教的熏染。18岁时却与其母一同归信天主教,成为一名基督徒,而后在耶稣会兴办的神学校学习,在此期间成为了一名耶稣会修士。

一方面,他被灌输了一整套亚里士多德——阿奎那主义的神学论证路线。因而,在书写《妙贞问答》时也像范礼安一样,把书籍的读者设定为理性的人类群体。范礼安在《日本的小教理问答书》中写道,"人类是理性的存在,这是人类区别于其他事物的所在","人类凭借理性认识绝对的存在着——上帝",并可以由此展开对于日本"神道教、儒教和佛教的批判"。① 根据神父胡波特克劳迪的考证,在巴鼻庵执笔《妙贞问答》一书期间,曾经和一位僧侣发生过争论。虽然我们已经无法得知此僧侣的名字,但二人论争的内容还是能够得窥一二。辩论中,作为助理修士的巴鼻庵向这位僧侣质问:"是否相信灵魂不灭?"僧侣却回答说"现世生存的一切事物都有终结",对灵魂不灭予以否定。对于僧侣的这一回答,巴鼻庵有力地诘问道:"既然如此,为何作为僧侣的你们要对死者举行葬礼或诵读经文,并收取好处?"②这一问题的提出是为了斥破非合理性的异教教义,诉诸基督教教义的合理解释。按照巴鼻庵西学的思路,僧侣举行葬仪这一行为本身已经设定了死后世界的存在,从而也在另外一个方面证明了灵魂不灭的事实。此法颇合戈麦斯教科书对于灵魂不灭所作的自然论证,他说:

据古代记载,无论是在耶稣降生前还是之后,没有哪个进行社会活动的民族不知道灵魂不灭的道理的。所以,所有人都是在按照他们的自己方式构建地狱的惩罚和天国的至福。他

---

① 释彻宗:《不干斋·巴鼻庵——神佛皆弃的宗教者》,第100页。
② 释彻宗:《不干斋·巴鼻庵——神佛皆弃的宗教者》,第33页。

们造墓地为灵魂祷告、向死者献祭、看重拯救与功德,专注于信奉神灵和举行祭祀。因此,灵魂不灭绝不违背理性,反而与理性最相适合。①

由于巴鼻庵有过在耶稣会学院中学习和教学的经历,而戈麦斯所编之教科书又是当时耶稣会学院中通行之参考书,且戈麦斯也同样受到范礼安的指导,所以巴鼻庵和戈麦斯在论证灵魂不灭之时使用几乎相同的论证逻辑也就不足为怪了。②

另一方面,从巴鼻庵在《妙贞问答》中批判日本诸宗教派系的逻辑机构来看,巴鼻庵确是受到范礼安《日本的小教理问答书》的体例和逻辑论证次序的影响。像同样受到范礼安《日本的小教理问答书》影响的《天主实义》的行文结构一样,巴鼻庵在《妙贞问答》中,将理性论证与宗教教条分开论述,"先按照理性论证天主的存在、灵魂的存在、伦理规则,在人们接受这些原理之后才可以告知他们关于《圣经》故事及耶稣基督的生活、死亡与复活"③。在上、中卷完成对于佛教、儒教、神道教的批判后,下卷部分巴鼻庵从经院哲学的角度开始了对于基督教教义的阐发,解释它与其他宗教的不同,最后添加些许《圣经》中的故事。巴鼻庵以超越的神的存在为前提,解释灵魂产生的原因:

> 汝已知天地万象之创造者乃为天主,故可将其所造之物分类言之。如今汝目所见,有物无数,若以基督教经书之语简而言之,不出四类之外。其一为实在类,其二为生魂类,其三为觉

---

① 佩德罗·戈麦斯:《耶稣会日本神学院讲义纲要》,Ⅰ,第387页。
② 此处呼应《日本的小教理问答书》中绪论部分:"人类拥有理性之光,知性凭此把握、判断乃至分析事物。"
③ 利玛窦著,梅谦立注,谭杰校:《天主实义今注》,商务印书馆2014年,第10页。

魂类,其四乃为灵魂类。①

由于巴鼻庵曾经是一名佛僧,所以在对天主教灵魂学说进行说明的过程中,用于理性比较的对象是佛教的众生平等说。巴鼻庵通过妙秀之口引用日本"柳绿花红"等表示事物本性的例子解释万物平等的学说。他认为柳与花陨灭之后,体现其性质的绿和红也相应地消失,归于"一如实相",仅存留最为源初的本性—理。"就像冰和雪物虽不同,理则同一"。

对此,幽贞反驳道:

> 非也。月之为月,日之为日,星之为星,各为其所是,而不致一体。……金既能铸鸟,亦能铸鱼,然所铸之鸟与鱼,既不能飞翔,亦不能潜水,是以形体虽变,性体为金,而鸟与鱼之性体为用相异,何以同归一理,是事与理各异也。②

将人类灵魂从其他各类灵魂中分别开来。

巴鼻庵所谓理性灵魂者,"非惟感饥渴、知寒暑,又有知物理、论是非之智慧者,此即人也。故四类之中,惟具灵魂之人,方有后世"。③他对于灵魂不朽的论述不仅停留在简单的灵魂范畴区分之上,还体现在灵魂本性与功用之间紧密的关联之中,而对于此种联系之具体内容的阐释方面则明显地受到佛教、儒教体用学说的影响。巴鼻庵在《妙贞问答》中将万物的本性说成是"性体",与此本性直接相关的是由其所引发的"作用",透过"功用"我们得以知晓决定万物本性之"灵魂"。不同于植物性灵魂和感觉性灵魂,人类理性灵魂则超出仅以官能享受为功能对象的感觉灵魂之上,其用"不仅知物理,亦求于仁义礼智信之理。又思死后名誉。又欲往后世善所,

---

① ③ 海老泽有道等校注:《基督教书·排耶书》,第 156 页。
② 海老泽有道等校注:《基督教书·排耶书》,第 157—158 页。

又可论是非善恶"。因而,灵魂作为性体或者本体存在于"人身之中","望之不见,触之不着"。①

范礼安的《日本的小教理问答书》在批判日本宗教的泛神论性质时,特别强调人类放纵自我意志导致的日本偶像崇拜的恶劣的宗教信仰结果。他说道:

> 人类已经到了如此盲目轻信、恶意满腹的地步,以致舍弃了对于真的天主的所有礼拜敬虔行为,建立起偶像,崇拜雕像和肖像。……(日本)多宗教流派与迷信是恶魔和人类共同的产物,充满着令人诅咒不已的虚伪与欺瞒。是受到自我感情驱使的人类,耽于肉体的享乐,委身于恶魔,与恶魔一同发明了这世间众多虚假的神灵。②

无独有偶,在范礼安指导下编写日本耶稣会学院教科书的戈麦斯,对于范礼安在意志问题上的看法深有领会。不同于亚里士多德《论灵魂》中以及柯因布拉注释版的《论灵魂》中对于灵魂的意志功能采取简洁提及的做法,③戈麦斯教科书中花费了大量的篇幅论述灵魂的意志能力及其与理性能力的关系。在戈麦斯看来,意志并不是像感觉欲求一般,是一种自然地受到对象影响的被动能力。意志是自由的,当对象向其显示时,它便自由地采取行动。换句话说,即便理性向意志呈现善恶,并将德判断为善的对象,恶德为恶的对象,意志也并非必然追求美德,而是凭借自身具备的自由朝向善或者恶

---

① 海老泽有道等校注:《基督教书·排耶书》,第161页。
② 转译自米井力也:《基督教与翻译——异文化接触的十字路口》,第61页。
③ 梅谦立在他那篇有关《灵言蠡勺》的论文中,对比了亚里士多德《论灵魂》与柯因布拉注释版的《论灵魂》中对意志的论述,发现两者都只简要地提及意志能力,而未进行深入分析。请参考:Thierry Meynard, "*The first treatise on the soul in China and its sources: An examination of the Spanish edition of the 'Ling yan li shao' by Duceux*". (Revista filosófica de Coimbra 47),(2015.3):225。

自由地活动。意志可以自由抉择那些由理性为其所下的判断。然而,也正是因为人身上所具有的意志自由,人类身上生出了许多不同的特性。首先,因为有意志,人类可以选择善恶,并随之而被问以功过,最后受到相应的赏罚。而其他动物则没有功过,也没有相应的赏罚。因为功过赏罚是在意志自由选择做或者不做一件事情时才出现的结果。所以,没有自由便没有功过,意志关乎人类伦理实践上的善恶。①

二、中国:西人调适耶儒的尝试

利玛窦在《天主实义》首篇写道:"凡人之所以异于禽兽,无大乎灵才也。灵才者,能辨是非,别真伪,而难欺之以理之所无。禽兽之愚,虽有知觉运动,差同于人,而不能明达先后内外之理。"②从经院哲学的角度证明上帝造物、灵魂不朽以及意志不灭等论题。然而,利玛窦所言之"超自然的凌驾于自然界之上,灵魂凌驾于肉体之上,永恒的凌驾于暂时的之上……人在宇宙中的地位相当于上帝创造的永恒灵魂,凭借永恒的价值完成其宿命"③的超自然形而上学与中国人"拒绝两分法,否认二元论,强调人和宇宙一体建构"④的超越性形而上学截然不同。在这种区别中,利玛窦所要做的便是打破中国理学家由于"万物一体"概念导致的在鬼神与灵魂问题上的怀疑论,于中国的原始信仰中寻找古人关于西方世界超自然哲学中上帝的对照物。为此,利玛窦试图在灵魂学说中找到打破中国哲学中统一思维方式的缺口,在反对中士"人之神魂死后散泯者,以神为气耳……又曰阴阳二气为物之体,而无所不在,天地之间无一物非阴

---

① 佩德罗·戈麦斯:《耶稣会日本神学院讲义纲要》,Ⅰ,第422—423页。
② 利玛窦著,梅谦立注,谭杰校:《天主实义今注》,第79页。
③ 方东美:《中国哲学之精神及其发展》,中州古籍出版社2009年,第14页。
④ 方东美:《中国哲学之精神及其发展》,第15页。

阳,则无一物非鬼神"①的新儒家学说时,他新解《中庸》之谓"体物而不可遗",认为"鬼神体物,其德之盛耳,非谓鬼神即是其物也"②,从而在"鬼神在物"与"魂神在人"之间做了明确区分,并谓"夫谓人死者,非魂死之谓,唯谓人魄耳、人形耳。灵魂者,生时如拘缧线中;既死,则如出暗狱而脱手足之拳,益达事物之理焉,其知能当益滋精,逾于俗人,不宜为怪"。③ 最终,他否认中国哲学中表现为朴素唯物主义的观点,得出灵魂不灭的结论。

对灵魂不灭予以自然理性的解释后,利玛窦进一步追溯灵魂产生的上帝创造因素,他说:"所以然者,有在物之内分,如阴阳是也;有在物之外分,如作者之类是也。天主作物,为其公作者,则在物之外分。"④他试图解决新儒家建基于阴阳之上的无极学说之困境,寻找到万物的创造者——上帝。具体来讲,利玛窦在《天主实义》前三章节中证明了上帝存在后,在第四章鬼神与人魂异论中重申了上帝作为创造者的存在,是以神学的超越性驳斥宋明理学理气学说的形而上学思维。形而上学须有神学上的保证,即虽然灵魂在它赋予肉体以生命之时,与肉体一同构成一个完整的人类个体,但由于灵魂并非产生自肉体,也不是对神的实体的分有,而是由神直接创造出来的,所以它又是绝离于身体的。当利玛窦面对一群无法想象作为人格神的上帝的存在的儒者之时,他认为,儒者只看到灵魂与肉体相结合后而形成的人的整体,而没有看到此前上帝的创造行为,因而儒者是单纯作形而上学的思考,而没有上升到一种神学的超越,因而无法解释物的起源,也难以设想死后灵魂的归宿。

受范礼安影响的利玛窦,在《天主实义》中同样看重灵魂的意志功能,而且将理性和意志放在一起讨论。他认为,人类灵魂有三种

---

① 利玛窦著,梅谦立注,谭杰校:《天主实义今注》,第124页。
② 利玛窦著,梅谦立注,谭杰校:《天主实义今注》,第125页。
③ 利玛窦著,梅谦立注,谭杰校:《天主实义今注》,第123页。
④ 利玛窦著,梅谦立注,谭杰校:《天主实义今注》,第139页。

功能,分别为:司记含、司明悟、司爱欲。① 记含者为记忆,明悟者为理性,爱欲者为意志。其中理性与意志之间的关系又极为特殊,构成利玛窦调和耶儒学说的一个入口。而且,由于耶儒之间在认识"理性"这个灵魂的特殊能力上有着本质上的区别,关于理的具体所指的讨论也就成为利玛窦批判程朱理学的一个切口。据孙尚扬的研究,前者突出"心"与"情"的关系,后者则考察"性"与"理"的关系。

利玛窦在第六章"释解意不可灭"中说道,"意非有体之类,乃心之用耳","意者,心之发也",从体用关系上定义"意"的属性,此时的"意"便等同于儒家学说的"情"。紧接着他又将"意"放在与理的关系之中予以考察,"行事在外,理心在内,是非当否,尝能知觉,兼能纵止,虽有兽心之欲,若能理心为主,兽心岂能违我主心之命",②所以,如果"发意从理",便是行了君子的美德,如果"溺意兽心",便是行恶德,甚至失去人的本质。既然"理心"能纵止其"意",那么沿用宋明理学的逻辑,"理"便为心之体。

继而便生出如下疑问,即作为心之体的"理"具体指代为何?针对此问题,利玛窦和儒学代表之间有着不同对待。儒家学说以心为贯通性体的总体,朱熹说:"心主于身,其所以为本者,性也;所以为用者,情也,是以贯乎动静而无不在焉。"③心在这里具有本体论意义,性与情则是这一本体的不同方面,统和于一体。性又是什么呢?朱熹认为"仁义礼智,性也","性者心之理也",即性即理,理即仁义礼智。为了调和耶儒,利玛窦也主张性善论,但不会同意以理为人性的性善论。他说:"理也,乃依赖之品,不得为人性也。"④人性须在别处寻觅。在他看来,在理(仁义礼智)之前尚有作为精神实体形式的人类灵魂,此灵魂中的理性推理能力是人类"别其体于他物"的原因所在。在利玛窦看来,具有依赖性质的"理"应是作为事物之本

---

① 利玛窦著,梅谦立注,谭杰校:《天主实义今注》,第188页。
② 利玛窦著,梅谦立注,谭杰校:《天主实义今注》,第162页。
③ 参考:朱熹:《答何叔京二十九》,《朱子大全文集》,第四十卷。
④ 利玛窦著,梅谦立注,谭杰校:《天主实义今注》,第182页。

质、形式的理，是事物的条理，因而朱熹等理学家谈及的包含有仁义礼智的"理"只能体现出人的本质，而不涉及人性问题，他们将人的本质与人性搞混淆了。

然而，既然人的实体形式——灵魂决定人性，那么在讨论道德行为的善恶时，唯有在关涉善恶选择的灵魂的另一功能意志上寻找，而不应在理性上费力。不过，利玛窦并没有在自由意志问题上详尽地探讨关于善恶的问题，而是通过讨论灵魂的两项能力即理性与意志之间的关系，来考察意志在伦理道德实践上的行为。同样作为灵魂的功能，"司明者（理性）尚真，司爱者（意志）尚好"①，理性求真，具有认识论意义；意志求善，具有道德意义。然而作为实体灵魂的两个属性，二者又是相互关联的："司明者，明仁之善，而后司爱者爱而存之；司爱者，爱义之德，而后司明者察而求之。"②由此，我们可以说，人性问题的讨论在利玛窦那里既有知识论意义，又有道德意义，从而既在具体内容上"拒斥了朱熹以仁义礼智为人性的性善论"③，又为意志问题的讨论增加了一种认识论考察的视角，是利玛窦在东西方文化中适应主义政策的一种有效尝试。

《天主实义》之后，则有《灵言蠡勺》。《灵言蠡勺》为耶稣会士毕方济（1582—1649）所著的论述人类灵魂的汉译西学书籍（徐光启笔录，1624 年刻）。毕方济为意大利人，1610 年抵达澳门，1613 年入京。《灵言蠡勺》分上下两卷，由五篇内容组成："论亚尼玛之体""论亚尼玛之生能觉能""论亚尼玛之灵能""论亚尼玛之尊与天主相似"和"论至美好之情"。上卷之第一、二、三篇以问答形式，主要对灵魂实体及其能力（生命、感觉和理性）进行了哲学探论。在紧接着的第四、五篇则就天主与灵魂关系以及作为灵魂之终极目的的天主到达之过程展开了论述，神学知识占据此卷中心。尤其值得注意的是，上卷有关灵魂实体和能力的论述，吸收了中世纪托马斯神学的主要

---

①② 利玛窦著，梅谦立注，谭杰校：《天主实义今注》，第 189 页。
③ 孙尚扬：《基督教与明末儒学》，东方出版社 1996 年，第 85 页。

内容，而托马斯神学则摄取了亚里士多德生物学的灵魂论的营养精华，使得上卷的灵魂学说讨论具有哲学气质。

经利玛窦倾心介绍，灵魂论在中国知识分子中间受到了广泛的关注，因此，也就很容易理解毕方济书写《灵言蠡勺》时的考虑了。在《灵言蠡勺引》中，毕方济表露了自己的心迹。他认为，灵魂为天主与万物的中间者，正是因为理解了灵魂的尊严和本性，人才能认识自己，认识天主，最终走向享受永恒幸福之道。另外，毕方济还谈及灵魂学说的现实效用：

> 经营于格物穷理学之学者，之所以一究亚尼玛之美妙，是为知己（修身）之用，进而可以齐家、治国、平天下。大体而言，人之师牧者，更应致力于亚尼玛之学，以其理成为齐家、治国、平天下之方。（《灵言蠡勺引》）

引文中"齐家、治国、平天下"等为《大学》八条目。毕方济认为，对灵魂的理解是进入天主信仰的入口。毕方济借用儒家的语言，向信奉现世儒学的中国知识分子传播灵魂学说的现实功效，试图在知识分子心中树立西方灵魂论的优越地位。只有知晓了灵魂的尊严和本性，士人才能真正实现儒家的理想。因而基督教的灵魂论有助于儒家理想的实现，从而达到与儒学相适应的目的。在一定意义上来讲，将《灵言蠡勺》称作"补儒论的灵魂论"再为恰当不过了。

三、朝鲜儒学对灵魂论的主动吸收：灵魂论与性理学的调和

星湖（1681—1763）学问之根本在于朱子性理学，亦留心于社会现实问题的解决，于土地、身份、科举、工商业等多领域提出改革方案。星湖对于学术的广泛兴趣，最终将他引向西学。星湖很早便开

始了与西学的接触,根据记载,星湖的父亲李夏镇,曾作为使臣来往于中朝,并从北京带至朝鲜数千卷藏书,其中很有可能包含数目不菲的汉译西学书。星湖众多著述中所言及的汉译西学书籍,遍及天文、历算、地理、科学、宗教、伦理等领域,在当时的文人之中可算出类拔萃。尤其是针对《天主实义》《天问略》和《职方外纪》所书之跋文,也大多分散在其文集之中。①

沉醉于阅读西学书籍的星湖,对西学有着深刻的思考。星湖《跋天主实义》:

> 其学专以天主为尊,天主者,即儒家之上帝,而其敬事畏信则如佛氏之释迦也。以天堂地狱为惩劝,以周流导化为耶苏,耶苏者西国救世之称也。自言耶苏之名,亦自中古起,淳朴渐漓,圣贤化去,从欲日众,循理日稀,于是天主大发慈悲,亲来救世,择贞女为母,无所交感,托胎降生于如德亚国,名为耶苏,躬自立训。②

另外,星湖的弟子慎后聃(1702—1761)在记录与其师有关西学话题的著作《纪闻编》,为我们了解星湖的西学造诣提供了一个很好的窗口。慎后聃于1724—1726年间四次探访星湖,向师询问西学。1724年3月初次访问星湖之时,就泰西利玛窦及其学问向星湖提问,星湖回答说:

> 此人之学问,不可疏忽对待。今彼所著《天主实义》《天学正宗》之书物,尚不知其道与吾儒教合致与否,然论道之所至,仍可以圣人称之。

---

① 姜在彦:《西洋と朝鲜——异文化の出会いと格斗の历史》,东京朝日新闻社2008年。
② 李星湖:《跋天主实义》,《辟卫编》上编,悦话堂发行,完山李晚采编纂,1971年。

如书中所言，[头部是授予生命的根本，头部中有脑囊，为记忆之主体]，而且，[草木之中有生魂，禽兽之中有觉魂，人类之中有灵魂]。此为其学问所论之大体要点。此论纵与吾儒教之心性说不同，也并非完全相异。（《遯窝西学辨·纪闻编》甲辰春见李星湖纪闻）

也就是说，慎后聃认为，星湖对《天主实义》的三魂说和脑囊论持肯定接受的态度，并试图从中寻找与儒家心性论之间的合点。

安山先生（星湖），今观亚尼玛之学，主脑囊之说，视脑囊为记忆之主体（其所记含。必有无形之所，有形之所，则脑囊，无形之所则亚尼玛《灵言蠡勺》论灵能）。此类学说，纵发吾儒教经典未有之见解，尚有可以领略之妙处，无碍于普遍道理。（《遯窝西学辨·纪闻编》戊申春见李翊卫纪闻）

众所周知，利玛窦写作《天主实义》，以向中国人传播基督教教理，因而《天主实义》带有教理入门书的性质。实际上，利玛窦在《天主实义》中通过诉诸自然理性的手段，试图向同样具有朴素的理性思考的中国人证明天主存在和灵魂不灭等教理内容。之后，利玛窦的《天主实义》传入朝鲜，在朝鲜朱子学者星湖的眼中，基督教最为本质的上帝存在等内容似乎并不能为朝鲜人所接受，仅仅就灵魂论中某些符合自然科学的要素做出积极性的评价，肯定了三魂说和脑囊说具有一般理性的说服力，从而被星湖所接受。而且，根据慎后聃的回忆，星湖应十分熟悉毕方济《灵言蠡勺》的内容。毕方济在《灵言蠡勺》中补儒的尝试，尤其是在灵魂论有关三魂和脑囊说上的缜密逻辑，促使星湖从朱子性理学上对基督教灵魂学说进行比较，在基督教灵魂学说的基础上对朱子性理学重新做出思考。在调和退溪李滉的理气互发和粟谷李珥的理气不相离原理后，创立了独特的心性论。

首先,星湖试图向我们证明四端与七情为两种完全不同的感情。他将身体感觉规定为人心,感觉或知觉为心的重要的构成要素。以朱熹"饥寒痛痒为人心,恻隐、善恶、是非、谦逊为道心"为依据,将四端视作道心,是伴随着喜怒哀乐等七情以及生理感觉(人心)而生起的必然性情感。由此,星湖得出四端为道心,七情是人心的结论,是对朱熹人心道心说的借用。

> 故曰人心听命于道心。谓不以七情而过分也,不然不食不衣而无饥寒之心,方谓听命耶。宁有是理,故七之哀非四之恻隐,七之恶非四之恶,此私而彼公。私则生于形气,与道心苗脉判别。故好学论云,外物触其形而七情出焉。去却一气字,而其义尤明,其所为理之发气之发有何难知也,须与此见得,然后方可以语道矣。凡此犹未说到心体之乘气出入也。夫血肉之心,五脏之一。神明之心,脏中出入之气也,盛储该载敷设发用皆神明之所为,故曰心统性情也。[《星湖先生文集》(一)卷十一《答李斯文》,"域外汉籍珍本文库"第二辑集部第二十一册,第559页]

同时,为了说明两情论的合理性,星湖试图将人心与草木、禽兽做对比。

> 论心不一。有曰草木之心,有曰人物之心,有曰天地之心。心则同而有不同者存何也。彼顽然,土石谓之无心。至于草木,生长衰落若有心然者,而无知觉,只可到生长之心而已矣。禽兽之有生长之心则固与草木同,而又有所谓知觉之心。夫禽兽生而长而老而死,是其一肢体一毛羽,得养而充伤缺复完,是于草木之心无少异也,而与知觉不相干。知觉者知寒觉暖,欲生恶死之类是也。知觉之于生长老死不能加损,故毛落复生爪,缺复长。而知觉无与焉。是则二者各为一物,而不相混也。至于人,其有生

长及知觉之心,固与禽兽同。而又有所谓理义之心者。知觉之心,知之觉之则止,故其用不过乎趋利避害。在人则人心是也。若人者,必以天命所当然者为主宰而欲或甚于生,恶或甚于死,则道心是也。[《星湖先生文集》(二)卷二十二《心说》,"域外汉籍珍本文库"第二辑集部第二十二册,第40页]

星湖关于人心构造的论述,酷似利玛窦《天主实义》第三篇和毕方济《灵言蠡勺》中介绍的亚里士多德灵魂论的内容,是他在把握了《天主实义》灵魂论的本质后,与儒学心性说进行融合的一种尝试,其将理性与感觉分开而形成的两情论,极有可能受到《天主实义》和《灵言蠡勺》三魂说的影响。

其次,星湖试图将心之所发分为外感路径和内应路径的方式,在证明四端理发、七情气发的同时,为理气不相离原则做辩护。

感外物而动,四端七情皆同。吾性直感外物而动之时,与吾形气无涉者属理发;外物与吾形气相接而后,吾性始感而动者属气发。(《星湖全书》《四七新编》"七情便是人心")

在星湖看来,人心所发之根据有二。一则为与形气无关的理发,一则是以形气为发明之因的气发。也就是说,四端是由外部刺激直接传达至内心,七情则是外部刺激经身体生出感觉后传达至内心。而且,这产生了两种气,一种是七情气发之气,另一种是理发气随之气。前者为与身体相关的混沌之气以及辅助心脏运行之气,与身体器官相关,为形气;后者为方寸神明之气,脱离于身体,为无形之心气。因此,理发和气发因外部刺激传达至内心的方式不同而相区分。此说已经非常接近于天主教灵魂机能问题的讨论。

盖欲明悟此物,必令其物合于明悟之司。有形有质者不可得入,即不可得合。故必脱去私质取其公共者与作合而明悟之。若无形无质者,不须解脱,自能成灵像而作合也。故亚利斯多曰,亚尼玛是万物。谓一切诸物,凡有形者,尽归五司。亚尼玛得用明悟者,取其像而通之,无形者尽归明悟,取其灵像而用之,而通之,则亚尼玛不化为万物,而万物皆备,是得有万物也。(《灵言蠡勺》卷上《论亚尼玛之灵能》"论明悟者")

毕方济认为,理性认识的对象并非个别事物,而是普遍事物。有形之物若不从个别的资料中分离出来,便不能成为普遍事物。无形之物自身已是理性的原像,具有普遍性。如此一来,便与星湖所谓心发的构造十分相似。道心为四端,人心为七情。毕方济与星湖学说之间诸如此类的相似性,在两人的著作中可以找到很多。

星湖的二气说与毕方济的灵魂说之间的相似性不容否认。因为,无论是灵魂还是气,皆为原始性的存在,或者说是认识的根源,且灵魂和心气的主要场所皆为心。可知,东西方学说在灵魂学说上找到了相互补充的切口,成为东西思想交流主要理论途径。

小　　结

自沙勿略始,经过近半个世纪的努力,天主教会试图不断地在理论和实际生活中向东方的人们说明以下三个思想要点。第一,天主教信仰中上帝的绝对、普遍以及唯一性;第二,灵魂是被上帝创造出来的,人类灵魂具有区别于其他事物的理性特征,这完全不同于东方世界中万物同理的宗教提示;第三,基督教的来世观、天使堕落、灵魂拯救以及获得拯救所需遵循的现世规则(十诫)等一整套信条。尽管他们批判东亚文化圈内的佛教儒教思想,彰显基督教的优胜地位,并在巴鼻庵、利玛窦和李星湖那里形成了成熟性的批判果实,但是东方文化中对于伦理道德实践的重视一直萦绕在他们的脑海中,需要他们认真地对待。无论是巴鼻庵用西方思想批判东方思想的做法，利玛窦通过东方典籍诠释西方信仰的实践，还是李星湖运用灵魂论调适性理学说的努力，都是调和东西文化差异的一种尝试。

《耶稣会讲义纲要》(1595年日语版)中的"灵魂不灭"难题*

日本上智大学　川村信三撰；
复旦大学宗教与国际关系研究中心　段世磊译

16世纪90年代初期,范礼安作为耶稣会东亚传教区的视察员来到日本,筹备日本传教事业,向时任日本准管区长(Vice-provincial)的神学家佩德罗·戈麦斯(Pedro Gomez)下达特命,令他以将来在日本从事传教活动的神学生为对象编写神学教科书,并指示他教科书应以欧洲神学文本为参考模板。① 1593年,佩德罗完成了452页之多的拉丁语版《讲义纲要》(*Compendium catholicae veritatis*)。与其他活字印刷的基督教版本书籍不同,此书为手写缀本,是为神学学生使用而制作的实验本,一般来讲并无大量出版的必要。也许手写阶段是为之后印刷刊本做的必要准备,所以也很难获知手写原稿的册数。不管其真意如何,最终还是完成了多达数百页的《讲义纲要》,成为佩德罗·莫雷松(Pesro Morejon)在天草神学

---

* 本稿已在拙著《战国宗教社会＝思想史——キリシタン事例からの考察》(知泉书馆2011年)中展开过讨论,提交广州中山大学西学东渐文献馆学术会议的这篇稿件是在原稿基础上重新构思,添加了几处新的考察,再一次展开论述。

① 范礼安于1580年写给耶稣会总长的《日本神学校规则》有这样一段记载:"应该使用明晰而简洁的方法教授年少的学生们……是为他们编写简要的基督教教义呢,或是使用既存的《纲要》。"ARSI Jap. Sin. 2, 36v. 纲要参考模板的作者是马尔库斯·维吉利乌斯(Marcus Vigerius)和狄奥尼修·卡图西亚诺Dionysio Cartusiano(1402 – 1471, Ordo Carthusiensis)。

院为 30 名学生（葡萄牙人、日本人）上课时使用的讲义。①

与欧洲和印度耶稣会神学院中教科书一样，《讲义纲要》由三部分构成。因为神学院中日本神学生的存在，《讲义纲要》中有着为日本思想文化特殊考虑的明显痕迹。本稿正是要考察针对日本的部分。《讲义纲要》第一部分题为"天球论"(De Sphera)，讨论宇宙论、天文学和气象学；紧接着第二部分讨论人间论、真理论，即基于亚里士多德"灵魂论"并由阿奎那(Thomas Aquinas)发展而来的"灵魂论"(De Anima)；第三部分则考察以特伦特圣公会议上确定的教理为基础的神学论(De Theologia, Catechismus Tridentinus)。1595年，为了让日本人也能够轻松地理解其中的内容，遂将拉丁语版的《讲义纲要》全部翻译为日语。

因为是从拉丁文完整地翻译而来，所以 1595 年的日语版本理应与拉丁语版本内容一致。然而，检阅其内容时，我发现日语版本中补充了十多页拉丁语版中所未见的内容。我将此部分称作"附加部分"。拉丁语版本中未有，仅在日语版本中出现，足见此"附加部分"意义重大。大概是考虑到日本读者的存在而特意添加了这部分内容，其对象也设定为能够阅读日语的教师和学生。但事实上，不仅日本人能够阅读日语，那些有着多年日语学习经历、从事传教活动的欧洲传教士们同样可以使用。因为他们传教过程中，通常以日本人为说教对象。不管怎么说，很清楚的一点是，"附加部分"是以日本人为对象，尤其是为了日本人而特意书写的内容。

"附加部分"集中讨论了这样一个议题：是否能对"灵魂不灭"进行逻辑论证，即对"灵魂不灭"如何可能的问题，罗列 13 条论题展开哲学和神学上的讨论。这 13 条（共计 12 页内容）有关"灵魂不灭"的论证，不仅出现在"附加部分"，也散见在拉丁语文本之中。值得特别重视的是，日语版本将散落在拉丁文版本中同样的文本内容整合

---

① 尾原悟编著：《イエズス会日本コレジヨの讲义要纲》，Ⅰ，キリシタン研究 34 辑，教文馆，第 454 页。

到一处而成为"附加部分"。从中也可以看出为适应日本当地而做的特别考虑。"灵魂不灭"论在日本引起巨大争议,是受到反驳的一项重要论题。为了强调"灵魂不灭"这个论题,编者认识到整合相关议论以示于人的必要性和紧迫性。日本人如何看待"灵魂不灭",若有用以反驳的根据,又是取何种立场的? 而且,即便是从使人联想起具有日本思想特征的某种思考方式的意义上来讲,讨论"灵魂不灭"也意义非凡。以此为背景体会《讲义纲要》内容的同时,还要指出传教士们对日本人因否定"灵魂不灭"而引发之危险的担忧。

一、原稿和收藏地

保存在梵蒂冈图书馆的拉丁语版本(1593年8—10月制作),是现今唯一的原本。原稿包括三部分内容。第一部《天球论》(*De Sphera*),第二部《灵魂论》(*De Anima*),第三部《基于特伦特会议制作而成的教理》(*De Theologia, Catechismus Tridentinus*)。尾原悟氏的"解说"已对此做过详细的书志学考证,这里仅列其要点。① 最早将拉丁语本《讲义纲要》介绍给世人的是约瑟夫·修特神父。此本收藏在改宗天主教的瑞典女王克里斯汀娜收集的藏书中。女王改宗后移居罗马,在她死后(1689年去世),此本便随即被保存在梵蒂冈图书馆。

在因《日本史》(*Historia de Japam*)一书而闻名的路易斯·弗洛伊斯(Luis Frois)主编的《年报》(1595年10月)中,他透露出日语版《耶稣会讲义纲要》的完成时间为1595年。《年报》还记载了当时天草神学院中讲义的实际使用情况。因此,有很大的理由认为,日语版本是专为那些无法使用拉丁语的日本人助理修士和只能用日

---

① 尾原悟编著:《イエズス会日本コレジヨの讲义要纲》,I,キリシタン研究34辑,教文馆,第446—467页。

语传教的助理修士而制作。《讲义纲要》的对象不仅包括修习拉丁语版《讲义纲要》课程以成为司祭的神学生,还包括那些协助传教士的日本人助理修士。

弗洛伊斯的报告中虽有日语版原稿的相关信息,但人们很长一段时间都认为原本已失存。然而,1995 年在牛津大学莫德林学院图书馆却奇迹般地发现了它的"幻之原本"。① 此后,人们便开始在拉丁语版本和日语版本之间进行比较和探讨,澄清了新的事实。其中就发现了日语版本中存在而拉丁语本中没有的"附加部分"。从日语版本的标题中可以得知,译者是在佩德罗·戈麦斯手下工作,负责培养年轻耶稣会会员的修炼长佩德罗·拉蒙(Pedro Ramon)。而且,也有一部分研究者指出,拉蒙的工作离不开一位日本人的协助,他就是著有基督教书籍《妙贞问答》和基督教反驳书《破提宇子》的不干斋·巴鼻庵。巴鼻庵自己著作中的插话同样出现在《讲义纲要》之中。因为有日本人的协助,日语版《讲义纲要》具有拉丁语本中所没有的日本特色。②

二、对"De Anima"和"附加部分"的考察

本稿以《耶稣会讲义纲要》"第二部"为焦点进行考察。"第二部"总计分为三卷。

第一卷对"Anima"进行整体考察,从第 10 章开始特别讨论了"植物之魂"(Anima Vegetativa)。将注意力集中在其"生"之功能上来,由此与无机物相区分。传教士向日本基督徒们讲解"生物"(有情)和"非生物"(无情)之间的区别。支配生物之根本存在方式的是

---

① Oxford University Magdalene College MS228.
② 神崎繁:《魂(アニマ)への態度——古代から現代まで》,岩波书店 2008 年,第 171 页。"讲义要纲"中使用的比喻在巴鼻庵的《妙贞问答》中也被使用。

"植物之魂",利玛窦(Matteo Ricci)在《天主实义》中将其翻译为"生魂"。

第二卷论"感觉之魂",计有 22 章,指拥有知觉(感觉)之魂,一般指代动物。利玛窦将其翻译为"觉魂"。

第三卷则探讨《灵魂论》的核心"理性灵魂"(Anima Rationalis),计有 21 章。利玛窦称之为"精魂"(或"灵魂"),是司掌人类根本能力的"能动知性"(Intellectus)活动之场所。"理性灵魂"是人类特有的灵魂,其中有着比"生魂"和"觉魂"更高层次的"灵"的能力,即洞察事物、窥知肉眼所不能察见事物价值的能力以及最终得以"认识神"的能力。人类是不断发问的生物,由洞察而理解,经理解而生判断、抉择,从而达到理解感觉所不能把握的超越性事物,终至对神的认识。而且,此魂为神的造物,分有神之"光",像天使(Anjo 虽非神,却是比人类更优越的存在)一样被赋予不灭的实体。人类求知求全之欲无限广大,因此,人类之魂需具备"永恒"之属性。以上便是人类之魂的概述。

在此我想强调的是将"アニマ"(anima)置换为日语中的"灵魂"。罗明坚在《天主圣教实录》中示以"人魂",利玛窦则称之为"灵魂"或"精魂":"身虽殁形虽涣,其灵魂仍复能用之也"或"然灵魂常在不灭所遗声名善恶实与吾生无异"。① 而且,《天学初函》(二)之《灵言蠡勺》中"谭言灵魂亦言灵性"②,同样使用"灵魂"。③ 汉语直接以"灵魂"译解"anima"。19 世纪,日本出版业活跃,有研究者沿用汉语用法,将亚里士多德的《De Anima》译为《灵魂论》,此译法广为世间所熟知,如今已成与日语有关"灵魂"的普遍用法。

然而,按照日本基督教惯例,一般以表音文字的片假名"アニ

---

① 利玛窦著,后藤基巳译:《天主实义》,明德出版社 1971 年,第 102 页。
② 利玛窦著,后藤基巳译:《天主实义》,第 106 页。
③ 关西大学东西学术研究所编:《天学初函》(二),收录在大庭脩《江户时代における唐船持渡书の研究》,1967 年,第 430—450 页。天学初函大意一册(九州大学附属图书馆藏)。《灵言蠡勺》收录在第 447 页。

マ"指代"*anima*",不使用"灵魂"进行对译。同样,也不以"天主"翻译"*Deus*",而是使用片假名"デウス"表示。因为这里存在一个非常重大的问题,即当时情形下,日语与基督教概念之间的差异。此问题最终发展成中国思想史上的"礼仪之争"。

虽很有必要对此问题单独进行详细论述,但这里仅指出其问题所在,即在向传教当地的人们传播西洋基督教概念时产生了翻译和神学教义上的问题。翻译是通过设譬、把握、分类来确定两个不同文化圈共有的概念,最终选定译语的过程。从某种意义上来讲,并不能达到完美契合,至多以接近于百分之百的类似概念进行表示。然而,在神学用语上,即便其中一方文化圈存在类似概念,还是很容易产生使用并非完美契合译语的危险。例如,开教日本的传教士沙勿略就深受此问题的困扰。他将 *Deus*(神)合着日语发音的同时,使用日本人自古保有的象征万物之源的佛教名词"大日"(Dainichi)进行对译,产生了许多误解和混乱。因此,沙勿略及之后的传教士决定绝不再使用表示日本神佛概念的日本汉字翻译神学用语,而是统一使用对拉丁语或葡萄牙语进行音读的日本表音文字——片假名代替。例如,用"a=ア""ni=ニ""ma=マ"表示"*anima*"。耶稣会传教士称这种做法为"神学用语原语主义"。所以,日本的基督教教理用语,无论是神学还是哲学,皆用拉丁语和葡萄牙语的音读文字表示。另外,《灵魂论》中还使用了原语的"日本语转讹"语。例如,用葡萄牙语"アンジョ"(Anjo)表示"天使",用"ヒロゾヒア"(*Philosophia*)表示"哲学",极力避免由文字标记带来的误解、误读和相异的解释。因为仅仅用"表意文字"构造语言的汉语很难捕捉。每一个汉字皆有其"意义",使用过程中还有可能添加其他的意义。新思想进入中国,所有的经典都被翻译为汉语。此时,该如何表示中国没有的新概念呢?[①] 其中是否有一定规则呢?佛教传入中国之

---

① 船山徹:《佛典はどう汉译されたのか——スートラが经典になるとき》,岩波书店 2013。

际,所有经典由梵文译为中国文字,作为接受方的中国就不存在任何问题吗？在基督教传入之际,这同样是一个值得令人深思的课题,但因大大脱离本稿旨趣,只能割爱,留待以后研究。

我们可以得出结论,在日本,比起以"灵魂"表示活着的人类存在,"灵魂"更多给人一种与死者相纠缠的印象。8世纪以前多有"死魂""亡魂"等用法,9世纪时还包含"怨灵"和"怪物"的意味,即与死者牵连在一起的灵。另一方面,《讲义纲要》中的"灵魂"(アニマ)却通常用来表示活着的人类,是人论范畴内的主题。用使人联想到死亡的词汇解说活人的魂(アニマ),自然会生出不小的误解。耶稣会的传教士们所揭示的神学内容不过是"此世"中活着的人类,虽然其不灭的特性必然将视野投向"来世",但其基轴却一直被置于现在。如此便能从"アニマ"的译词中看出对原语尊重的意味了。为了展开不同于一般日本人有关"灵"之认知的新的人间学讨论,并避免产生不必要的误解,耶稣会传教士索性在注释部分保留了原语。因此,《讲义纲要》中从始至终没有出现"灵魂"两字,只用"アニマ"。此为基督教初向其他文化,特别是向日本和中国等地区传播基督教教义遇到的重大问题。

三、"灵魂不灭"争论的最终目的

有关"灵魂不灭"争论的13条内容如下：

论证理性灵魂(アニマラシヨナル,Anima Rational)不灭。分13条论述理性灵魂为不灭之灵体的道理。

1. 知性(エンテンヂメント Entendimento)能力(カハシタアテ Capacidade)及其活动范围。
2. (理)悟性(ヲンタアテ Vontade)的能力及其活动范围。
3. 魂(アニマ,Anima)最初所具之无限欲求(アヘチイト

Apetito)。

  4. 不同于"色相"(肉体、色、形)的理性。

  5. 不同于"色相"(肉体)的理性的机能。

  6. 澄清灵魂(アニマ)产生及物体消亡之原因。

  7. 理性灵魂(アニマラシヨナル)拥有类似于神(*Deus*デウス)和天使(*Anjo*アンジョ)的不灭特性。

  8. 以神义(*Iusticia* 正义)证明灵魂不灭。

  9. 以神恩(*Providencia* 摄理)证明灵魂不灭。

  10. 从人类拥有趋至上之真理达至高之良善的欲求出发证明灵魂不灭。

  11. 从理性灵魂具有敌视"六根"(五种外感觉和一种统感,总计六种感觉)的特性证明灵魂不灭。

  12. 一切人类,在其思考灵魂不灭之时,就证明了其不灭性(インモルタリタアテ*Immortalidade*)。

  13. 论述灵魂不灭,对于人类来讲,兹事体大,是一种德,也是愧。①

  十三条内容中,前半部分主要用来解释人类的知性和理性的功能,强调其为人类特有之能力。试图通过展示理性之无限的求知欲,论证其不灭性。"附加部分"以外的文本,在此不再说明,仅就其概要进行重述。

  第13条作为结论部分显得尤其重要,也是耶稣会传教士在与日本普通知识分子进行讨论时遇到的最具争议之处。此条目向我们展示了强调"灵魂不灭"的终极理由。正是因为灵魂不朽,人们此世的作为造成的后果才有可能在来世承担起相应的责任。强调灵魂不灭实则是为了重新提出来世赏罚的概念。由此向人们说明现

---

  ① 尾原悟编著:《イエズス会日本コレジヨの讲义要纲》,Ⅰ,キリシタン研究34辑,教文馆,第210—211页。

世中善行或者伦理行为的必要性。而且,此世间有着正义难申的苦恼,经常可见恶人昌盛、善人受难的现象。"灵魂不灭"和"来世赏罚"的存在便可以将正义的审判放在来世而非此世中进行。神在来世施行正义审判,其对象为自此世而永存的"灵魂":

  论灵魂不灭之事,克胜万物消亡,而生德性。思灵魂不灭之人,目及来世苦乐,因以避罪,而修善作。思灵魂消亡之人,舍努力伦理之道,趋恶而行。(中略)此世之中,尚有彻思灵魂不灭之人,能避灾厄,多行良善。①

也就是说,论述灵魂不朽不灭之事,可使人思来世,教人为了来世的喜悦,对现世的苦难存以德善,努力改良自身,这在伦理教化上具有相当重要的意义。人是由身体和灵魂组成的存在,人死之后身体随之消亡,灵魂则永存。灵魂被刻有现世善恶行为之原因的烙印,来世则持续保有其结果。因而可以得出结论,即现世努力去过一种正义、善良、德性的生活异常重要。

  日本的传教士和基督徒们并非首次面对灵魂不灭论与伦理学之间相互紧密关联的问题。4—5世纪中国东晋的佛教徒慧远(334—416)的思想也有着同样的逻辑构造。

  慧远是东晋后期庐山东林寺出身的僧人,著有《明报应论》和《神不灭论》,两文通篇强调劝善惩恶的伦理规范。五胡十六国时代之后,汉族占绝对统治地位的局面崩溃,其对抗外来文化处于薄弱时期,而佛教则日渐兴盛。随之出现了这样一个问题,即一直以来的汉族文化如何与新传入的佛教文化相调适。问题的核心是,印度本身就存在着长久被拿来讨论的"无我论"和与婆罗门教关系紧密的"有我论"之间的对立。而在中国,传统的思想家们从"无我"立场

---

① 尾原悟编著:《イエズス会日本コレジヨの讲义要纲》,Ⅰ,キリシタン研究34辑,教文馆,第233—234页。

出发构建人间论,向人劝教精神(魂)灭亡的学说。佛教思想家们则支持精神实在不灭的"神不灭论",从而与古老的学说相反对。可见,中国佛教思想家们支持"神不灭论"过程中思想上的奇妙转变,于此神不灭论之中发现了不灭的精神实体——"我"。因而中国的佛教思想家们就不得不解决以"无我"为前提解释"有我"之"精神不灭论"时出现的矛盾。[①]

慧远曰:"肉体乃精神暂居之姿,即便肉体消亡,精神仍不灭。"慧远神不灭论中的"神"具有"识神"和"精神"的意思,与佛教用语中包含"灵魂""魂"意义的"我"相等同,也与《讲义纲要》中的"アニマ"同义。此不灭之"精神",是为了实现佛教"魂"的轮回转世。当然,同是"不灭",基督教却不讲轮回转世,而是用其表示线性的永恒。也就是说,此世和来世被视作线性的时间,不可逆,更不能重复。因此,基督教的灵魂不灭论就必然强调对于严正的善的选择。但是,在"神"或"魂"之永恒性是现世原因之结果这一点上却是无差别的。之后的《天主实义》中,虽然利玛窦不得不向人阐明基督教永恒性的不同之处,但在"魂之不灭论"和"由现世之生活态度决定来世赏罚"这两点上,与慧远的神不灭论确系有着相同的思想构造。[②]

四、对伦理思想的强调和日本的救济论(本觉论)

在日本,耶稣会传教士为何强调"灵魂不灭"论,恐怕是细心地留意到作为"灵魂不灭"论证结果的有关来世的赏罚和对现世伦理

[①] 有关慧远可参照,梶山雄一:《慧远の报应说と神不灭论》,木村英一编《慧远研究—研究编》,创文社 1962 年;有关慧远与"灵魂不灭论"的关系,拙著《战国宗教社会=思想史》(知泉书馆 2011 年)有展开论述。
[②] 利玛窦著,柴田笃译,:《天主实义》,东洋文库 728,平凡社 2004 年,第 151—152 页。后藤基巳译:《天主实义》,明德出版社 1971 年,第 158—160 页。

行为的奖励。为了回答这个问题,有必要指出日本人的思想特征,尤其是其中最不易被欧洲传教士予以反驳的方面。这里所谓的日本思想,是指构成日本人思想抵抗之根底的本觉论思维倾向。

有必要看一下耶稣会传教士和日本人最初议论时可能出现的状况。颇具代表性的例子记载在弗洛伊斯的《日本史》中。[①] 1560年初,已经开始在京都从事传教活动的卡斯帕尔·维莱拉(Gaspar Vilela)和佛教徒之间展开了一场对话。维莱拉以位于京都中心的贫民街为日常起居之地,连日与日本人展开争论。其中,维莱拉与某派佛教僧侣们就人类的拯救展开议论。维莱拉问,佛教教义之中,为了获得拯救,是否必须积累某种德行和善业,另外,如此是否所有人都能获得拯救。也就是说,有关拯救一事,是人间的业报(应报)重要,还是神(佛)的恩惠更重要的问题。佛教僧侣们对于此类连孩童都明白的问题付之一笑,并且说,既无功德无业报,又不严守戒律的人是不会获救的。值此间不容发之际,维莱拉继续追问道:我见佛教经典之中称"草木国土悉皆成佛"。也就是说,"不仅人类,所有的杂草、树木、土石,即存在之万物原先皆具佛之本性,皆可被拯救",那些既不能作恶,又不能行善,更不具德性的非理性被造物也可以获得救赎。那么,既然来世的荣光和惩罚是根据其相应的德行和恶行而被施与的,佛教又为何说万物皆有佛心呢?针对此问,佛僧们难以作答。因为,一边说通过修行就可以获得拯救,一边又说万物初始便处于获救之状态,两者矛盾。这正是维莱拉尖锐指出的。这实际上已经牵涉到对日本人精神层面的理解问题了。

"草木国土悉皆成佛"是日本佛教思想中至关重要的论题。需指出的是,欧洲基督教神学思想不同于佛教思想的地方在于将人类从其他自然存在中分离,赋予其特别的存在地位,并强调论述其理性灵魂的重要性。日本人感知大自然之"神威",甚而于石、沙之中得觅佛性。日本人能从夜空星辰的瞬间光辉、旷野小花惹人怜爱的

---

① 路易斯·弗洛伊斯:《日本史》第三卷,中央公论社1978年,第72—73页。

开放中,发现永恒之美,而对其垂爱有加。日本思想中的这种特征,用一句话来表述,就是"本觉论"(本觉思想)。①

本觉论是指"不单是内在的可能性,而是现实中即可开悟,众生(一切生物及可生物)原本之现实即是其悟性的呈现,不用特意寻求开悟而进行自我修行",从而超越"救"与"被救"、"善"与"恶"、"生"与"死"之间的所有的二元对立,达致绝对统一的境地,佛教称之为"空"。本觉论立基于超越任何形式的区别和差异、全体为一的绝对一元论之上。我们观看波浪一次次地击打岩石,脑海中对不同的波浪进行美丑上的区分,于其中发现无常的现实:波生而后灭的无常之相。然若宏观整片海洋,各个浪花之间的不同便自然消弭,所见者为一片汪洋大海。佛教所欲见者并非二元对立之相,而是绝对一元论的现实。因此,"美""丑""善""恶"仅是瞬时消失之相,尽可随时流转消逝。

基督教通常有一种使用希腊罗马式的思辨方法分析一切事物的"区别"性思维的倾向。这种将一切事物视作二元对立的思想,与其说是专属于基督教的,不如说是属于整个欧洲的。法国人的孩子和日本人的孩子在幼儿园中嬉戏时的情形,更为明显地表现出了这种倾向。日本人家的孩子把所有玩具放在自己身边,玩具杂然相陈,孩子们玩得不亦乐乎。法国人家的孩子则首先想到的是将玩具一一分类。

在宗教思想上欧洲人和亚洲人之间也存在着同样的差异倾向。欧洲神学彻底而清晰地规定出"善"与"恶"、"此世"与"彼世"、"拯救"与"毁灭"、"生"与"死"之间的区别。在诸如"何人获救,何人毁灭,何为善而被尊崇,何为恶而被摒弃"的追问之下,产生一种伦理

---

① 有关本觉思想研究,可参照以下书籍:田村芳朗编:《天台本觉论》,日本思想体系,9,初版 1973 年(第四版 1977 年);田村芳朗:《日本思想史における本觉思想》,相良享ほか编:《讲座日本思想》1(自然),东京大学出版会,1983 年;硲慈弘:《日本佛教の开转とその基调》下(中古日本天台の研究),名著普及会 1988 年。

上的说教：生于此世之际，为了能够善良地生活，有必要"修德"。可以说，"修德"一词背后隐藏着某种人世间的倾向。

另一方面，从"本觉论"可以归纳出这样一条结论，即因为"人原本就能获救"，所以也就不需要勉强在德行和善行上努力。当然，如前所述，佛教本觉论并不偏向于强调这条结论。然而，实际上日本佛教的某些宗派常常对"本觉论"加以曲解，向人传布暧昧模糊的解释，将人引向"没有必要进行修行和锻炼"的结论：人类满可以自行其是地过一种松弛怠惰的思考生活，虽然这种生活迟早会使人堕落。欧洲传教士们在面对普通的日本人时，兴许感受到了拥有此种文化特质的人们思想上可能出现的对世俗生活中修行主义、修德主义予以轻视的危险。当然，虽然并不是所有日本人都这样，但还是有一部分日本人持有错误的本觉论观点。

对本觉论的这种解释偏向，形成了日本佛教中一些具有堕落品质的异端宗派。先看其中的某个派系的主张："万物完满无缺，即悟成佛。"乍看之下，此观点似与本觉思想的根本洞察有相通之处，实际上却会因为持有此观念，丧失进取之心，在人类精神和实际行动两方面表现出迟缓之态。这种倾向即所谓"自矜于圆顿"，是人们对有关"救赎"问题上自认为因万物皆备于我，从而过分夸耀于自身的无所作为，以致产生轻视实际生活中的具体活动和努力态度的一种批判性说法。此为曲解本觉思想之结论的一大弊病。

另一异端宗派则认为，"彻底的现实肯定态度"会产生完全相反的结果。他们认为，烦恼、爱欲、愤怒、憎恨等皆为人本来所具之物，且不论此中是否存在有关善恶的判断，即便有，也因其肯定的一面不能被列入祈祷、礼仪等框架之内，从而摒弃掉了其中的伦理成分。他们将人性中消极的一面作为礼拜的对象以从事邪教性质的崇拜。"爱色贪财"成为人类本性中不欲被躲避，而是欲以其烦恼之本来姿态被接受、肯定甚至崇拜的对象。这实际上是一种脱离本觉论本意的"玄旨归命坛"，受到提出本觉论学说的比叡山天台宗的激烈批判。①

耶稣会传教士从事传教活动的室町时代的日本,有不少此类业已堕落、丧失自我本性的既存宗教。在如此环境下,耶稣会传教士的首要任务是从宗教和伦理的教义和仪轨出发,向人强调良性生活、积德行善的重要性。人类理性使人区别善恶,知性使人择善而行,此为理性灵魂最为重要的作用。而且,人们行善并非为了此世的便宜,它还留下了与永恒的结果相关联的烙印。因此,对于以"人类灵魂不灭"为主题的思想内容的具体而紧急的展示,便自然引出对于此世个人责任永远留存的强调。欧洲传教士们积极地发掘日本人此种倾向中蕴含的伦理上的努力以及过善良生活的人生态度,以唤起人们的注意,其结果便是凸显了伦理行为的重要性。而构成伦理行为合法性理论根据的正是"灵魂不灭"这一论点。因为灵魂永远残留着此世行为的烙印,所以人们便不再抱着世间万物皆能获救的乐观主义侥幸心理,从而转向努力作为的修德主义。

即便是5世纪初期欧洲基督教历史上,也在佩拉纠与奥古斯丁之间发生了有关恩宠论的争论。佩拉纠及其弟子主张,人类拥有通过信赖自由意志,继而自我努力便可达成应报的"拯救"的本性。与此相对,奥古斯丁认为,人类本性因原罪已受到破坏,单凭借自己的努力并不能获得拯救,拯救全仰赖神的恩惠。最终,教会以奥古斯丁学说为正统,佩拉纠则被判罪为异端。虽如此,在天主教历史中,还残留着佩拉纠修德主义的影响。这已成为一个主流的解释,即尽管同样是"善行"和"努力",但人类并不主导一切,而是在被给予神的恩惠之后,其所付出之努力才能发挥效力。耶稣会神学也极力推崇修德主义的一面。1565年闭幕的特伦特会议,考察了因其彻底的阿奎那主义立场而广为人知的宗教改革家马丁路德的反论,最终承认人类协力神义过程中自由意志和自我努力的可能性。耶稣会传

---

① 江户时代中期的天台宗僧侣灵空光谦(1652—1739)在《辟邪编》(1689年)做过彻底批判。之后,这种倾向便消失不存了。

教士接受了此种神学倾向,将其带至传教地。神恩是绝对的,而作为行动者的人类,则必须留意为获拯救所需的作为。与此相对,不断阐发本觉论的日本人,对于这种导致伦理上善恶两分之二律背反结果的判断自然不具好感。因此,耶稣会在日本所展开的"灵魂不灭"论证,是专向日本人强调的主要德目之一。"灵魂不灭"问题,是呈现出欧洲神学与日本人感性差异的难解而又重要的课题。

结　　论

最近电影界声传,电影巨匠马丁·斯科塞斯导演准备将远藤周作描写17世纪日本基督教殉教者之苦恼的《沉默》拍摄为电影。①电影讲述了一名身在澳门的葡萄牙传教士,得知常年从事传教活动的耶稣会指导者弃教的消息后,潜入日本,以确认虚实,在日本目睹了众多日本人基督徒信仰和殉教的情形。弃教神父说,"此国之人,只在自然中见到神","不能理解我们的神"。50年前,这部小说刚刚完成时,受到很多批判,这些批判大多由基督教徒发起。但是,如今冷静地面对这本书,可知其中并非对神的理解上出现了问题,而是欧洲人与日本人在有关拯救一事上思考方式的差异问题。欧洲神学(伦理)主张分析地、对立地、区别地看待一切现象,选取其中最好的方案,而日本人则主张超越二元对立,达致"绝对一"的真理。

---

① 电影《沉默》已在作者提交中山大学会议论文两个月后(2017年1月13日)在美国上映。——译者注

高一志为 Deus 汉译"上帝"与"天"术语的辩护

香港圣神修院神哲学院　段春生

一、高一志其人

明末意大利耶稣会士高一志(Alfonso Vagnone S. J.),1566 年 1 月出生于意大利北部都灵城十公里外的特罗法雷一个贵族家庭,自幼在耶稣会都灵中学接受了良好的人文主义培育。1584 年 10 月 24 日,高一志进入米兰布雷拉耶稣会院开始初学,在该学院接受了长达十三年系统的培育,主要研读神学、哲学、圣经、灵修、修辞学、伦理学等人文主义学科。1599 年,晋圣为神父,在布雷拉学院教授文学、修辞学、哲学五年,直至 1603 年 4 月 9 日,被派遣往中国传教。1604 年 4 月底,至澳门,不久后出发去肇庆和韶州。1605 年 2 月底,抵达南京。①

初到中国,取名王丰肃,字一元,又字泰稳,王是根据 Vagnone 的音译,丰肃则是 Alfonso 的音译。② 1604—1609 年,高一志"深居,

---

① A. Chiotti,—L. Pfister, Nella scia di un Grande: *Sei illustri missionari Gesuiti Italiani nella Cina del XVI e XVII secolo*, Taiwan: Chungtai press, 1991, pp. 26 – 35; Duan Chunsheng, *L'attività missionaria e pedagogica di Alfonso Vagnone S. J. in Cina* (1605 - 1640), (Universita Cattolica del Sacro Cuore di Milano, Milano, Italia, 2014), pp. 63 – 73; 费赖之:《在华耶稣会士列传》,中华书局 1995 年,第 83 页;段春生:《晚明意大利耶稣会士高一志生平考》(待发表)。

② 方豪:《中国天主教史人物传》,香港公教出版社 1970 年,第 147 页。

简出入,寡交游"①,努力学习中国语言与儒家经典。② 在米兰布雷拉公学院学习拉丁语、希腊语和希伯来语时,王丰肃学习语言的天赋已脱颖而出。③ 1606 年 8 月 15 日,利玛窦致信总会长阿奎瓦说自己"非常忙碌,无暇去写年度报告",建议道:"假使您愿意有人用意大利文报告中国传教的情形,可请王丰肃神父代笔。"④利氏在同一封信中写道:"王丰肃神父在南京已两年了,努力学习中文与文学,很有成绩,做事睿智有德,那里的长上对他非常满意。他入会已多年,学业与受试皆表现良好,相信他可以矢发本会四大圣愿。"⑤可见,利玛窦对王丰肃的才华和品德极为欣赏,并有意栽培他,使其堪当领导中国传教区之大任。

1609 年,鉴于中国传教区的需要,利玛窦任命王丰肃为南京会院负责人。⑥ 王神父不负利玛窦的厚望,致力于撰写中文教理书,培训基督徒参与传教活动。在短短几年时间,他将南京教会打造成全国最富有活力的团体之一。⑦ 1615 年,王丰肃希望在全国范围内展开轰轰烈烈的传教活动,他甚至准备上书给万历皇帝,只因时机尚

---

① 《破邪集》(卷一),周骿方编校:《明末清初天主教史文献丛编》,北京图书馆出版社 2001 年,第 121 页。

② ARSI, Lus., 3, 149;P. D'Elia, Fonti Ricciane, volume Ⅱ, la nota 4, tra le pagine, p. 278;A. Chiotti, —L. Pfister,op. cit., pp. 86 - 87; Id. I grandi missionari Alfonso Vagnone, op. cit.,p. 45.

③ 参见高一志于 1592 年写给耶稣会总会长的信。[Archivio di Stato-Indipete-vol. Ⅰ (1589 - 1606)].

④ 利玛窦著,罗渔译:《利玛窦书信集》下册,台北光启出版社,1986 年,第 320 页。

⑤ 利玛窦著,罗渔译:《利玛窦书信集》下册,第 322 页;另参见利玛窦著,文铮译,梅欧金校:《耶稣会与天主教进入中国史》,商务印书馆 2014 年,第 461 页;费赖之:《在华耶稣会士书目及列传》,中华书局 1995 年,第 88 页。

⑥ M. Ricci, Lettera Annuale del 15 agosto 1606, ASIA, Jia-Sin; P. D'Elia, Fonti Ricciane, volume Ⅱ, pp. 277 - 278. P. T. Venturi, Opere storiche, op. cit., p. 302.

⑦ A. Chiotti, —L. Pfister,Nella scia di un Grande: Sei illustri missionari Gesuiti Italiani nella Cina del XVI e XVII secolo, Taiwan: Chungtai press, 1991, p. 27; 费赖之:《在华耶稣会士列传及书目》,第 83 页。

未成熟而放弃了这一努力。① 就在这一年,耶稣会日本教省会长卡尔瓦略(Valentim Carvalho,1560—1631)因日本教难避居澳门,他严禁在华会士遵循利玛窦传教策略,主张要直接向中国人传教。②在这种论调鼓吹下,加之王丰肃性格急躁缺乏足够的耐心,遂采取了激进的传教措施,欲在短期内掀起一场轰轰烈烈的传教运动。结果却给那些文化极端保守分子提供了反教及"破邪"的口实,而沈㴶则充当"这一反对天主教的领袖"。③

1616年8月31日,南京教案爆发,王丰肃被捕入狱,1618年初被遣送至澳门。从此,他结束了在华传教的第一个时期。④ 1617—1624年,他在澳门圣保罗公学院教授五年神学与哲学。1624年3月,获悉南京教案发起者沈㴶归天,他遂改名为高一志,字则圣⑤,潜至南京附近的建昌及丹徒县一带传教。因其在南京影响颇大,徐光启建议在华耶稣会负责人阳玛诺(Emmanuel Diaz Senior,1574—1659)⑥派高一志到偏远的山西绛州,因为那里正好急需一位传教士。⑦

高一志在其人生的最后十五年里,于山西绛州一带传教成绩斐然。他在段衮与韩霖鼎力支持下,亲手付洗八千余人,建教堂与祈

---

① 参见高龙鞶著,周士良译:《江南传教史》(第一册),台湾辅仁大学出版社2009年,第155页。
② 邓恩著,余三乐、石蓉译:《从利玛窦到汤若望》,上海古籍出版社2003年,第108页。
③ 邓恩著,余三乐、石蓉译:《从利玛窦到汤若望》,第111页。
④ 邓恩著,余三乐、石蓉译:《从利玛窦到汤若望》,第113—128页。
⑤ 王丰肃从此改名为高一志,自此本文行文皆采用高一志。
⑥ 阳玛诺自1623年被任命为中国副区长,其时中国耶稣会省脱离日本,直属罗马总会长。他"温厚和蔼,知人善事,人皆爱戴,如是为副区长或视察员者十八年,为住所道长者十年"。高一志在译名之争辩护这一时期,正好由阳玛诺任视察员。见费赖之:《在华耶稣会士列传及书目》,第110—111页。
⑦ "按丹徒天主教,在明万历己亥,有教士利玛窦由上海来此,天启四年,高一志司铎来徒邑传教。"参见李丙荣续纂:《(光绪)丹徒县志》(卷一),民国七年刻本;周恭寿修,赵恺纂:《(民国)续遵义府志35卷》,续遵义府志卷,民国二十五年刊本。

祷所 102 所,被誉为山西开教宗徒。① 在学术方面,他也取得了惊人的成就。他勤勉写作,著述宏富,所译著的中文书籍达二十余部,举凡在伦理、教育、神学、哲学、修辞学等领域均有卓越的建树。他的《童幼教育》《达道纪言》《齐家西学》《修身西学》《十慰》,尤其《圣母行实》更是流传甚广,直至 20 世纪三四十年代,依然在教会内刊印流行。② 1640 年 4 月 9 日,高一志去世于山西绛州——他传教的大本营。③

二、从"了无私"到"天主"与"上帝"

第一位进入中国的意大利耶稣会传教士罗明坚(Michele Ruggieri,1543—1607)是汉学的奠基人,也是第一位用中文写出首部天主教教理书的作者。④ 罗明坚在将天主教教义介绍给中国人时"煞费苦心,且诚惶诚恐"。在《天主实录》初刻本中,他首次将拉丁文 Deus 的发音"统摄"(音译)为"了无私"。⑤ 在 1584 年刻板的《新编西竺国天主圣教实录》中,他更进一步写道:"天庭之中,真有一位为大地

---

① 邓恩著,余三乐、石蓉译:《从利玛窦到汤若望》,第 289—290 页;费赖之:《在华耶稣会士列传及书目》,第 92 页;高龙鞶著,周士良译:《江南传教史》第一册,第 263 页。

② 1746 年,雍正禁教期间,有一份福建福安的天主教被捕名单。该书曾被认为判别某人是否为教友的一个重要标志。凡是在家中被搜到藏有高一志的《圣母行实》者,即被认为是天主教教友,即刻被捕。见吴旻、韩琦编:《欧洲所藏雍正乾隆期天主教文献汇编》,上海人民出版社 2008 年,第 88、95、99、104、130 页。Duan Chunsheng, *L'attività missionaria e pedagogica di Alfonso Vagnone S. J. in Cina*(1605‐1640),(Universita Cattolica del Sacro Cuore di Milano, Italia, 2014), pp. 172‐175.

③ A. Chiotti, —L. Pfister, *Nella scia di un Grande*, p. 35. 费赖之:《在华耶稣会士列传》,第 83 页。

④ 古伟瀛:《啼声初试——重读罗明坚的教会词汇》,姚京明、郝雨凡编:《罗明坚中国地图集学术讨论会论文集》,澳门特区文化局 2014 年,第 242 页。

⑤ 古伟瀛:《啼声初试——重读罗明坚的教会词汇》,第 261 页。

万物之主。吾天竺国称之了无私是也。"①据学者研究,"了无私"是闽南语 Deus 的对应②,表示完全没有私心,代表天地泽及万物,如"天主报应无私,善者必赏,恶者必罚"。③ 其实"了无私"的"无私"概念,在儒家经典《礼记·孔子闲居》第二十九中早有提及,孔子曰:"天无私覆,地无私载,日月无私照,奉斯三者以劳天下。此之谓三无私。"可能由于道教强调"无",佛教强调"空"及"无"之故,为了区别于佛道二教,罗明坚在后刻本《天主圣教实录》中,将此译名改为"天主"与"真主"。④

继罗明坚来华传教的利玛窦(Matteo Ricci,1552—1610),自 1583 年,即努力学习儒家典籍,在遍读历代经典后,他认为先秦典籍中隐含有至上神——"上帝"Deus 的概念。⑤ 1595 年 11 月 4 日,利玛窦于南昌致信总会长阿桂委瓦(Rodolfo Acquaviva,1556—1605):"我们曾从他们的经中找到不少和我们的教义相吻合的地方,过去这数年,我由良好的教师为我讲解'六经''四书',获知如一位天主、灵魂不死不灭、天堂不朽等思想全都有。"⑥1603 年,利玛窦在北京首次刊印《天主实义》时,明确提出"吾天主,乃古经书所称上帝也",又说"历观古书而知上帝与天主特异以名也"。⑦ 在《天主实义》第二篇,他引用了十一段文字论证"上帝"之名,并"将该词(上帝)作为'天主'的同义词使用"。⑧ 利玛窦给普通人讲道时,多用"天

---

① 罗明坚:《新编西竺国天主圣教实录》,见钟鸣旦、杜鼎克等编:《耶稣会罗马档案馆明清天主教文献》,台北利氏学社 2002 年,第 11 页。
② 据学者研究,由于罗明坚的中文老师是福建人,因而他采用这个术语来表达"天主"。参见古伟瀛:《啼声初试——重读罗明坚的教会词汇》,第 242 页。
③ 罗明坚:《新编西竺国天主圣教实录》,第 42 页。参见古伟瀛:《啼声初试——重读罗明坚的教会词汇》,第 244 页。
④ 古伟瀛:《啼声初试——重读罗明坚的教会词汇》,第 244 页。
⑤ 谢和耐著,耿昇译:《中国与基督教——中西文化的首次撞击》,商务印书馆 2013 年,第 12、175 页。
⑥ 利玛窦著,罗渔译:《利玛窦书信集》上册,第 209 页;谢和耐著,耿昇译:《中国与基督教——中西文化的首次撞击》,第 13 页。
⑦ 朱维铮编:《利玛窦中文著译集》,复旦大学出版社 2001 年,第 21 页。
⑧ 谢和耐著,耿昇译:《与基督教——中西文化的首次撞击》,第 12 页。

主",而与文学士谈话时,则多用"上帝"。① 可见,利玛窦在术语问题上采取了文化适应的调试策略,为使"中国天主教人可以用天或上帝称呼造物主"。②

三、"Deus"的译名之争

(一) 争论的缘起

利玛窦去世后,中国教会内部出现了反对以"天主"与"上帝"译解 Deus 的声音。利玛窦的接班人龙华民(Nicolò Longobardo,1565—1655)主张以音译原则翻译 Deus 术语。他批评"利玛窦的传教策略是迎合儒家",以及"儒家经典里的'天'与'上帝',在朱熹理学中有其宗教意味,在中国人的思想中根深蒂固"。因而,他反对利玛窦用《尚书》中的"上帝"和"天"来汉译 Deus 这个唯一至高神的称呼。后人评论,龙华民盖为引起中国礼仪问题第一人。③

1616 年 1 月,在日本传教的耶稣会士陆若汉(João da Rodrigues,1565—1633)于澳门致信耶稣会总会长表明了自己的立场,对利玛窦等在华会士进行直言不讳的批评。他认为利玛窦使用了"天""上帝""天主""天使"和"灵魂"等有争论的术语。④

根据美国学者柏里安(Liam Mathew Brochey)的研究:

> 陆若汉认为,在中国的弟兄们由于忽略了亚洲思想体系的

---

① 燕鼐思著,田永正中译:《天主教中国教理讲授史》,台北天主教华明书局 1976 年,第 26 页。
② 罗光:《教廷与中国使节史》,台北光启出版社 1961 年,第 80 页。
③ 李天纲:《中国礼仪之争:历史、文献和意义》,上海古籍出版社 1998 年,第 25 页。
④ 柏里安著,陈玉芳译:《东游记:耶稣会在华传教史》,澳门大学出版社 2014 年,第 61 页。(以下简称《东游记》。)

微妙之处而铸成了大错。他认为,用于表示"上帝"的词很邪恶,这个词不是指万能的主,而是中国人熟知的一位神灵。陆若汉进一步指出,用于表示灵魂和天使的汉语是邪恶有害的,而且到当时为止传教士刊印的书籍都应被修改或销毁。唯一避免歧义的途径是使用拉丁语,然后音译成汉语。主张纯粹性和正统性的日本教团就采取这种方法,把拉丁语和葡语引入日本的教义词汇中,而不使用可能会引起歧义的日文。①

陆若汉对在华会士的批评,主要来自日本会士长期以来痛苦的经验。其原因是,沙勿略(San Francisco Javier,1506—1552)于1549年8月15日初到日本传教时,在第一位日本基督徒弥次郎的帮助下,"译出了包括十诫在内的教义说明",在教理书中,他将 Deus 译为佛教真言宗的主神"大日如来"。② 弥次郎的翻译与沙勿略心目中全能、全知、唯一至上神的形象相距甚远,直到沙勿略去中国前夕,才发现了这一极为严肃的问题。沙勿略果断决定将 Deus 音译为"陡斯"。此后,日本会士即遵循沙勿略的音译原则翻译教会的术语。③

这一被称为"大日如来"误译事件,给沙勿略及后来到日本的耶稣会士带来了巨大的心理伤害,这也成为他们反对来华教士关于译名问题的理论基础。但有一点他们不知道,当利玛窦对 Deus 进行汉译时,与沙勿略当时在日本所面临的情形已不可同日而语。因为,利氏是在熟读儒家典籍之后,才将 Deus 汉译为"天""天主"与

---

① Jurgis Elisonas, "Acts, Legends, and Southern Barbarous Japanese", in Jorge dos Santos Alves, ed., *Portugal e a China: Conferencias nos Encontros de Historia Luso Chinesa* (Lisbon, 2001), 15-50, esp. 28. 参见柏里安著,陈玉芳译:《东游记》,第62页。

② 戚印平:《Deus 的汉语译词以及相关问题的考察》,《世界宗教研究》,2003年第2期;戚印平:《远东耶稣会史研究》,中华书局2007年,第119—120页。

③ 戚印平:《Deus 的汉语译词以及相关问题的考察》,第89页。

"上帝"。① 由于日本会士对在华会士的误解,致使他们在"译名之争"中扮演了利玛窦策略的反对者——龙华民的有力支持者。

(二)首次讨论"译名之争"

1. 焦点回放——澳门会议

首次出现反对利玛窦将 Deus 译为"上帝"与"天主"的声音来自耶稣会内部,这场译名之争从澳门开始。② 1612 年,日本教区视察员巴范济(Francesco Pasio,1554—1612)抵达澳门,当他得知在华耶稣会士犯了"类似他们用中文写的著作中的那些异教徒所犯的错误",遂致信中国传教区负责人龙华民,要求他对此问题做一调查。③ 1614 年,龙华民也收到一份来自陆若汉的关于"天主""天使"与"灵魂"等译词错误的数据表。④

基于此,龙华民对儒家基督徒徐光启(1562—1633)、杨廷筠与李之藻(1571—1630)等人进行了抽卷调查。⑤ 徐光启等人"联名上书同意和支持利玛窦的传教策略,并希望维持原定的'天主'和'上帝'的术语"。⑥ 李之藻与孙元化(1582—1632)甚至"对这些神

---

① 利玛窦 1582 年到中国,约 1595 年开始写《天主实义》,1603 年在北京出版,当 Deus 汉译为"天""天主""上帝"时,利玛窦早已被誉为名满天下饱读诗书的儒士。

② Sangkeu Kim, *Strange Names of God : The Missionary Translation of the Divine Name and the Chinese Responses to Matteo Ricci' Shangti in Late Ming China*,1583‐1644,(Peter Lang, 2004),p. 166.

③ 戚印平:《Deus 的汉语译词以及相关问题的考察》,第 88 页;戚印平:《远东耶稣会史研究》,第 119—120 页;Sangkeu Kim, *Strange Names of God*, p. 167;另参见李文潮:《龙华民及其〈论中国宗教的几个问题〉》,载《汉语基督教神学评论》第一期,台湾中原大学 2006 年,第 164 页。

④ 方豪:《中国天主教史人物传》第二册,香港公教真理出版社 1970 年,第 35 页;戚印平:《Deus 的汉语译词以及相关问题的考》,第 88 页;戚印平:《远东耶稣会史研究》,第 119—120 页。

⑤ 李天纲:《中国礼仪之争:历史、文献和意义》,第 24 页。

⑥ ARSI, Jap. Sin. 16, II, f. 285. 另参见邓恩著,余三乐、石蓉译:《从利玛窦到汤若望》,第 268 页。

父们的做法提出强烈的反对……他们认为利玛窦选择使用这个词是一个非常正确的决定,而龙华民的看法却是错误的。"①利玛窦的好友杨廷筠也撰写《代疑续篇》,以支持利玛窦文化适应的传教策略。②

本来,在得到儒家基督徒的书面答复后,此事应告一段落,但龙华民并不甘心,寻找志同道合者为后来的辩论做准备。1613年,维埃拉(Francesco Vieira,1555—1619)接替巴范济为视察员。1614年,他指示支持利玛窦传教策略的高一志、庞迪我(Diego de Pantoja,1571—1618)与熊三拔(Sabatino De Ursis,1575—1620)分别就"上帝"(Xangti)、"天神"(Tien-Xin)、"灵魂"(Ling-Hoen)问题以书面形式做报告,他们均明确认为,中国人具备"上帝""天使"和"灵魂"的知识。③

1618年1月,高一志、庞迪我及熊三拔因南京教案被遣送至澳门,因避祸却拥有了一个可以集中而深入讨论有关"译名之争"的机会。上述三位传教士与来自日本的陆若汉④,在关于 Deus 是否可以翻译为"上帝"与"天"的问题上,其观点竟大相径庭。在北京曾与利玛窦同事的熊三拔和庞迪我意见相左,庞迪我支持利玛窦的术语翻译,而熊三拔则持反对意见;高一志坚决捍卫利玛窦术

---

① D. Bartoli, *Dell'storia della compania di Gesù:La Cina*(Firenze: Leonardo Ciardetti, 1829), pp. 281—283;参见李文潮:《龙华民及其〈论中国宗教的几个问题〉》,第166—167页。

② 钟鸣旦:《杨廷筠——明末天主教儒者》,社会科学文献出版社2002年,第226页。

③ F. Margiotti, O. F. M. *Il cattolicismo nello Shansi dalle origini al 1738*,(Edizione Sinica Franceescana, Roma,1958), pp. 266-267;参见李文潮:《龙华民及其〈论中国宗教的几个问题〉》,第165—166页;邓恩著,余三乐、石蓉译:《从利玛窦到汤若望》,第268—269页;张国刚:《从中西初始到礼仪之争——明清传教士与中西文化交流》,人民出版社2003年,第390—396页。

④ 陆若汉曾于1614年至南京,其时高一志负责南京教务,陆若汉有可能跟高一志学习过中文。方豪:《中国天主教史人物传》第二册,香港公教真理出版社1970年,第35页。

语的翻译,而陆若汉则坚决反对利玛窦的主张。① 在此时期,因熊三拔发表了一篇论文公开支持龙华民的观点,使得双方的气氛变得紧张起来。②

据柏里安考证:

> 1618年视察员维埃拉和澳门神学院日本教省成员的帮助下,传教士受邀编撰护教文书。由于须请示罗马做最后裁决,又考虑到东亚两个教团刚刚分离③,当时并没有就该问题做最后决断。无论怎样,一旦杭州传教士知道这些争论事宜之后,他们就会根据各自对中国文学经典的评论形成两派。④

为缓和因对中国经典的理解而产生的思想分歧,以及由此而带来的紧张关系,同时也为避免因两派不同的意见将给中国传教区带来不良的影响。在时任圣保禄学院院长葡萄牙籍卢塞纳(Alfonso de Lucena,1551—1623)神父的支持下⑤,1621年,继维埃拉的新视察员骆入禄(Jeronimo Rodrigues,1605—1630)召集在澳门的"资深学优之传教士七人,共议中国礼仪问题,及天与上帝名称问题"。⑥ 参与讨论的七位会士,除了高一志、熊三拔、陆若汉、曾德昭,可能还有

---

① 参阅柏里安著,陈玉芳译:《东游记》,第62—63页;另参见方豪:《中国天主教史人物传》第二册,第35页。
② 参阅邓恩著,余三乐、石蓉译:《从利玛窦到汤若望》,第268—269页。
③ 1618年耶稣会总会长威特勒斯奇(Muzio Vitelleschi,1563—1645)因金尼阁所请求,"将中国传教会与日本教区分离,并派遣优秀之耶稣会士多人前往助理"。其中"有邓玉函、罗雅谷、汤若望等"会士赴华。同时,规定"分配其公共财产,惟日本教区每年须付五百金,供给中国传教士之费用"。见费赖之:《在华耶稣会士列传及书目》,第66、117—118页。
④ 见费赖之:《在华耶稣会士列传及书目》,第63页。
⑤ 戚印平:《澳门圣保禄学院研究》,社会科学文献出版社2013年,第110页。
⑥ 费赖之:《在华耶稣会士列传及书目》,第86页;李文潮:《龙华民及其〈论中国宗教的几个问题〉》,第175页。

极力支持利玛窦传教策略的金尼阁。① 会议中,高一志表现得非常活跃,引经据典、雄辩滔滔,极力论证"中国人具有上帝、天使和灵魂这类知识"。高一志认为:1. 古代中国人已经认识了上帝,尽管这种认识不是很清楚;2. 可以在经典文献中发现对上帝的认识;3. 反对新儒家对经典的注释,应回归先秦儒家经典的本来意义;4. 从基督宗教的角度赋予经典文献中"上帝"一个确切含义。②

由于在"会上大多数人支持利玛窦的观点",骆入禄果断肯定了高一志与庞迪我等人的主张,确定了利玛窦的传教策略,即"中国经典最终可以为基督教传入中国提供某些有益的因素"。③ 会议结束后,澳门"所有的长上均认为他(高一志)是最优秀的汉学家"。④

龙华民由于当时在北京,未能参加讨论。⑤ 后来,他仔细研究了庞迪我、高一志等人的书面资料,于1623年撰写了《论中国宗教的几个问题》,这篇文章掀起了新一轮关于术语的激烈论争。⑥ 龙华民认为:

> 文献中提到或者说好像提到一个被叫作上帝的最高统治者存在着,他居住在自己的宫殿里,统治着世界,赏善罚恶;但注疏这些文献的人却认为这些都是他们称之为理的天或者自然的本性所导致的。

---

① 因为1620年7月2日,金尼阁携同邓玉函、汤若望与罗雅谷等从欧洲抵达澳门。金尼阁很有可能参加此次译名之争的讨论。费赖之:《在华耶稣会士列传及书目》,第120页。

② 李文潮:《龙华民及其〈论中国宗教的几个问题〉》,第175页;高龙鞶:《江南传教史》第一册,第238页。

③ 谢和耐著,耿昇译:《中国与基督教》,第12—13页。

④ Historia Sinarum 1580 - 1640, ARSI, Jap-Sin. 102, f. 218v; Ordinationes anno 1621 approbata e in favorem P. Matthaei Ricci; F. Margiotti, Il Cattolicismo nello Shansi, pp. 89, 266 - 267;参见邓恩著,余三乐、石蓉译:《从利玛窦到汤若望》,第268—269页;张国刚:《从中西初始到礼仪之争》,第390—396页。

⑤ 见高龙鞶:《江南传教史》第一册,第160页。

⑥ 参见李文潮:《龙华民及其〈论中国宗教的几个问题〉》,第166—167页。

文献提到有各种不同的神、被称作鬼、神或者连在一起鬼神,它们居住在山涧,河流或者大地上的其他事物之中;注释这些文献的学者们却把这些解释为自然之原因,认为是这些原因所产生的某些作用。

在讲到我们所说的魂时,文献中提到灵魂,并且认为身体死后灵魂继续存在[……]注释这些文献的学者们却一直地坚持认为灵魂只是气或者火的本体,死后与身体分离,上升到天上与清净之体重新合为一体。①

在龙华民看来,中国经典文献具有歧义性与不准确性。譬如,在关于上帝的认识上,文献中提到的仅仅只是被看作某种意义上的自然神学留下的一些痕迹而已,充其量只能被视为进入真正信仰的一个初步阶梯。所以,他认为要对中国经典文献做出合乎基督宗教意义上的解释相当困难,因为"当我们不是按照中国传统学者们的意思而是从另外的意义上解释他们的文献时,中国人要么认为我们没有研究过他们的书籍,要么认为我们没有弄懂其真正的意思"②。龙华民认为,如果在华会士对中国经典文献做出与传统的注释完全相反的解释,是没有任何意义的,因为其结果可能会陷入一场旷日持久的争论之中。

2. 高一志为"上帝"与"天"辩护

1624年底,鉴于中国传教区的需要,高一志被派到偏远的山西绛州敷教。虽然远离政治与文化中心,但他仍密切关注"术语"的讨论。③ 1626年10月8日,在经过近两年的研究之后,高一志针对龙华民的《论中国宗教的几个问题》写了一篇报告,他从理论高度针对中国天主教使用"天"与"上帝"这一术语的利弊做了深刻而精辟的

---

① 李文潮:《龙华民及其〈论中国宗教的几个问题〉》,第170页;见 Longobardo, *Traité*, 13,14 (Leibniz, Discours, 118)。

② 李文潮:《龙华民及其〈论中国宗教的几个问题〉》,第173页。

③ F. Margiotti, *op. cit.*, p.266.

论述。

这份文献以(ARSI，Jap. Sin. 161，Ⅱ，225－226)手稿信件之名"关于 Deus 翻译为上帝与天的简报"(*Breve informaçao sobre o nome Xam'ti，e Tien En lugar de Deus por os Senhor*)封存在罗马耶稣会档案馆,是高一志用古葡萄牙语写给总会长威特勒斯奇与视察员骆入禄的。① 在文中,高一志列举了七个理由,每个问题意识均以"没有人能否定的是"展开论辩,集中表达了他对利玛窦文化适应策略的支持。

(1)"没有人能否定的是,首先,'上帝'指至高无上的君王及帝王,使用该词指称我们的救主天主,因为在利玛窦的著作中多次使用这个名字。"②高一志认为:"根据我们的教义与利玛窦对上主的描述,我们可以用'上帝'这个术语来表达'*Deus*'的涵义。"

(2)高一志认为,利玛窦与庞迪我等神父在其著作中教导"上帝"这个名字,最适合描述与表达天主教教义与 Deus 的神圣权威,因为这个名字指万物的创造者。

(3)在儒家经典中,"中国人习惯用'天'来指'天之混沌,或大自然',将'物质因'称作'太极';'天'有时指原始能力的'气',有时指事物规律的'理'"。高一志认为,在讨论"天"或"上帝"时,利玛窦与庞迪我等神父"会加上一个原则,即指精神与永恒的存在"。他指出,"很多神父怀疑使用这个词,而今年他们打算召开大会,以讨论改正利玛窦的书"。高一志在这里虽然没有指出这些神父的名字,但无疑是指龙华民与陆若汉等教士。

(4)高一志认为龙华民与来中国做生意的葡萄牙商人对上帝译

---

① Alfonso Vagnone, *Breve informaçao sobre o nome Xam'ti, e Tien En lugar de Deus por os Senhor*, ARSI(罗马耶稣会历史档案馆), Jap. Sin. 161, Ⅱ, 225－226.

② Hé certo que o nome Xam'ti, que significa supremo rei e monarca, de si ha mui accomodato por significar au nosto reverendo Deus, (ARSI, Jap. Sin. 161, Ⅱ, 225－226).

名产生了很深的误解,其原因很可能是对儒家经典理解不到位,无法把握上帝的真正含义。为此,他写道:"这里地位显赫的神父与商人常误会'上帝'的意思,而造成对它的真正教义与心理法则的错误理解。"他们搞不清楚必须相信"上帝"的哪个意义,无法对其做出定义,以及如何描述其永恒精神。因此,"他们说利玛窦混杂了他们的信仰,我们也因此受到了牵连被认为有罪,因他们知道我对利玛窦所怀有的敬意。"

(5)高一志认为利玛窦使用"上帝"与"天"这一术语是经过长期的神学反思所作的抉择,而绝非权宜之计。高一志希望通过这封书信中所表达的思想,能引起耶稣会总会长的重视与支持。他声称:"中国官方已经承认我们传来一个友善的宗教(教义)。虽然他们(中国官方)有很优越的地位,但他们很尊敬我们。"高一志的话反映出当时耶稣会士在一定程度上确实得到中国部分官员和儒家学者的认同与支持。

(6)高一志希望在华教士应接受所辩论的"上帝"与"天"这两个术语,因为它们是目前教义书中最常用的名字。应该注意的是"两者都有自己的规则及范围,不能乱用。"对此,他进一步论述,"譬如,皇帝在全国出版历书、圣旨、公文时常常用到这两个名字,我们可以利用皇帝的话来表达我们所敬拜的天主就是'天'或'上帝',由是将获益良多"。

毋庸置疑,高一志为"上帝"与"天"的辩护有其作为传教策略上的考量。他热诚呼吁总会长威特勒斯奇:"神父,请允许我们运用语言的技能,在与人谈话、介绍或出版我们的教义时继续使用统一的术语。就目前而言,这虽不是最好的方法,却是我们应该采用的策略。"接着,他恳求总会长及有关上司能接纳自己的意见:"我们希望您们许可我们,而我们也相信您们一定会满足我们的心愿;如果我们不接受中国人的思想观念,强行禁止他们使用'天'与'上帝'这一术语,他们将会生气不理我们。"在权衡利弊之后,他强烈建议总会长:"在此状况下,我们应该采用他们经典里的术语,以中国人的思维方式来接受这个术语。"

（7）在高一志看来，中国的文人学士已认同儒家的"天""上帝"与基督宗教信仰的"*Deus*"是同一个神。他认为中国人对"灵魂""天国"与"地狱"等概念的认识也与基督宗教信仰的诠释有着高度的一致性。对此他叙述道：

> 我们看到中国朋友以"上帝"之名称呼基督，对他们来说（上帝）即指我们的天主；他们以"身体之信仰"来指我们的灵魂，而这个名字包括"天"的性质；他们以理想（sogni）指天使与神圣的灵魂；而天国、地狱和其他则用来宣扬上主慈悲的名字，这与我们目前对"信仰"的解释、运用和惯例是一致的。如此，许多神庙都将变成上主的殿宇，我们竭尽所能宣扬的这个信仰就是我们具有千年的神圣法律。我们全部的工作都是为了让他们（中国文学士）了解，并主动把这教义变做自己的希望。

行笔至此，高一志不无讥讽地抱怨他的反对者们："（尽管如此）还有一些人怀疑我们，说要改正我们错误的不恰当的术语，他们这样做跟我们的工作比起来应该是很容易吧！"

文章结尾处，高一志再次以诚恳的心情向上司呼吁：

> 您们要把对中国的希望寄托在哪里呢？与我持有相同观点的神父们都觉得"上帝"这个名字所代表的意思是最好的选择，我们可以放心使用"天"与"上帝"这一术语。相反，如果颁布让传教士、官员、皇帝反感的命令是极不适宜的。因为，他们（官方与皇帝）明白我们所传的信仰，也接受我们宣讲的主基督的教义，尽管他们关心的只是这些教义中的政治内涵。据此，您们可以明白，我们为什么对中国抱有如此大的希望。在基督信仰刚传进这个国家时，我们应该继续使用"上帝"这个名字，并照我们目前的方法继续谨慎传教。在报告结束前，我再一次

恳求您们不要再颁布新的禁令;我不求您们写信支持我们,至少不要让一些人继续发表他们混乱的言论。①

高一志从明末天主教在中国的生存与发展的现实处境出发,极富策略性地引用了儒家经典为利玛窦文化适应的传教策略做了合理性的辩护。他认为中国古籍中的"天"与"上帝"常"被中国人用来指灵魂与人类的统治之主",这个统治主与天主教所信的"天主"具有同样的神学内涵。因为"祂是一切力量与法律权威的源泉,是道德法律至高的捍卫者,祂全知全能赏善罚恶"。高一志进一步认为,"天"与"上帝"这两个概念在中国古代文献中是被尊崇的术语,使用"天"或"上帝"这两个概念,有助于破除中国人反对天主教是外来宗教的偏见,可以适应文人学士的文化心理,以有利于天主教在中国的传播。②

由此可知,高一志真正继承并发扬了利玛窦的文化适应的精神。他高瞻远瞩,从教会本地化着眼,对术语进行积极的辩护,从客观上促使耶稣会上司对术语问题进行重新思考,并设法寻求解决这一问题的途径。③

(三)第二次"译名之争"

1. 焦点回放——嘉定会议

1626 年,新视察员班安德(Andre Palmeiro,1526—1635)初到

---

① Alfonso Vagnone, *Breve informaçao sobre o nome Xam'ti, e Tien En lugar de Deus por os Senhor*, ARSI, Jap. Sin. 161, Ⅱ, 226.
② 吴莉苇:《中国礼仪之争:文明的张力与权力的较量》,上海古籍出版社 2007 年,第 11 页。
③ 继高一志之后,1628 年,高一志的亲密伙伴曾德昭也写了《对龙华民论据的反驳》(Refutatio argumentorum P. Longobardi)一文支持高一志的立场。参见:Robert Streit and Johanners Dindinger, *Bibliotheca missionum*(Rom〔u. a.〕:Herder, 1964)5:751;参见李文潮:《龙华民及其〈论中国宗教的几个问题〉》,第 167 页。

澳门时就发现了在华会士内部关系的微妙与紧张。他们在关于"上帝""天""天主"的译名上有严重的分歧,这种分歧不能简单地以国籍来划分,而是源于对中国经典文献的不同理解。问题的关键在于,"中国经典中的'天'和'上帝'是否指物质的天,以及中国人是否知道造物主的存在"。①

为了统一思想和认识,以利于天主教会在中国的稳健发展,班安德决定再召开一次会议,以彻底解决会士们在礼仪问题上所存在的严重分歧。② 从 1627 年 12 月到翌年 1 月,九名耶稣会士齐集于嘉定,专门讨论译名问题。③ 中华耶稣会副省会长阳玛诺(Manuel Dias Senior,1574—1659)主持了会议。④ 他们每天数小时热烈地讨论"天""上帝"与"天主"(Deus)的翻译问题。⑤

与会神父们主要分为两大阵营,龙华民一派认为"天"不能用来表示 Deus 神,而上帝一词的问题就更大了⑥,他们主张将 Deus 音译为"得乌"或"陡斯",Spiritus 译为"斯必利多"⑦;以高一志、艾儒

---

① 参阅柏里安著,陈玉芳译:《东游记》,第 63 页。
② Sangkeu Kim, *Strange Names of God*:*The Missionary Translation of the Divine Name and the Chinese Responses to Matteo Ricci' Shangti in Late Ming China*,*1583 - 1644*,(Peter Lang,2004),p. 170.
③ 嘉定是"著名天主教徒徐光启的学生,儿辈亲家孙元化的家乡"。黄一农:《两头蛇:明末清初的第一代天主教徒》,台湾清华大学出版社 2014 年,第 443 页;李天纲:《中国礼仪之争:历史、文献和意义》,第 25 页。
④ 与会的神父们有龙华民、高一志、金尼阁、李玛诺、毕方济、郭居静、曾德昭、费奇规、黎宁石、熊三拔,以及徐光启、李之藻。邓恩只给我们罗列了七位耶稣会士,但柯毅霖认为,毕方济与龙华民是一伙,一定也出席了会议;李天纲则列举了十一位,除了我们在正文中提及的,可能还有四位当时最重要的归化者。至于参与的基督徒除徐光启、李之藻外,孙元化、叶相高、杨廷筠肯定没有参加,因为他在那个时候已经病重,"并去世于十二月严冬"。参见钟鸣旦:《明末天主教儒者》,香港圣神研究中心 1987 年,第 103 页;李文潮:《龙华民及其〈论中国宗教的几个问题〉》,第 166—167 页。
⑤ Sangkeu Kim, *Strange Names of God*,pp. 166 - 169,另参见邓恩:《从利玛窦到汤若望》,第 269 页。
⑥ 参阅柏里安著,陈玉芳译:《东游记》,第 63 页。
⑦ Spiritus 天主教译为"圣神",基督新教译为"圣灵"。

略(Giulio Aleni,1582—1649)、金尼阁、费乐德与曾德昭(Alvaro Semedo,1585—1658)一派,被誉为饱读中国诗书的会士,他们认为古籍已有的名词"天"与"上帝"是可以接受的,以此坚决捍卫利玛窦文化适应的策略。① 双方就三个方面进行集中讨论:"第一,在中国古籍寻找意义相吻合的名词;第二,推求这些名词在日常生活中所有的涵义;第三,则求之于利玛窦及诸奉教学者的宗教书籍。"②

经过一个月的紧张而激烈的讨论,与会者虽然彼此尊重,但均坚持自己的主张,在一些根本意见上无法达成共识。③ 为维护耶稣会内部思想统一,1629年视察员班安德采取了折中的办法。他允许基督徒参加敬孔、祭祖的礼仪,禁止使用"天"与"上帝"来表示Deus的神学内涵,只保留使用"天主"一词。最后,他强调"为了神圣的听命的缘故,从今以后无论是谁,不管是讲道或是著译书籍,一概不许再使用'上帝'这一引起争议的术语"④。

对嘉定会议的决定,高一志"是众多最不满意中的一个"。⑤ 因为他所坚持与维护的利玛窦的"天"与"上帝"这一术语被禁止使用。另一个对嘉定会议不满意的是龙华民,他看到会议并没有禁止使用"天主"一词。于是在1633年,他又撰文不仅否定"上帝"和"天主"词,且进一步主张用拉丁文"陡斯"(Deus)替代已有的中文术语"天主"。⑥ 高一志、艾儒略、阳玛诺、费乐德、金尼阁与曾德昭等纷纷撰文批评龙华民的观点,肯定"天主"这一术语已普遍为中国天主

---

① 参阅柏里安著,陈玉芳译:《东游记》,第63页;高龙鞶:《江南传教史》第一册,第238页;李文潮:《龙华民及其〈论中国宗教的几个问题〉》,第175页。
② 高龙鞶:《江南传教史》第一册,第238页。
③ 邓恩著,余三乐、石蓉译:《从利玛窦到汤若望》,第269页。
④ 参见 F. Margiotti, *Il Cattolicismo nello Shansi dalle orgini al 1738*, pp. 423-424;黄一农:《两头蛇:明末清初的第一代天主教徒》,第439—443页;张国刚:《从中西初识到礼仪之争》,第392—396页。
⑤ 参见 F. Margiotti., *op. cit.*, p. 427;黄一农:《两头蛇:明末清初的第一代天主教徒》,第439—444页。
⑥ 邓恩著,余三乐、石蓉译:《从利玛窦到汤若望》,第269页。

教徒所应用,且并未对 Deus(天主)的正统性和神圣性的概念造成任何伤害。①

2. 高一志为"天"与"上帝"再辩护

自嘉定返回绛州后,高一志不断地给上司写信,请求撤销"上帝"术语的禁令。在这些申诉的信件中,高一志逐步搜集了许多有力的证据,进一步证明"上帝"术语的合法性,以及遵循会议(禁止使用"上帝")的命令会带来的负面影响,最严重的后果将会关闭传教士与文学士之间已经开启了的对话的大门。②

长年活跃在传教第一线的高一志对晚明的传教现实有着极为清醒的认识,他深知"天"与"上帝"这一术语的使用,在现实的传教工作中具有无可争辩的优越性,他尖锐地批评那些对在华传教拥有决策权的上司们,缺乏对中国传教问题有基本的了解。高一志认为,利玛窦的传教方法是经过实践证明的,是可以适应中国社会与文化的有效方针,它能为在华教士提供传教的理论依据与教会稳固发展的保护伞。如果违背利玛窦传教策略,传教士们辛辛苦苦发展的尚处于摇篮中的教会随时都有可能面临夭折的危险。

出于对中国传教区无比的热忱与责无旁贷的使命感的催迫,1629 年 12 月底,也就是在收到班安德新颁布的禁令之后,高一志几乎是带着愤怒的心情分别致信罗马与澳门的上司,强烈地表达了他对这一禁令极端的愤慨与深深的忧虑。他对总会长抱怨道:"班安德从广东到北京'如同闪电一样',他根本不愿意听任何为'术语'辩护的意见。"③

高一志接着批评班安德在负责中国教会事务中制造的问题要远比解决的问题多得多。高一志认为如果实行禁令,首先,要迫使耶稣会士否认自己著作中关于"上帝"和"天"的内容,因为"天"与

---

① 邓恩著,余三乐、石蓉译:《从利玛窦到汤若望》,第 269—270 页。
② F. Margiotti, *op. cit.*, p. 427.
③ Liam Matthew Brockey, *The Visitor: Andrè Palmeiro and the Jesuits in Asia* (London, England, 2014), p. 313.

"上帝"的名称被广泛地使用在他们流传已久的书籍。不独如此,而且还使"我们自相矛盾,或者至少被认为我们没有看懂他们的著作(儒家的经典),以及没有明白利玛窦神父所做的一切。"其次,将会关闭文学士皈依教会的主要渠道。这是因为"如果我们宣布对'上帝'与'天'术语的禁令,将会使很多人远离我们……就好像我们要破坏他们古籍中所记载关于神的光和箴言一样"。再者,他表明一些儒家基督徒不会放弃使用"上帝"和"天"的名称,而且还要当着发禁令的人面说:"因为他们比外国人更懂得自己的书。"①高一志的辩护词充分表达了对"上帝"与"天"这一术语被禁用的极大忧虑,因为禁令一旦实施后,在华传教事业将会蒙受不可估量的巨大损失。

高一志尝试寻找解决这一个问题的方法,他建议:"班安德应该按照欧洲的习惯,召集传教士们再进行一次学术性的辩论。虽然,班安德从一开始就坚称自己不懂得中文无法主持这样一个辩论。"高一志仍坚持有必要讨论并弄清这个问题的真相,他认为如果这个问题不解决,将无法终止很多相关议题的争论。② 并且任由这个问题持续恶化的话,极有可能导致流血事件的发生,其后金尼阁的死亡,就验证了高一志在这一问题上的确很有远见。③ 后来,高一志给耶稣会总会长威特勒斯奇又写了不少申诉信,希望总会长能出面解决这一问题。④

面对高一志百折不回、不屈不挠的态度,班安德向总会长维特勒斯奇抱怨道:"如果是这样(就是任由高一志这样),我们的属下会

---

① *Ibidem.*
② Liam Matthew Brockey, *The Visitor*, p. 313.
③ "若这场争论的情形持续恶化,恐怕会有流血事件发生。"原文见 Suppehor, primo, a controversia forçadamse a de ser rematas sobre pus, 见 ARSI, Jap. Sin. 161, Ⅱ, 225 – 226.
④ 参见: F. Margiotti, *op. cit.*, pp, 426 – 427; J. Gernet., *Cina e cristianesimo*, *op. cit.*, pp. 211 – 219; 张国刚:《从中西初识到礼仪之争》,第 392—396 页。

看不起我们也会轻视我们的会规,甚至会直接向总会长告发。"①因此,"如果有适合的人选,他(班安德)很想将高一志以下犯上的罪名召回澳门"。② 但由于传教士人手紧缺,也因为高一志在汉学方面拥有的权威,以及他传教的热忱,最终,班安德改变了遣返高一志回澳门的决定。③

在 1629—1630 年,班安德致信中华耶稣会副会长阳玛诺时,曾忆及嘉定会议的决议:"那时,由于意见不合,在权衡正反意见后,做出禁用'上帝'术语的决定是合乎逻辑的。"④此后,班安德在 1633 年 1 月 25 日致信高一志,称仔细阅读了他的信件,并反复斟酌了那些支持与反对的理由,发现嘉定会议决议确有不公正之处,尤其是禁止使用"天"与"上帝",以及勒令禁止已出版书籍之流传等。⑤ 可见,班安德在完全了解了高一志的思想后,也感到嘉定会议的决议有失公允。

(四) 班安德的定论

据巴托利(Daniello Bartoli, S.J.)的研究,1630 年,高一志、阳玛诺等会士继续上诉,"请求总会长维特诺斯奇重新审理'术语'问题"。⑥1633 年,新任视察员阳玛诺召集在华耶稣会士再次集会,决议仍遵循利玛窦对译名的翻译,他允许会士们可以使用"天"和"上帝"之名。⑦ 至此,高一志为之付出近二十年的努力与论辩,在他去

---

① Liam Matthew Brockey, *The Visitor*, p. 314.
② 参见 F. Margiotti., *op. cit.*, p. 427.
③ F. Margiotti, *op. cit.*, pp. 429. Liam Matthew Brockey, *Journey to the East*, *The Jesuit Mission to China*, *1579 - 1724*, (Harvard University Press, 2009), p. 87.
④ *Ibidem*, p. 428.
⑤ *Ibidem*.
⑥ 参见:D. Bartoli, volume XVII, *op. cit.*, pp. 281 - 283; F. Margiotti, *op. cit.*, pp. 427 - 428.
⑦ F. Margiotti, *op. cit.*, p. 428;参见黄一农:《两头蛇两头蛇:明末清初的第一代天主教徒》,第 444 页。

世以前,总算得到了精神的慰藉。

至 1645 年,班安德与负责耶稣会中华副会省的傅汎际(Francisco Furtado,1589—1653),唯恐类似的争论重又掀起,果断地终止了所有的争论,且下令销毁了龙华民与陆若汉等所有的报告文件。① 他鼓励传教士应把被批准的词汇引入到新出版的中文书籍,且放宽了在没有外部教会监督的情况下许可在中国修订出版书籍。②

最后,班安德在决议中意味深长地总结道:

> 不管"上帝""天主""天神""灵魂"这些词汇的原始意义是怎样的,我们能不能坚信经过我们的努力,依照天主教教义的要求反复解释和说明,进而将福音的真正含义注入到这些词汇中呢? 我们不能这样对中国人说吗? 无论你们的祖先是怎样的理解,也无论你们当代的很多人是怎样理解上帝这个词汇的,天主教教友们认为上帝就是永恒的、无限的、唯一的和全能的天与地的创造者。③

班安德的话掷地有声,发人深省。事实上,由于文化的差异,不可能在一种文化中找到与另一个迥然不同的文化完全对应的词语,但却可以通过不断地解释和说明,进而注入与创造出一个新的内涵的术语,并使之融入另一种文化。

1634 年 11 月,多明我会与方济各会士先后到达福建省,且各自建立教会。他们发现耶稣会士所带领入教的人,"从外表看起来,好像是混合的基督教一般"。④ 1639 年 6 月 3 日,多明我会在华负责人

---

① 柏里安著,陈玉芳译:《东游记》,第 64 页。
② 柏里安著,陈玉芳译:《东游记》,第 64 页。另参见黄一农:《两头蛇:明末清初的第一代天主教徒》,第 444 页。
③ 邓恩著,余三乐、石蓉译:《从利玛窦到汤若望》第 270—271 页。
④ 葛庆元:《礼仪之争:基督徒对中国文化的适应》,台北基督徒信道堂,1985 年,第 45 页。

黎玉范出于对耶稣会士文化适应策略的误解,转交给耶稣会在华负责人阳玛诺一封包含十二个问题的信件,质疑耶稣会在华的传教策略,并要求他们就"敬孔与祭祖"的问题作出解释。阳玛诺"把问题转交给了耶稣会副省长傅汎际神父。傅汎际神父将其转交给极有能力解释耶稣会政策的高一志,由他给予答复。高一志的答复在六个月返回了,事实上,当时他在遥远的山西省"。①

由此可知,晚年的高一志在耶稣会中可谓受大家尊重的杰出的汉学家,在中国教会礼仪之争刚刚开始,耶稣会的传教方针受到挑战时,他依然临危受命撰文为利玛窦文化适应策略辩护。

此后,随着多明我会、方济各会与耶稣会就礼仪问题派代表向教廷各自诉说和申辩,几番争论之后,于1715年3月19日,教宗克来孟十一世(Pope Clement XI)发布了《自登基之日》敕令,禁止中国天主教徒祭天、祭孔与祭祖:

> 西洋地方称呼天地万物之主用"陡斯"(Deus[God])二字,此二字在中国用不成话,所以在中国之西洋人,并入天主教之人方用"天主"二字,已经日久。从今以后,总不许用"天"字,亦不许用"上帝"字眼,只称呼天地万物之主。如"敬天"二字之匾,若未悬挂,即不必悬挂,若已曾悬挂在天主堂内,即当取下,不许悬挂。后来遭受康熙皇帝的抵制,人称中国"礼仪之争"。②

二十七年之后,1742年7月11日,教宗本笃十四世颁布《自从上主圣意》(Ex quo singulari)宗座宪章,决定性地禁止了中国礼仪、

---

① 邓恩著,余三乐、石蓉译:《从利玛窦到汤若望》,第282页。
② 苏尔、诺尔编,沈保义、朱静译:《中国礼仪之争:西文文献一百篇》,上海古籍出版社2001年,第16页;罗光:《教廷与中国使节史》,第92—93页;葛庆元:《礼仪之争:基督徒对中国文化的适应》,第54—55页。

八项准许和任何宽容的解释。①

这场旷日持久影响中国教会至深的礼仪及译名之争,影响中国教会二百多年后,教会始接受了"礼仪在不危及信仰纯洁的情况下,是可以被容许的"事实。② 1939 年 12 月 8 日,教宗比约十二世(Eugenio Maria Giuseppe Giovanni Pacelli,1939—1958 在位)发布了《众所周知》(Plan compertum est)通谕,该通谕被称为"中国的解放谕令",标志着教会终极性地结束了长达两百多年的中国礼仪及译名之争。③

结语:兼论高一志为"上帝"与"天"辩护的历史意义

理解这场有关 Deus 的旷日持久的"译名之争",一方面有必要了解罗马天主教在特伦特会议(1545—1563)后,经教会内部的改革,致力于修复因宗教改革分裂了的欧洲大一统的基督宗教世界,对任何有可能危及信仰正统的思想都持有高度的警惕与防范。另一方面,欧洲文艺复兴运动对教会的影响至深且巨,新兴的耶稣会以人文主义思想作为重要的工具来捍卫天主教会的信仰。

作为中国天主教会之父的利玛窦继承和发扬了人文主义思想,以文化适应的传教方法致力于福音在中国的传播。他在编译天主教教理时,很难从中国语境中找到与 Deus 具有同等意义的术语。④

---

① 赖德烈(Kenneth S. Latourette)著,雷立柏等译,:《基督教在华传教史》,第129页;《传信部文集》卷一,第130—141页;Grentrup 在《传教学期刊》卷十五,第100—110页;苏尔、诺尔编,沈保义、朱静译:《中国礼仪之争:西文文献一百篇》,第16页;罗光:《教廷与中国使节史》,第92—93页。

② 邓恩著,余三乐、石蓉译:《从利玛窦到汤若望》,第281页。

③ 苏尔、诺尔编,沈保义、朱静译:《中国礼仪之争:西文文献一百篇》,第12—16,175—177页;孙尚扬:《一八四零年以前的中国基督教》,第364—366页。

④ 燕鼐思:《天主教中国教理讲授史》,第24—25页。

于是,他尝试将 Deus 译为"天""上帝"与"天主",以表示至高无上、全能全知的神,期望"经过一个解释和说明的过程,赋予它们正确的符合天主教概念的新的涵义"。① 于此可见,利玛窦在思想层面上,不仅主张基督宗教的"外推"(向外邦人传教)特征,也致力于"内省"方面的努力,即采取文化适应与本地化的尝试向中国人传福音。②

利玛窦欲使天主教融入中国文化的努力,并未得到其继任人龙华民的理解和认同。在他去世后,龙华民本着捍卫教会信仰纯洁的立场,公开批评利玛窦的传教思想,坚持以音译为主来翻译 Deus 这一基督宗教极为核心而又神圣的术语,由此导致耶稣会内部在思想方面的分歧。以高一志为代表的拥护和支持利玛窦的会士与龙华民派就此问题展开了激烈的论争。这场"译名之争"持续了二十多年,其场面之宏烈,参与人数之多,涉及面向之广,触及问题之深是前所未有的,堪称引发"中国礼仪译名之争"的酵母。我们可以说,这场术语的论争,所触及的不仅是修辞学的翻译问题,更是东西两大文明,经学与神学在这一特殊时期的相遇与碰撞、排斥与相融的问题。

无独有偶,时隔六十年后,当耶稣会与方济各、多明我会之论争,教廷与中国皇帝之博弈,发展至白热化时期,也许是受到了利玛窦与高一志等人的影响。1699 年,耶稣会士白晋(Joachim Bouvet,1656—1730)于北京撰写了《天学本义》(*Observata de vocibus Sinicis Tien et Chang-ti*),即《关于华人的"天"和"上帝"两个字的观察》。③ 他认为中国人的祖先对上主有非常清楚的认知,"天"与"上

---

① 邓恩著,余三乐、石蓉译:《从利玛窦到汤若望》,第 266 页。
② 沈清松:《从外推策略看第三千禧年天主教本地化》《第三个千禧年:教会本地化》,见《第七届天主教国际学术研讨会论文集》,台湾辅仁大学出版社 2016 年,第 39 页。
③ 柯兰霓著,李岩译,张西平、雷立柏审校:《耶稣会士白晋的生平与著作》,大象出版社 2009 年,第 55 页。

帝"这个术语,指的不仅是真正的天主,更是一个有位格的神。① 由此可见,白晋与高一志有内在的精神上的联系,所不同的是高一志以欧洲语言写给耶稣会长上,希望得到教会当局的认同,以维护教会在中国的传教成果。而白晋则以索隐派的考据功夫用中文撰写此书,不仅希望得到教会当局的认同和理解,也旨在推动中国知识分子接受"天"与"上帝"就是天主教信仰的三位一体的天主。

关于这场译名之争,近代教会学者燕鼐思(Joseph Jennes, 1895—1963)在检讨耶稣会士关于"天"与"上帝""天主"以及"天神"与"灵魂"等颇为棘手的神学术语的翻译时,做了如下精辟的论述:"一种方法是从中国宗教词汇中借用其比较适宜者,以表达这些新概念;另一种方法是译音,就是把较为重要的天主教概念,尽量按拉丁字音,译成中文字。"②然而,这两种方法却各有利弊,因为翻译的词汇虽然有"含糊不清危害正统信仰的危险",但因常久使用,不断地重复和解释,会注入一种全新的意义,这样可以表达基督徒的"天主"或"上帝"的概念。译音对于教义的纯正性虽然没有危险,但却使基督徒"学些没有字义的用语",这对了解术语的真正含义没有帮助,且因这些术语"发音乖戾,永远不会跻身现有的宗教术语词汇之林"。③

令人深思的是,教宗克来孟十一世于 1715 年 3 月 19 日禁止中国天主教使用的"上帝"这一术语,到 1742 年 7 月 11 日教宗本笃十四世颁布《自从上主圣意》(Ex quo singulari)《宗座宪章》决定性地禁止了中国礼仪及译名之争。礼仪之争的后果之一,就是"上帝"与"天"的术语被禁止使用。当年高一志所预见的,如禁止使用术语将产生的不幸后果,也不幸被言中,并伴随着中国教会走过了几个世纪。此后,中国天主教也逐步由学者、官员、士大夫群体的奉教人士

---

① 柯兰霓著,李岩译,张西平、雷立柏审校:《耶稣会士白晋的生平与著作》,第 55—56 页。
② 燕鼐思:《天主教中国教理讲授史》,第 24 页。
③ 邓恩著,余三乐、石蓉译:《从利玛窦到汤若望》,第 266 页。

转变为社会底层人士,且被认为是外来的宗教,无法真正融入中国文化。

  礼仪之争中被禁止的"上帝"这一术语,被后来传到中国的基督新教团体采用。而今,由于基督新教在中国大陆及其他华人地区的迅速发展,当新教人士用新教术语翻译天主教的灵修书籍,尤其是用"上帝"去表达"天主"这一概念时,许多天主教人士竟无法认同和接纳。

  窃以为,如果天主教人士明白中国教会的历史,了解昔日耶稣会内部关于译名之争,以及"上帝"之名最早由利玛窦神父所使用,并了解高一志曾为"上帝"与"天"被用来翻译 *Deus*/God 这一术语,在致力于中国教会的本地化所做的努力的这段历史,或许对"上帝"之名会采取理解、同情和接纳的态度。

晚明文献中的亚里士多德

中山大学哲学系　梅谦立（整理）

一、毕方济、徐光启《灵言蠡勺》(1623)①

引

亚利斯多②曰："医者欲疗肉体之病，尚须习亚尼玛之学。治人者疗灵心之病，其须习也，殆有甚焉。"③

论亚尼玛之灵能，论记含者

亚利斯多曰："凡经过之事，属于记含。见前之事，属于所司。将来之事，属于望。"④

---

① 黄兴涛编:《明清之际西学文本》第一册，中华书局 2013 年，第 317—354 页。
② 利玛窦没有在《天主实义》里点名亚里士多德，也许此处是亚里士多德最早的中文译名。
③ Aristotle: Nicomachean Ethics, 1096b33 (此后皆简写为 NE); 也参见: Coimbra, Proemium, 1-2: "Huc pertinet illa Aristotelis commonitio in extremo capite libri I Ethicorum, sicuti medici, qui remedia curandis corporibus adhibent, ut munere suo probe fungantur, in animorum cognitione multum operae collocant; ita ac multò potiori ratione Philosopho civili, qui sanandis animi morbis studet, comperta esse debere, quae ad animi scientiam spectant."
④ Aristotle: *On Memory*, 449b25: "As already observed, there is no such thing as memory of the present while present, for the present is object only of perception, and the future of expectation, but the object of memory is the past."

论亚尼玛之灵能,论明悟者

盖欲明悟此物,必令其物合于明悟之司。有形有质者,不可得入,即不可得合。故必脱去私质,取其公共者,与作合而明悟之。若无形无质者,不须解脱,自能成灵像①而作合也。故亚利斯多曰:"亚尼玛者,是万物。"②谓一切诸物,凡有形者,尽归五司。亚尼玛得用明悟者,取其像而通之。无形者,尽归明悟,取其灵像而有之、而通之。则亚尼玛不化为万物,而万物皆备。③ 是得有万物也。如外五司所收之物,皆归公司。若辐辏于毂,为万物之总府,即公司亦可称为万物。④ 内司所收之物,皆归于明悟,而承受之、通达之,亦万物之总府,可称为万物矣。

二、傅汎际、李之藻《名理探》(1630)⑤

卷一,爱知学原始⑥

爱知学者,西云斐录琐费亚,乃穷理诸学之总名。译名,则知之

---

① 灵像即 spiritual images,或言"公共者",即为普遍之概念。该语词多出现于道家、佛家,见《太上太玄女青三元品戒拔罪妙经·卷下》:"或追毁大道圣文及诸灵像。"在佛家则一般指佛像。

② Aristotle: *De anima*, 431b20 – 22。此后皆简写为 DA。

③ 《孟子·尽心上》:"万物皆备于我矣。反身而诚,乐莫大焉;强恕而行,求仁莫近焉。"

④ DA 431b21,亚氏认为:"'灵魂'的一个命意,是统概了'全宇宙'的。宇宙包涵了一切感觉事物和一切思想(理智)事物。"

⑤ 傅汎际、李之藻:《名理探》,上海三联书店 1959 年,第 7—8 页。

⑥ 这章的主要内容是亚里士多德的生平。在《天主实义》中,利玛窦没有提到亚里士多德的名字。《灵言蠡勺》(1623)提及"亚利斯多",很可能是亚氏的名字首次出现在汉文文献中。关于这章所述的亚里士多德的信息,前半部分(出生时期及学习经历)在柯因布拉评注中可以找到对应;而后半部分(与亚历山大的关系及死亡)则没有在评注里出现。

嗜；译义，则言知也。① 古有国王问于大贤人曰："汝深于知，吾夙闻之，不知何种之学为深？"对曰："余非能知，惟爱知耳。"②后贤学务辟傲，故不敢用知者之名，而弟取爱知为名也。

古称大知者三人：一索加德，一霸辣笃，一亚利斯多特勒。亚利学问尤深，后学宗焉。亚利者，马测独尼亚国人，生于天主未降生前三百八十一年（周安王二十年己亥，距孔子殁后六十年），③距今两千有九年矣（天启丁卯）。④ 初受学于索加德。索加德殁，又学于霸辣笃。⑤ 在门二十年，聪颖无俦。霸辣笃独讃为明悟者，谓他弟子不乏明悟，然惟亚利则可谓全明悟者也。⑥ 讲堂中诸弟子在，亚利不在，

---

① 艾儒略在《西学凡》（1623）中把 philosophia 音译为"斐录所费亚"，意译为"理学"。《名理探》首次提到 philosophia 的本意，即爱知学。参见梅谦立：《理论哲学和修辞哲学的两个不同的交互方式》，收入景海峰主编《舍薪集》，北京大学出版社 2007 年，第 89 页。虽然"知"与"智"在古代汉语中常常通用，但也许《名理探》用"知"而非"智"来对应亚里士多德的 episteme 概念是有意为之。对于傅汎际和李之藻没有把 sophia 译成智慧，陈启伟教授表示了认可，他认为，这个词"在希腊文中确实有比'智'更宽泛的含义，可以指一般所谓的知或智能（不是智慧）。所以译为'爱知学'也并不错"。参见 Bernard Hung-Kay Luk, "Aleni introduces the Western Academic tradition to seventeenth-century China, A study of the *Xixue Fan*", in *Scholar from the West, Giulio Aleni S. J.（1582-1649）and the Dialogue between Christianity and China*, edited by Tiziano Lippiello and Roman Malek, Monumenta Serica XLII, Nettal: Steyler Verlag, 1997, p. 463.

② 国王指 Leo of Phlius；大贤人指毕达哥拉斯（Pythagoras）。在《图斯库伦的论辩》中，西塞罗描述了这次对话：Cuius ingenium et eloquentiam cum admiratus esset *Leon, quaesivisse ex eo*, qua maxime arte consideret; at illum: artem quidem se scire nullam, sed esse philosophum (Tusculanes V. 3).

③ 柯因布拉评注第 6 页说公元前 381 年。现在的研究一般认为亚里士多德出生于公元前 384 年。

④ 表示《名理探》这个部分是天启丁卯（1627）写的，或者在那时进行了最终的修改。

⑤ 柯因布拉评注第 6 页说亚里士多德跟苏格拉底学习了三年。《名哲言行录》中，拉尔修没有提到亚里士多德做了苏格拉底的学生。现在学者一般认为苏格拉底去世于公元前 399 年；当时，亚里士多德还没有出生。公元前 367 年，亚里士多德进入柏拉图的学院。

⑥ "明悟者"对应原文"真理的哲学家"（*philosophia veritatis*, Coimbra 评注第 6 页）。

视若空庭;诸弟子不在,亚利独在,若高朋满座焉。①

亚利明声四讫,斐理薄王延为历山太子之师。王常谓天主以太子赐我,其恩大;又以亚利赐我为太子师,其恩尤大云。历山深感亚利之教,常曰:"我爱亚利如我父然。盖父与我以生,亚利与我以义理而生也。"②

大日理达者,亚利诞生之乡也,其城遇灾而坏,历山既立为王,为亚利故,新其城,比前更壮。③ 历山王已得修身、理国之教,欲穷万物之性,遣数人徧游天下,咨访草木禽兽奇怪物类,所费金四十八万有奇。④ 亚利缘此,益以尽知生者觉者之性而发明之。亚利常在王所不离;后王更欲大惠其教于四方,乃听亚利阐教于外。亚利乃往亚德纳大城而立学焉。居三十年,一国高士皆受其训。

后欲更穷宇内名理,远诣耦百亚岛,及嘉尔际德城。⑤ 复居数

---

① 柯因布拉评注第 6 页提及了这个故事。

② 参见:Plutarch, "Alexander" Parallel Lives: "Aristotle he admired at the first, and loved him, as he himself used to say, more than he did his father, for that the one had given him life, but the other had taught him a noble life."高一志在《童幼教育》卷上"教之助第四"有相似的说法。值得注意的是,这里的表述方式已经将这个故事基督化了:好像古代国王与在华传教士都信仰同样的天主。

③ 公元前 348 年,斐理薄王征服了亚里士多德的家乡即大日理达(Stagira)。

④ 按照 Pliny 的 Natural history Ⅷ 17,亚历山大支持了亚里士多德的研究调查,使他后来得以写成《动物篇》(The Animals):Alexander the Great, being inflamed with a strong desire to become acquainted with the natures of animals, entrusted the prosecution of this design to Aristotle, a man who held the highest rank in every branch of learning; for which purpose he placed under his command some thousands of men in every region of Asia and Greece, and comprising all those who followed the business of hunting, fowling, or fishing, or who had the care of parks, herds of cattle, the breeding of bees, fish-ponds, and aviaries, in order that no creature that was known to exist might escape his notice. By means of the information which he obtained from these persons, he was enabled to compose some fifty volumes, which are deservedly esteemed, on the subject of animals.

⑤ 指 Euboea 及 Chalcis。实际上,作为马其顿人的亚里士多德在雅典受到了排斥,是被迫离开的。《名理探》试图把亚里士多德塑造成一个官方知识分子,如同中国的士大夫一样。

年。耦利波海潮,昼夜进退七次,亚利欲究其故,殚力穷思,经年不倦。老而有疾,且亟,犹恳切祈于造物主曰:"万所以然之最初所以然,幸怜而启我。"乃卒。①

亚利门徒甚多,所著书四百卷,今所存者一百二十卷而已。② 物物之性,性性之理,无不备解。其设教,必务透明义理,有不明难解者,待高才好学之士与习焉,其钝且惰者,令专他业,不欲其枉消时日也。亚利因人识力有限,首作此书,引人开通明悟,辨是与非,辟诸迷谬,以归一真之路。③ 名曰"络日伽"。此云推论名理,大旨在于推通,而先之十伦,以启其门。博斐略又为五公称之论,以为十伦先资矣。④

高一志《童幼教育》(1632)⑤

卷一,教之助第四

斐理伯徃为大国智王,初闻世子生,曰:"天主赐我以子,喜其可以承祧;又有亚里斯多名贤在,可以师之,可喜之甚矣!"其子名历山,学既成,有臣问曰:"斐理伯,王父也,亚里斯多,王师也,二恩孰大?"王曰:"父使我嗣国为王,师使我为国明王,彼传性,此传学,则

---

① 关于亚里士多德的死亡有好几个说法,不过,这里的说法是在亚里士多德去世很久之后才出现。本来说明亚里士多德晚年继续研究,坚持了科学研究的精神。当然,一天内七次海潮的事情也是可疑的。这里的故事已经基督化了,主要说明人们需要谦虚,承认自己知识能力有限,要祈求天主的帮忙。

② 公元前1世纪,Andronicos of Rhodes编辑出版了亚里士多德的著作。《名哲言行录》也提供亚里士多德著作的名单。

③ 关于亚里士多德的逻辑著作是什么时候写的,还很难确定。这里"首作此书"反映出哲学教育过程中,要在一年级时就学习逻辑学。

④ 博斐略(Porphyry)今译为波菲利。"十伦先资"指《范畴篇》的"导论"(Isagoge)。

⑤ 黄兴涛编:《明清之际西学文本》第一册,第229—240页。

善师之助亲多矣。"①

亚里斯多氏曰:"人神定而学知。"淫者常被诸欲所侵,如海被四风所鼓,反复退进,易变无恒,岂能立定于学也!若其心之明者,淫欲一入乎衷,遂发污霾重雾,蒙晦灵才,②填塞理窍,不使切思物义,剖析正邪善恶矣。譬之目焉,其睛无所不照,惟被微尘之垢,即蒙而无所用。嗟乎!吾心得其净洁,无理不穷,无物不格,而或蒙污浼,即昏然弃正业,而流于卑陋,无所底止,于实学尚何望焉!③

卷二,文学第三

古西名王有子曰历山,傅以亚里斯多,命之曰:"尔师大贤,幸甚,勿懈于学。吾昔未成学而听政,几不胜任。兹尔当国重统,以吾为戒可也。"④

或问于亚里斯弟名贤:"智者与愚何异?"答曰:"并置诸异界,则知之矣。"吾以为并任之国政,必不可匿也。智者至于他邦,必闻其

---

① 亚里士多德曾作为亚历山大大帝的教师,为期五年。参见:Plutarch, *Parallel Lives*, *Alexander*: "Aristotle he admired at the first, and loved him, as he himself used to say, more than he did his father, for that the one had given him life, but the other had taught him a noble". 维基欧(Ⅱ.4, p.57: 13-20)、托雷斯(Ⅵ.1, p.268)、玻尼法爵(Ⅰ, 26v)都提及这件事。也许对中国人来说,亚历山大将亚里士多德列于父亲之前乃不孝之举。

② "灵才"利玛窦在《天主实义》所用的新语,现一般翻译为"理智"(intellect)。

③ 文中强调了心灵状态的重要性,否则无法对事物有正确的理解。在福音中,孩子们常常拥有纯洁的心灵,而耶稣的门徒则不同,他们有时会彼此竞争。参见《马尔谷福音》九33—37,十13—16;《路加福音》十八15—17。"实学"的根本基础就是纯洁的心灵。

④ Plutarch, "Sayings of the Kings," *Moralia*: "He [Philip] charged him [Alexander] to be observant of Aristotle, and study philosophy, That you may not, said he, do many things which I now repent of doing." 托雷斯提及了:"Esto te aviso hijo mio, porque despues con la ignorancia no hagas muchas cosas indiscretamente en el govierno de tus estados, como yo he hecho por no tener este soccorro de sabiduria"(Ⅵ.1, p.266)。也参见前面的《教之助第四》。

政,大小敬仰而信从之;若其愚者,所至莫之顾矣。①

卷二,寝寐第八

亚里斯多氏,古性学大宗也,向务格物究理,屡忘日用之薄需,连星于日而不觉,苟不得已,聊安以补力,必先持铜球一枚,然后闭目,未久,球落于铜盘,即惊醒,不使久寐也。②

艾儒略《性学觕述》(1640)③

卷一,生觉灵三魂总论

西土穷理之学,论宇内诸物,悉繇四所以然而成:一曰造,一曰

---

① Diogenes Laertius, *Aristippus*, II. 4: "On one occasion he was asked in what respect a wise man is superior to one who is not wise; and his answer was, 'Send them both naked among strangers, and you will find out.'" 对于这一故事,托雷斯有所发挥:"El philosopho Aristippo que preguntado que ventaja hazian los hombres doctos a los ignorantes, respondio: Pon los entre gente no conocida, y veras lo que pides; y en realidad de verdad es assi, que aunque el letrado y el que no es, en lo natural son hombres, mas la forza del Sabio, tiene un privilegio de hidalguia tan conocida, que entre gente politica, y barbara, entre grandes y pequeños, entre conocidos, y estraños se haze respectar y reverenciar"(VI. 3, p. 275). 高一志以托雷斯的这番话为基础。另外,也可以跟《论语》1.10 进行比较:"夫子至于是邦也,必闻其政。"在《教之助第四》中,"亚里斯弟"(Aristippus of Cyrene)被译为"亚里第颇"。

② Diogenes Laertius, *Lives of Eminent Philosophers*, Aristotle: "And whenever he went to bed, he used to take a brazen ball in his hand, having arranged a brazen dish below it; so that, when the ball fell into the dish, he might be awakened by the noise."托雷斯也提到了这个故事(XII. 4, p. 516),不过,他没有使用《名哲言行录》作为故事的文本来源,而是使用意大利学者 Pietro Crinito(1475—1507)的 *De honesta disciplina*(1504)。在《睡答》(1629)中,毕方济也提到了这个故事。参见毕方济:《睡答》,收入钟鸣旦、杜鼎克主编:《耶稣会罗马档案馆明清天主教文献》第六册,台北利氏学社 2002 年,第 415 页。这个故事的寓意类似于中国的"发悬梁,锥刺股"。

③ 黄兴涛编:《明清之际西学文本》第一册,第 241—316 页。

为,一曰质,一曰模。造与为皆在物体之外,而质与模则在物内,合成其物者也。造复有,有大小焉,有公私焉。大者公者即天地大主,为造化之宗,万有之原也;小者私者为寰宇物品,或能自传其类,或能助物以传其类。自传者如人畜草木等,助传者如天地日月星辰等,此皆可称为造作也。亚利斯多西贤曰:"人合天地之功乃能生人,设无人功,天地固不能自生一人,倘使人不借天地之覆载生育,又胡能自存以传人类乎?"夫以天地功用,陶铸万物,亦可谓公且大矣。然从造物大主视之,则天地又且为小为私。总之非赖造物主至大至公恩力,毋问物之小大,皆不能成也。故论造物主全能,不必待小者私者之助然后化成万物,所繇俾各类各传者,亦造物主顺就其生生之序,始以无物生物,今以有物生物也。

卷四,口之官

问:"口之司何为但论啖味,不及语言?"曰:"语言之发,非关于触觉以定趋避,乃灵明所用以接于外,便于人我之相通,而为耳听之界,非另为一觉者也。"若论人言与禽兽之声,又有一论。盖欲成此音,必先由肺。肺能呼吸外气,一以凉心,一以成音。故凡无肺而不能呼吸者,虽有知觉,不能有声音,水族是也。又当繇喉,昔者亚利斯多之论人声者云:"声者,呼吸之激也。"气自肺而冲喉,有意以表内情也。盖造物主与人以能言之具,以显其心中之意;与兽以能鸣之具,以畅其血气之情。其为声有二:其一无节,为吼为啼,为嘶为吠,禽兽胥有之;其一有节,为言语,则独人类有之。无节之声,用气与肺与喉足矣。至于有节之言,二者之外又须外具,如舌如唇,如牙如齿,其齿至少亦须有四。若无此具,如老者,如缺齿者,其声不能明亮,以其无齿牙调切也。

卷五,论涉记之职

前此所言涉记之藏,在脑第四穴,是乃古圣多玛与诸贤公论者,人或未信。试观人有遗忘,不知不觉,忽以手搔脑后,即探得之,或忽将头一侧,又或俯首沈思及其偶记一事,或对人共语,觉其有当,不觉便为首肯,皆其证也。谁谓心之所动不关脑乎？然涉物象而存记者有如印书,印时匀净,到底易明；印得模糊,到底难明。欲求善记,非可忽畧当之矣。多玛圣人与亚利斯多云："人所为涉焉而能久记者,必其所觉之物向已了然,故临期不待索而自至。若于初觉之时不反诸己而自觉其觉,鲜不漫患遗忘者。"故涉记之用有二：一为见记,一为追记。见记者,向所已觉,随时记出；追记者,向所含存,而今忽忘,则复追思,引其端绪,而后恍然得之。譬如握铁链者,握其一圈而诸圈一一相继也。见记者,人物所共备；追记之能,禽兽所无,人类独有,未免略用思想。禽兽素不能思,故鲜追忆,亦缘所留之象原属半泯半存。若全存则全记矣,全泯则不复记矣。

卷六,论嗜欲与爱欲

问曰："爱欲之能主嗜欲也,何验？"曰："其验有四：或命五官视、听、尝、嗅、触摸一物,以发情,此一验也；或命内职存想一事,以发其所愿。如欲生恐惧,则命内职注一投诸必死之想、一极可惊骇之景；欲生喜乐,则命内职注一得意快乐之想、一异常可喜之景,此二验也；有时不借五官内职之想与状,而直命嗜欲陡发喜、乐、愤、怒等情。据亚利斯多云,如一名将临阵,设有攻敌,直鼓义勇,以作三军之气。此鼓勇正是灵明之上情所命,三验也。"

卷六,论运动

论其役使,则按亚利斯多与多玛斯等所论,人畜自有不同。在人有三：一为明欲,一为嗜欲,三为愤欲。盖人之明欲,悉随明悟所指,力趋而行。爱欲如君,明悟如相,百体如群臣,以听上之命。奈有嗜欲、愤欲二宵人者,献谀其间,粉饰是非,引诱大君,以从五官所好,致与义理相反。但此二宵人,不过隶役之贱,能诱之,不能强之。此二隶者,于上则为谐媚之臣,于下又为承宣之吏,从思想所指令而即力行之,时而当理,与明悟所定者合,譬之七政运旋,繇东而西,悉循宗动天之所带，上动乎下，是谓义理之动；倘嗜欲不遵明悟指引而悍然自恣，此如七政自西而东，逆宗动天而自运，下违其上，是为非理之动。

卷七，论寤寐

或问："寐为知觉之收敛，令五官宁静是矣。其忽然而成寐者，何也？"曰："此有二说。"古闻士加勤讷有言：人与禽兽之魂，调摄百髓，使四肢官窍，各司其事，出力以尽职。又恐过用其力，使有节宣。此说与前说相合，然未解何以忽寐之故。亚利斯多又有说云："寐乃饮食粗湿之气，自脾胃腾达脑中，冲塞筋脉，阻其知觉之气，不得通于五官。故五官不能适用，渐成寐也。"盖饮食在脾胃中，如釜炊粟，火沸气扬，上升至于釜盖而止，以沸气之热触釜盖之冷，窒而成水。人之饮食，既因内火消耗，自然发其热气，蒸达于脑。脑原属寒属湿，热气到此，盘旋周匝，遂闭塞其孔窍，而知觉无所通，五官无所运，安得不成寐乎？既知五官觉气，原出于脑，五官所进又纳于脑之公觉，则脑中脉络一塞，自尔外无繇入，内无繇出，寐之所以不觉其来也。

昔亚利斯多刻期立课，须臾不息，不得已，始就片时之寐。寐时地设铜盂，手持铜丸，忽尔手开丸坠，一惊而醒，依然用功矣。雁之群宿于渚也，必以一鸟更番值夜。是鸟又自恐其寐也，每觅一石置爪中，儆省常寤。至于人而毫不自知提醒者，何也？无论竟夜长眠，甚有夜寤而昼寐，以颠倒其世界者，人生几何，可不为之长太息哉！

卷七，论梦

或问曰："前言寤寐矣。寐时有梦者，何也？"曰："梦者，寐中之见闻也。"五官之用，虽止不行，然觉气之在四职者，运而不息。譬之一家然，闭户扃门，其从中检点，或稽窍其外营，表静而里则动焉，人之梦亦犹是。前论脑中有总知、受相、分别、涉记四职。总知者，观前所收外官之象，而聚影像于内焉；分别者，察前所变之相，而胪列以储焉。一至寐时,脾中火气上蒸,内象忽然转动,如走马灯,纸轮旋转,悉因火动。寐中触动其所涉记,如复闻见一番,与昼所历,若无少异。其实虚幻无据,但缘义理不为主张,便至认假作真,从无作有。既在梦中,无能自识其为梦者。即梦中说梦,亦自不能提醒,杂而多昏。亚利斯多曰:"水之定也,照之则清,须眉不乱;有或挠之,则照者随波恍惚,荡漾破碎,无复定形,面或半面,身或半身,可为四目,可生两头。"又如空中浮云,随风变态,现象无已,聚散无踪。寐时浊气上腾,摇动内象,千奇百怪。世所绝无,而无一不为梦中之所有,断续不一,散漫无章。梦中物物俱有,醒则皆虚。

卷八,论呼吸

论水族之嘘吸者,有二说焉。一言水族皆有嘘吸,所凭四端:验以夏时,鱼在水中,开口如嘘吸然;又验水族亦有眠睡,有眠睡则有嘘吸也;又验水族在水上有浮沤,似其嘘吸所出之气也;又验之以小口之瓶,贮水蓄鱼,开其口则鱼久活,闭其口则气不通而鱼闷死。如其不赖嘘吸,何繇闷死?此皆有嘘吸之说也。一谓嘘吸者,以凉气调内心之热,有肺藏者皆有之。然其肺不同,水鸡、水鼠、玳瑁、江豚、鳄鱼、海鳅之类,其肺淡而寡血,如木耳然。既有肺矣,不免颇存嘘吸;然其内热不甚,无须嘘吸之频,良久乃一换之。然而久闭水中,亦能闷死;虽不频嘘吸,亦不得不嘘吸也。尝见江豚入网,多不能生,以其不得泄气于水面故也。

其余水族,据亚利斯多所论,不以气为嘘吸,所凭七端:一验鱼寓水中,若使开口吸气,水应先入;一验鱼无肺与气喉,况其腹去口甚近;一验嘘吸之时,腹必涨缩,鱼腹如常,知无嘘吸;一验鱼死水底,不见水面有泡,非如他物嘘吸而出气者;一验若使鱼在水中可有嘘吸,则人、物之在水中,皆可嘘吸,而又不然,以此知无嘘吸之气;一验若有气焉,则鱼必常浮水上,不能潜居水底;一验鱼若必用嘘吸以凉其内,则出水之时有气可以嘘吸,不可得死,何为輒死?此亚利斯多之定论也。

卷八，论老稚

问："少者多轻信侫用，老者多疑多吝，何也？"曰："少壮之人，涉世原浅，未遭世人诳诱，偶有闻见，辄易信从；老者谙练世故，屡鉴奸欺，遇事自加持重，是以多疑也。"亚利斯多有云："少者不智，经事少故；老者言多中，历世久故。"此之谓也。少壮之人稀值匮乏，是以轻财；老者多历迍阨，自是惜财，而又爱生之念更殷，子孙之计转笃，未免思多积以厚其生、裕其后也，故吝。

卷八，论生死

亚利斯多曰："生活者，皆身内有元火，而魂寓其中也。"此生活之说，凡人、物俱括其中，为论有三：一论魂为生命之根、诸能之原；一论魂之见在物体，谓之模；一论生命功夫，如养如长，如动如觉等也，故魂存而人物生焉。所谓元火者，盖凡有生之物，必繇干、湿、冷、热四情合并，不可缺一。然而生命所赖，尤在元火之热，用以运行诸功。而热又必需于养。养热者湿也，譬之灯然，赖油而存。

或谓："人之生死惟属一气，聚则生，散则死。"此说指论草木、禽兽之生死则可，人类不然。盖呼吸之气，但为调剂元火之用，绝非生命之本。血肉之气，虽为培扶生长、知觉之用，亦非生命之根。二气虽在一体，俱属依赖。人之死也，必因元火消耗，魂乃离身，呼吸遂止，血肉遂寒。惟魂也，乃生命之本原也。论人生死之繇，全系灵魂。若论一身百体有关生死者，则心为甚。亚利斯多云："百体中，心为生命根本。"心在身之中央，稍偏于左。其偏左者，何也？盖知觉之类，鸟兽之左右惟均，为用皆便。独是人身之左，多属寒而怯弱，故心惟向于左，而以元热翊之。试验人之作用，多须乎右，其左似多憩息，若分一动一静者然；故右必强有力也。心之向左，正是扶弱之意。

卷八，论生死

论心之形，上阔而圆，圆能多容且尊；下窄而锐，锐则禽聚真火。

盖稍似桃实然，其外周有坚薄皮，围护如城，胸腔胁骨如郭也。夫人物之生既繇元火，而元火独寓于心，故心为生息之根。令百体若寒，而心尚热，则可通热以暖身。设心失其热，何身之能复活耶？亚利斯多云："人物之胎也，百体中心最首生；其死也，心独后死。周身之血，虽初成于肝，然有细分到心，炼为至精之气，上行于首，分布四肢，令能知觉运动也。"

卷八，诸情论

忧者为逼迫心神之疾，使真火内促，外体衰弛不支，亦能致死。古亚利斯多，生平最好穷理，无所不格，偶至一海峡间，见潮水一日七长七退，反复穷究，不解其故，忧愤而卒。议者曰："亚利斯多不得海潮，而海潮反得亚利斯多矣。"惜夫！揔之天地间义理无穷，知识有限。穷理固儒者本分，而事理多出于人力之外，必不可强，又奚必为此过忧哉！

奥古斯丁的修辞学：
灵魂治疗与基督宗教修辞[*]

中山大学哲学系梅谦立 肇庆学院 汪聂才

426年,奥古斯丁完成了他20多年前开始写的一本教导基督宗教教师如何讲道的著作——《论基督教教义》(De Doctrina Christiana,以下简称DDC)的第四卷。奥古斯丁在该书中是否提出了一种自己的修辞学,历来学者有不同争议。科伯特(Paul R. Kolbet)在其近年出版的新著《奥古斯丁与灵魂治疗:对一种古典理念的修正》[1]中为我们追溯了一种"灵魂治疗"的传统。这一传统从游吟诗人荷马到苏格拉底、柏拉图及小苏格拉底学派,再到希腊化时期和罗马时期,这样一直延续到奥古斯丁。科伯特的研究为我们研究和理解奥古斯丁及其与古典思想之间的关系提供了新的视角。我们试图从作为灵魂治疗的修辞入手,梳理自苏格拉底以来形成的灵魂治疗的修辞传统,以及奥古斯丁对这一传统的承继和他开启的基督宗教的修辞传统,从而肯定奥氏提出了自己的修辞学并在自己的著作和讲道之中将它付诸实践。奥古斯丁那数量庞大的解经作品和讲道是其修辞学的最好注脚和例证,他在讲道中熟练使用灵魂治疗的修辞学,为基督拯救更多的灵魂。

---

* 本文曾发表于《中山大学学报》(社会科学版),2013年第4期。

[1] Paul R. Kolbet, *Augustine and the cure of souls: revising a classical ideal*, South Bend: University of Notre Dame Press, 2010.

一、作为灵魂治疗的修辞

(一) 诡辩与哲学

在家乡塔加斯特和迦太基,奥古斯丁受到了良好的古典教育,包括雄辩术和其他的人文学科(liberal arts),而且一开始他就展示了其演说天赋(《忏悔录》卷三章3)。在这一时期,对他影响最大的书籍当数西塞罗(Cicero)的《荷滕西斯》(*Hortensius*)[①],可以说它转变了奥古斯丁的思想(《忏悔录》卷三章4)。正如这本书的副标题"哲学的劝勉"所示,它引起奥古斯丁对哲学产生浓厚的兴趣,使他"怀着一种不可思议的热情,向往不朽的智慧"。

西塞罗的这本书,点燃了奥古斯丁对智慧的热情和追求。这对他产生的第一个影响就是区分辞藻和思想内容,也就是区分了两种修辞:诡辩的与哲学的。这两种修辞在古希腊已有区分,传授诡辩术是智术师们赖以为生的手段,而哲学的修辞则可以追溯到苏格拉底。苏格拉底在面对雅典人的申辩中一开始就指出真理与修辞的差别,他说"演说家的德性就是说真话"[②],他自己即是说真话,而不是如控告他的人所言,"说话很聪明"(《申辩》,17b5)。

"说话很聪明"的人是智术师,他们向年轻人兜售诡辩术,教他们在公共生活中如何取悦、说服人们从而取得成功。在当时的雅典,想要在公共生活中取得成功,就需要一个如簧巧舌,需要熟练的

[①] 现已遗失。从其他一些作品中我们也得知有这篇小文,但其残篇多是在奥古斯丁的著作中得以保存:*Contra Academicos*, Ⅲ, 14:31; *De beata vita*, Ⅹ; *Soliloquia*, Ⅰ, 17; *De civitate Dei*, Ⅲ, 15; *Contra Julianum*, Ⅳ, 15:78; *De Trinitate*, XⅢ, 4:7, 5:8; XⅣ, 9:12, 19:26; *Epist*. CXXX, 10.

[②] 柏拉图著,吴飞译:《苏格拉底的申辩》(以下简称《申辩》),18a5,华夏出版社2007年。以下柏拉图著作只以通用的斯特方编码标出。

演说技巧，因为不管是在公民大会还是在法庭上，你都需要说服别人支持你。传授诡辩术就成了智术师们营生的手段。在柏拉图的对话录中，高尔吉亚声称一个雄辩家可以赢得各种专业人员，因为熟练的演说家在任何主题上都能比他们说的令人信服（《高尔吉亚》，456b-457c）。而苏格拉底则指责诡辩术是"不需要任何知识的演说术"，"只要发现一些说服人的技巧就行"（《高尔吉亚》，459b-c）。苏格拉底在《高尔吉亚》中还指出，智术师的修辞教育脱离了知识，"它推测什么讨人喜欢，而不思考什么是最好的"（465a）。苏格拉底认为没有知识的修辞就是谄媚，只是为了取悦大众，没有也不会去思考什么是最好的。而这正是苏格拉底自己所关心的。苏格拉底到处"询问""考察"人们是否关心"智慧和真理，以及怎样使灵魂变成最好的"（《申辩》，29e）。不仅要关心智慧、真理和灵魂，还要爱智慧和真理，让自己的灵魂"上升"。①

哲学与诡辩大异其趣，但哲学也需要修辞，以引导年轻人过哲学的生活。哲学如《斐德罗》（*Phaedrus*）中的苏格拉底②，要引导迷恋吕西亚斯（Lysias）讲辞的费德诺，去爱更高更美的东西，引领青年的灵魂上升到诸神之列，哪怕是瞬间也好。柏拉图的苏格拉底拒绝那种只是由专门的说服技巧或者粉饰的言辞构成的修辞。在《斐德罗》中，柏拉图笔下的苏格拉底提出了一种理想的修辞，既由哲学得到补充又为哲学服务的修辞。在这种修辞中，以知识说服别人只是手段，目的在于劝说人们追求智慧，过哲学的生活。也就是说，哲学需要修辞来使青年的灵魂为之着迷，这是一门"施魔的"艺术，苏格拉底称之为"某种凭借言辞的灵魂治疗（$\psi\upsilon\chi\alpha\gamma\omega\gamma\acute{\iota}\alpha$）"（261a）③。哲

---

① 柏拉图在其对话录《斐多》《会饮》和《斐德罗》等篇中皆有谈到。
② 在柏拉图的《会饮》中，苏格拉底更是代表了哲人的形象。参见皮埃尔·阿多著，张宪译：《古代哲学的智慧》，上海译文出版社2012年，第38页。
③ Paul R. Kolbet, *ibid*, p. 31. "Psychagogy"也翻译成"精神教育学"。

学表现为一种治疗,要治愈生病的灵魂。①

(二) 灵魂治疗

科伯特对"Psychagogy"给予了充分的说明:灵魂治疗,指的是"那些治疗的哲学阐述传统——常见于希腊文学之中,与一个成熟的人如何引导不成熟的人通过自身领悟智慧、并将智慧内在化有关;灵魂治疗必须基于知识,并且以适应自身的具体方法,既要考虑接受者的灵魂状态(psychic state),也要考虑特定的场合——来说服。"由此,就当代的研究范畴来说,"灵魂治疗是为了哲学和宗教的目的而独特地使用修辞"。②

苏格拉底在《斐德罗》中提出的"凭借言辞的灵魂治疗",实际上是使用辩证术,引导青年爱上至善、至美,爱智慧,过上哲学的生活,使他们凭借自己灵魂的翅膀"上升"到众神之列,去观照真实。这对青年的引导和教育就是一种灵魂治疗。《斐德罗》中的苏格拉底道出了构成灵魂治疗的要素。首先,哲人(灵魂治疗者)要拥有关于事物的真实知识(knowledge)。若只是拥有说服人、取悦人的演说技巧,而没有每个事物的真实知识,没有了解关于演说主题的知识,就只会如智术师们以演说技巧信口雌黄、颠白为黑,以意见(opinion)误导青年。其次,当然也需要掌握修辞和演说技巧,没有修辞就难以引起人们的注意,也更难说服人。再次,要拥有关于灵魂的知识,更要知道哪种修辞适合哪种灵魂。医生要治病就必须对身体相关部位了如指掌,同样哲人也要对于灵魂有着充分的认识。不仅要了解灵魂的本质,还要了解灵魂的不同种类及其差异——如同演说技

---

① "……所有希腊化的哲人都同意苏格拉底的说法,人类处于痛苦、害怕和罪恶之中,因为他们生活在无知之中:罪恶并不藏在物体中,而是在价值判断中,从而使人沉迷于物体。因此,如果人们被劝导改变自己的价值判断,他们的疾病就可以得以医治。在这个意义上说,所有这些哲学都想成为精神治疗。"皮埃尔·阿多:《古代哲学的智慧》,张宪译,上海译文出版社 2012 年,第 104 页。

② Kolbet, *ibid*, p. 8.

巧各式各样,灵魂也是多种多样,要了解哪种言辞适合于影响哪种灵魂。"把言辞和灵魂的种类以及它们的具体状况分门别类搞清楚,找出所有的原因,从而确定何种言辞适合何种灵魂。"(271a—271b)①最后,就是找到灵魂生病的原因,将这些知识运用于实践中,用恰当的言辞治疗相应的灵魂。

科伯特详细考察了有着古老传统、作为灵魂治疗的哲学,并指出奥古斯丁乃至基督宗教的讲道承继了这样一种哲学。②虽然西塞罗的这本著作是雄辩术课程的阅读书目,但它吸引奥古斯丁的不是辞藻而是内容,它令奥古斯丁"爱智慧",引起他"对哲学的兴趣"。让他认识到言辞不只是为了取悦、说服人,博取荣誉,而是为了引导灵魂向往更高的真理、爱智慧、过哲学的生活。虽然,因为西塞罗的文章中没有提到基督的名字,从小在公教环境下耳濡目染的奥古斯丁读了这篇文章之后并没有"热情勃发"(《忏悔录》卷三章4),投身哲学,但却经由西塞罗在他心里播下了哲学——"灵魂治疗"的种子。

(三) 安布罗修斯讲道

奥古斯丁后来当了九年的摩尼教"听道者"(《忏悔录》卷五章6、10),最终因为见识了摩尼教中一个能解决一切问题的福斯图斯(Faustus),而打碎了研究摩尼教著作的兴趣(《忏悔录》卷五章7)。接着,奥古斯丁到了罗马,又往米兰听当时的主教安布罗修斯(Ambrose)讲道。安布罗修斯年长奥古斯丁14岁③,可以说是奥古斯丁的先例:在罗马受到良好的教育,精通希腊文和拉丁文,阅读了

---

① "真正的修辞艺术当能抓住灵魂的本质,而无论它是简单形式的还是复杂形式的;当能知晓自己是做什么的,面临什么困难;当能明白有哪几类的讲辞和灵魂及其彼此之间的影响。"《斐德罗》,271a—271b5。

② Kolbet,前揭,《导言》。关于哲学作为灵魂治疗,伊壁鸠鲁和斐洛都有谈及,第71页。西塞罗的灵魂治疗则激起奥古斯丁追求不朽的智慧。

③ Peter Brown, *Augustine of Hippo: A Biography*, rev. ed. Berkeley: University of California Press, 2000, p. 71.

普罗提诺(Plotinus)、东方教父、斐洛(Philo)、维吉尔(Virgil)和塞内卡(Seneca)的作品,并担任米兰总督,后因米兰前主教的去世而被米兰信众选为主教。①

科伯特同样指出,"安布罗修斯的作品清楚地表明他的理论获得了古典哲学灵魂治疗观点的支持","当他描述主教的讲道时,安布罗修斯要求要多多使用灵魂治疗传统中常见的隐喻"。② 安布罗修斯熟谙哲学与修辞,但这些对他来说是有缺陷的,它们需要信仰,需要"上帝的圣言"。安布罗修斯说过:"辩证法并不能令上帝高兴地拯救祂的人民,因为上帝的国是由简朴的信仰构成的,而不是世俗的争论。"③因此上任主教之后,安布罗修斯熟练地使用哲学和修辞来反驳异教哲学和修辞,并且告诫他的会众,既不要跟随哲学传统也不要跟随似是而非、徒有其表的劝说言辞,而是应该"与真理的原则(regulam ueritatis)相一致,这才是从上帝启示的话语中所阐明的,而且是要注入信徒的心中的"。④ 尽管安布罗修斯受到古典哲学的影响,但他发扬的是一种独特的基督教修辞——这就是像甘露一样从天而降的上帝的圣言,"用其神圣的讲道陶醉人的心灵和灵魂"⑤,这在他看来,比只是推论的理性更甜美也更有效力。

虽然"上帝圣言"才是真理,具有神圣的能力,安布罗修斯在讲道中仍然强调要使用灵魂治疗式的修辞。他在写给一位新晋主教的书信中说:"讲道要流畅,要让它们清晰易懂,借助适当的争论将芳香注入听众的耳中,凭借你话语的魅力也许能说服听众心甘情愿

---

① Kolbet, *ibid*, p. 74.

② Ibid., pp. 75 – 77.

③ 安布罗修斯:《论信仰:致格拉提安皇帝》(*De fide ad Gratianum Augustum*)1.5.42 [CSEL 78:18.29 – 31],载于 Kolbet 前引书。

④ 安布罗修斯:《创世六日》(*Hexaëmeron*)2.1.3(CSEL 32.1:42.14 – 18),载于 Kolbet 前引书。

⑤ 安布罗修斯:《圣咏 118 讲解》(*Expositio Psalmi cxviii*)13.23 – 24 (CSEL 62:294.22 – 295.24),载于 Kolbet 前引书。

听从你的指导。"①因此,安布罗修斯也鼓励要使讲辞适合听众的灵魂状态,以最大限度地发挥讲道的效果。虽然,奥古斯丁只着眼于安布罗修斯讲道的辞令而不是内容,但他"所忽视的内容"和他"所钦爱的辞令"一起进入他的思想中(《忏悔录》卷五章 14)。另外,安布罗修斯使用的寓意解经法(allegorical interpretation),让奥古斯丁认识到不能拘泥于字面的意思来理解圣经,而是要理解其文字的精神(《忏悔录》卷五章 14)。安布罗修斯的讲道和对"学园派"原则的理解而抱有的怀疑精神,不仅帮助奥古斯丁认清并脱离了摩尼教,也让他认识到哲学的局限:"至于那些不识基督名字的哲学家,我也并不信任他们,请他们治疗我灵魂的疾病。"(《忏悔录》卷五章 14)

生病的灵魂需要治疗,灵魂为会何生病? 这要么是因为意见的误导,灵魂爱上不该爱的事物,陷入痛苦之中;要么是因为获得了知识却不按知识实践。苏格拉底说"知识即德性",因为他认为既然有了知识,就会按照知识来行事,就不会犯错。不按照知识来行事是没有真正的知识。这种言与行的不一,$λόγος$ 与 $ἦθος$、sermo 与 vita 的断裂就是灵魂生病的原因。②

"灵魂治疗是为了哲学和宗教的目的而独特地使用修辞。"科伯特指出西塞罗灵魂治疗的哲学和安布罗修斯灵魂治疗的讲道对奥古斯丁的影响,而灵魂治疗的目的是为了劝告听者过哲学或宗教信仰的生活。正如阿多所说哲学"作为一种生活方式",③信仰更是要作为一种生活方式,过信仰的生活。只有言与行的一致,践行哲学的、信仰的生活,灵魂才能真正得以治愈。386 年夏,奥古斯丁在加西西亚谷(Cassiciacum)与一些朋友过起了爱智慧的生活。奥古斯丁自己则称之为"基督徒的悠闲生活"(*Christianae vitae otium*)。④

---

① 安布罗修斯:《书信集》(*Epistulae*)36.5 (CSEL 82.2:5.48-53),载于 Kolbet 前引书。
② Kolbet, *ibid*, pp. 45-47.
③ 阿多也指出哲学理论与哲学对话之分。
④ Augustine, *Retractationes*, I.1.1;Brown, *ibid*, p. 108.

随后,奥古斯丁于 387 年接受洗礼,391 年晋铎,395 年被选为希波主教。从 391 年直到奥古斯丁去世的 430 年,奥古斯丁做过无数次的讲道。① 毫无疑问,奥古斯丁是过上了言行一致的生活,过上了哲学的生活,后来更是过上信仰的生活。在他的信仰生活中,他又以成千上万次的讲道治疗无数信众的灵魂。

二、奥古斯丁的修辞学

由于修辞与希腊罗马异教文化之间的密切关系,基督宗教早期神学家们,对异教的修辞持质疑态度。但在面临为教会辩护,驳斥分裂者和异端时,为了使基督信仰赢得更多的灵魂,他们需要在公众面前讲解《圣经》,这需要以修辞为传播福音的工具。奥古斯丁与安布罗修斯一样认识到修辞的重要,他不仅在著作与讲道中都充分发挥了修辞的作用,而且写作了一本《论基督教教义》(*De Doctrina Christiana*,以下简称 DDC)。该书第一、二卷和第三卷的大部分写于 396—397 年,第三卷的结尾与第四卷则写于 426 年。该书虽然称为"doctrina",实则与基督宗教教义没多大关系,而是一部解经学著作。奥古斯丁自己在《订正录》(*Retractationes*)中即已说明"前三卷是为解释《圣经》提供帮助,第四卷是关于如何阐明我们的理解"②。因此该书分成两部分,第一部分写作目的是告诉基督宗教教师们如何理解和解释《圣经》,第二部分告诉他们如何讲道传播真理。

在第四卷中,奥古斯丁多处引用西塞罗,并称其为"那位伟大的罗马演说家",可见西塞罗对奥氏的影响之大。一些学者甚至认为,

---

① 德罗布纳(Hubertus R. Drobner)与皮埃尔·帕特里克(Pierre-Patrick Verbraken)认为奥古斯丁的讲道数量高达 8000 篇左右。

② Augustine, *Retractationes*, Ⅱ.2.1. 英译本参见 Boniface Ramsey 译注, *Revisions*, *The Works of Saint Augustine*: *A Translation for the 21ˢᵗ Century*, Ⅰ. vol. 2, New York: New York City Press, 2010.

奥古斯丁完全借鉴甚至重复了西塞罗的修辞学,虽则他是在基督宗教的背景下提及,但没有什么新意可言,也没有他自己的修辞学。① 然而,有一点不可否认:《论基督教教义》第四卷是第一部基督宗教修辞学手册。奥古斯丁改造希腊罗马修辞学的目的,以用于将大众的灵魂引向基督真理,他通过神圣化希腊罗马修辞学的异教因素,开创了基督宗教修辞学。② 按照科伯特对"灵魂治疗"的定义,显然奥古斯丁的修辞学是一种灵魂治疗的修辞学。接下来,我们要考察奥古斯丁开启的基督宗教修辞学,是否满足苏格拉底在《斐德罗》中提出的灵魂治疗的元素。

(一)智慧与口才

在第四卷开篇,奥古斯丁既已言明该书不是要成为一部修辞学著作,因此,我们也不能将这本书视为古典修辞学著作。首先,就该书的意图而言,它不同于古典修辞学。奥古斯丁重复其在第一卷一章的话:"一切对《圣经》的解释依赖两样东西:理解的方式和表达所理解的方式。"(DDC,Ⅳ.1.1)这里需要"理解的(intellegenda)"指的是《圣经》,是"上帝之言"(word of God)。因此,该书的意图是如何理解《圣经》,然后在讲道中如何向信众解释《圣经》。其次,该书的写作对象是基督宗教的教师,是为他们如何更好地讲道而作。为此,奥古斯丁认为首先就要区分智慧与口才(eloquentia)。

在第四卷开篇不久,奥古斯丁就指出:

---

① 哈拉德·哈根达尔(Harald Hagendahl)在其大作《奥古斯丁与拉丁古典作品》(*Augustine and the Latin Classics*, Göteborg, 1967, pp. 565 – 567)中即认为,奥古斯丁的教导基于西塞罗引入罗马的修辞系统之上,认为奥氏紧随西塞罗,以致毫无新意和原创的理论系统,只是做了点修补工作。马鲁(H. I. Marrou)同样在其著作《奥古斯丁与古代文化的结束》(*Saint Augustine et la fin de la culture antique*, Paris, 1938, p. 520)中断言,奥氏是在重复西塞罗,将这位基督宗教的重要神学家视为伟大的罗马雄辩大师。

② Richard Leo Enos, Roger Thompson, etc. *The Rhetoric of Saint Augustine of Hippo*, Baylor University Press, 2008, p. 4, p. 315.

> 但是由于有些人粗俗不雅、平淡无味地使用这些方法，另一些人则用得机智、优雅而充满活力，所以我们所谈到的工作应当由能够富有智慧地说话或者辩论的人来担当，就算他没有口才，至少对听众有益；当然如果同时能言善辩，那对听众的益处更大。但是，我们必须当心那些空有口才、夸夸其谈的人，如果听众喜欢听不值得听的话，以为因为讲话者富有口才，所以所讲的必是真理，那就更要当心了。（*DDC*, Ⅳ.4.7）①

在这里奥古斯丁如同柏拉图一样，区分辩证与诡辩。沙利文（Thérèse Sullivan）在其译注中也指出，奥古斯丁同西塞罗一样，回溯到亚里士多德关于辩证的（或务实的）与装饰性的（或情绪的）劝说的区分。"他们一定都认识到事物（*res*）——辩证——是根本的和必要的，没有它修辞只是既假又空的东西。"②显然，奥古斯丁在这里间接指责和反对的是智术师的诡辩，他们将事物（*res*）与修饰（*ornatus*）分离开来。这里的"*res*"，指"事物本身"，也即哲学与辩证，也是奥古斯丁所说的智慧"*Sapientia*"；而"*ornatus*"则指修饰性的修辞和口才，也即奥氏所言"空有口才，夸夸其谈"。"没有口才的智慧与国益处不大，但没有智慧的口才通常则是一种危害，绝无益处"。③

智慧的获得来自学习《圣经》，来自对《圣经》意义的正确理解。智慧是根本的、首要的，口才要依赖智慧，为智慧服务。如同德罗布

---

① Thérèse Sullivan 的英译，收录在 Richard Leo Enos、Roger Thompson 等主编的 *The Rhetoric of Saint Augustine of Hippo*（Baylor University Press, 2008, pp. 47–48）中。本文所引《论基督教教义》，按拉丁原文译出，主要参考了石敏敏的中文译本（《论灵魂及其起源》，中国社会科学出版社 2004 年），亦参考 Sullivan 的英译本。

② Thérèse Sullivan, *ibid*, p. 47.

③ "*sapientiam sine eloquentia parum prodesse civitatibus, eloquentiam vero sine sapientia nimium obesse plerumque, prodesse numquam*", Augustine, *De Doctrina Christiana*, Ⅳ.5.7. 奥古斯丁此处引文来自西塞罗 *De Inuentione*. 1.1. 但显然，西塞罗的"*sapientia*"与奥氏大异其趣，奥氏随后补充说："他们不知道真理，即从诸光之父下来的属天的智慧……"

纳(Hubertus R. Drobner)所言,"修辞只是一个中立的工具"①,与其让它被用来为错误辩护,不如用它来维护和教导真理。基督宗教教师要将智慧与口才结合起来,修辞可以成为教导基督宗教真理、纠正谬误的利器。但修辞不是从传授修辞学的人那里学来的,而是从模仿那些既有智慧又有口才的人而得来的。奥古斯丁以保禄(Paul)书信和亚毛斯(Amos)先知书为例,指出《圣经》作者即是将智慧与口才相结合的典型。因此,基督宗教教师要将智慧与口才相结合,学习修辞就要模仿《圣经》中宗徒和先知们的作品,而不是去学习修辞规则。

在强调了智慧要先于口才——后者要为前者服务,口才要与智慧相结合之后,奥古斯丁引入了西塞罗的演说家三种职责(officia)和说话的三种风格。奥古斯丁引用西塞罗的话,指出演说家的职责在于"教导人(docere)、愉悦人(delectare)、说服人(flectere)",并继续引用"那位伟大的罗马著名演说家"的话说:"教导是一种必要,愉悦是一种美,说服是一种胜利。"②对应这三种职责(也称为三种目的),奥古斯丁还指出演说的三种说话风格:"以低沉的风格说细小的事情,以平和的风格说中等的事情,以庄重的风格说重大的事情。"③

这即是从古典修辞学而来的修辞技巧,就技巧本身来说似乎与古典修辞学并无二致。从字面上来看,在三种职责上,似乎奥氏只是将西塞罗在《演说家》(Orator, 21.69)中的"*probare*"(证明)替换

---

① Hubertus R. Drobner 著,汪聂才译:《布道者奥古斯丁:古典演说家与牧灵者》,梅谦立、张贤勇主编:《哲学家的雅典基督徒的罗马》,中国社会科学出版社 2012 年,第 82 页。

② Augustine, *De Doctrina Christiana*, Ⅳ.12.27. "*Dixit ergo quidam eloquens, et verum dixit, ita dicere debere eloquentem ut doceat, ut delectet, ut flectat. Deinde addidit: Docere necessitatis est, delectare suavitatis, flectere victoriae.*"

③ Augustine, *De Doctrina Christiana*, Ⅳ.17.34. "*Is erit igitur eloquens, qui poterit parva summisse, modica temperate, magna granditer dicere.*"

成"docere";而三种说话风格则完全来自西塞罗。奥古斯丁并不是记错了西塞罗的原文,而是有意修改了它。① 如同福尔廷(Ernest L. Fortin)指出的,这看似简单的修改,实则意义深远,也因而才有了奥古斯丁自己独特的修辞学②,即奥古斯丁修改的"教导"(docere)和教导的目的与内容是基督宗教真理。"probare"有"证明、赞成"的意思,由它引申出另一个词"probabilism(或然论)",这成为古代怀疑主义尤其是新学园派的一个重要学说,认为确定的事情是难以达到的,可能性则成为标准。③ 奥古斯丁的"docere"则肯定确实性,肯定真理和智慧的存在,"docere"(教导)的目的与内容乃是基督宗教真理。奥古斯丁以基督宗教思想更新了古典修辞学,寻求智慧与口才的结合,可以说奥古斯丁乃是基于基督宗教传统来寻求智慧与口才结合的第一人。④ 他寻求这种结合,并非出自个人私利而是为了上帝更大的荣耀,毫无疑问,他的思想对修辞的与宗教的理论与实践的影响,超越了基督宗教传统与罗马帝国。

(二) 教导与真理

奥古斯丁基督宗教的修辞学是智慧与修辞相结合的修辞学,首先与智术师的诡辩区别开来。通过对西塞罗演说家三种职责的更正,以"docere"取代"probare",强调教导的真理乃是信仰真理,这又显示出与哲学辩证法教诲的理性真理的差异。

---

① 西塞罗自己也使用过"docere"这个词,例如:*De Oratore*, 2. 28. 121: *quibus ex locis ad eas tris res, quae ad fidem faciendam solae ualent, ducatur oratio, ut et concilientur animi et doceantur et mouentur*; ibid, 2. 77. 310: *tribus rebus homines ad nostrum sententiam perducimus, aut docendo aut conciliando aut permouendo.*

② Ernest L. Fortin, "Augustine and the Problem of Christian Rhetoric", *The Rhetoric of St. Augustine of Hippo*, Baylor University Press, 2008, pp. 219 - 234.

③ Dagobert D. Runes, *The Dictionary of Philosophy*, New York, Philosophical Library, 2006, p. 251.

④ Richard Leo Enos, Roger Thompson, etc. *ibid*, p. 7.

首先，奥古斯丁强调"docere"（教导）的职责要比"delectare"（愉悦）、"flectere"（说服）更高，也更重要。Fortin 指出，奥古斯丁的修辞学是倒转过来的西塞罗修辞学：西塞罗在三职责中重视的是"愉悦"和"说服"，而在奥氏这里最高的，甚至可以说唯一的是"教导"，这一职责也比修辞天赋和修辞技巧重要的多。

其次，赋予"docere""doctrina"以新的意义——基督信仰的真理，是"神圣的真理和拯救的知识"。① 奥氏删除了西塞罗所认为的修辞中的主要优点——能言善辩。这并不是说，信仰的真理就不应该能言善辩，但若将它描述成能言善辩的"真理"，就会引起听众对它的误解。Fortin 阐述了哲人理性真理与信仰真理的差异所在。哲人爱智慧，但他们并不能拥有智慧。他们因对真理之爱而悬置判断，直到他们提出的理论问题得到完全检验。也就是说，哲人总是在追求真理，但穷其一生也不能达到真理。哲人自称无知，而基督宗教思想家们拥有坚定的信仰。② 信仰真理并不在基督宗教教师这里，而是在耶稣基督身上，在《圣经》当中，是"上帝圣言"。

再次，从对待教导的对象来看，基督宗教是普世宗教，基督宗教教师要将信仰真理传给所有人。奥古斯丁在《论基督教教义》中指出基督宗教教师的职责在于：

> 既要教导（docere）正确的，也要纠正错误的，并在履行这个任务过程中，要将敌对的人争取过来，唤醒粗心大意的人，让无知的人知道他们应该期待什么。（DDC, Ⅳ.4.6）

然而，哲人则认为哲学是危险的，要使大众远离真理，因此他们只将教诲传给少数有天赋的人。虽然通过阅读《圣经》，信众也能接

---

① Augustine, *De Doctrina Christiana*, Ⅳ.21.45, "*rerum divinarum atque salubrium scientiam*".
② Fortin, *ibid*, p.228.

触和熟悉真理,但是讲道者对神圣的奥迹有更深刻的理解。当他面对的听众各异时,他可以按听众所拥有的知识来讲解,以便他们更容易接近和理解真理。然而,所有的基督徒都能在同样的真理知识内共融,讲道者和听众所理解的也是同一个真理。

(三)说话风格与因材施教

虽然对众多听众教导的是同一个真理,但面对不同听众、在不同场合要采用不同的说话方式。奥古斯丁还是借用西塞罗的修辞学,指出为三种目的服务的三种说话风格:

> 凡能以低沉的风格说细小的事情,以便给人知识,以平和的风格说中等的事情,以便令人愉悦,以庄重的风格说重大的事情,以便影响心灵的人,就是雄辩家了。(DDC, Ⅳ.17.34)

如同古典修辞学,奥古斯丁也深知要拥有关于灵魂的知识,要了解自己的听众,也要拥有修辞技巧,知道哪一种风格适用于什么场合,从而能教导怎样的灵魂。这就是要因材施教。

我们的教师诚然应当说重大的事,但他不能总是用庄重的风格,而是要分不同的场合,教训人时用低沉的语调,称颂或者谴责人时用平和的语调。(DDC, Ⅳ.19.38)

奥古斯丁在《论基督教教义》第四卷20章至26章,分别列举《圣经》中宗徒书信和安布罗修斯、西彼连(Cyprian,居普良/辛普里亚努斯,200—258)为例,阐述了各种风格产生的效果以及如何使用这三种风格,又怎样结合使用三种风格。讲道者教导的对象复杂多样,拥有不同的教育背景、阶层、种族以及不同的灵魂,讲道者要针对不同场合、不同对象,使用不同的说话方式,令听众在愉快中接受教导,令他们信服并且付诸实践。"只对所说的真理表示信服,只对表达风格感到愉悦,如果不将所理解的付诸行动,都是徒劳。"(DDC, Ⅳ.13.29)

（四）言行合一与祈祷

如前文所言，灵魂生病的原因，要么是因为意见的误导，灵魂爱上不应该爱的事物，陷入痛苦之中；要么是因为获得了知识却不按知识实践。毫无疑问，基督宗教教师教导信徒或者其他听众的是真正、真实的信仰真理，受到教导之后只有实践信仰真理，过信仰的生活，他们的灵魂才能真正获得拯救。

对于听众如此，对于讲道者更是如此，奥古斯丁更是要求他们应该言传身教、以身作则。奥氏引用《弟茂德前书》四章12节，告诫讲道者："要在言语行为上，在爱德、信德和洁德上，做信徒的模范。"而最高的模范，就是为维护真理而献身。福尔廷也认为，是否愿意为真理而献身乃是是否对真理忠诚的试金石。[①] 回顾早期教会史，我们可以看到无数的护教士为了真理而付出生命。无论是在公开还是私下场合，他们都不会背弃自己的信仰。而就哲人们来说，虽然也有一些受到过迫害，却很少有人为真理而献身。即便是苏格拉底之死，在福尔廷看来，它令哲人们学会的不是为真理而献身，而是明哲保身。[②] 因此，最有说服力的教导乃是以身作则、言行合一的教导。

无论这种风格有多庄严，演讲者自身的生活更能促使听者顺从。因为，说得明智而神采飞扬却活得很邪恶的人，可以教导许多急于求学的人，然而却如经上所说，"但为他自己，却一无是处"。（《德》三十七21）因为，宗徒也说："那有什么妨碍呢？无论如何，或是假意，或是诚心，终究是宣传了基督。"（《斐》一18）基督就是真理；我们看到，虽然不是真心传，真理仍然可以传开。也就是说，真理是可以由心存悖逆、充满欺诈的人传讲的。可以说，那些只求自己的目的而不是为了耶稣基督的人也

[①][②] Fortin, *ibid*, p. 228.

传讲着耶稣基督。然而,因为好的信徒遵循的不是任何人的话语,而是主自己的话语,他说:"凡他们对你们所说的,你们要行要守;但不要照他们的行为去做,因为他们只说不做。"(《玛》二十三 3)因此,[他们所说的]对他们自己一无是处,对听众却大有助益。……他们虽然自己不践行,但他们所传讲的给许多人带来益处;但是如果他们言行一致,为人师表,就能给更多的人带来益处。(DDC, IV.27.59-60)

最后,需要补充的一点是,奥古斯丁特别强调向上帝祈祷对讲道者乃至听众的重要。奥氏认为,虽然说话的人是讲道者,但在教导的却是上帝,是祂通过讲道者之口教导听众。所以,讲道者在讲道之前,要祈祷上帝"将适当的话放入他的口中"。奥古斯丁自己更是经常在讲道中祈祷,也邀请听众一同祈祷:"如同我祈祷你们能够理解这些事情一样,你们也要祈祷我能解释它们。如果我们在祈祷中结合在一起,上帝会使你们如同你们应该的那样来倾听,并且帮助我来偿还所有我对你们的义务。"①

结 论

奥古斯丁不仅有自己的修辞学,而且是为了宗教的目的而独特地使用修辞,为基督信仰而挽救听众的灵魂,教导他们认识信仰真理,过信仰生活。也就是说奥氏的修辞学乃是一种灵魂治疗,这延续了始自苏格拉底的古典修辞学传统,并且以信仰真理"圣化"它,而开启了基督宗教的修辞学传统。奥古斯丁在《论基督教教义》中教导讲道者要为人师表、言行合一,要真正地将真理付诸实践。他自己更是穷其一生而解释《圣经》、教导真理、驳斥异端邪说,并在罗

---

① Augustine, *Sermon* 153.1.

马帝国面临各种变化和问题时为基督宗教辩护。他将这种灵魂治疗的修辞学付诸的实践,就是他写作的解经作品和几千次的讲道。奥古斯丁的朋友和传记作家柏西迪乌斯(Possidius),曾提请他的读者们注意这位希波主教的讲道以及他在言行上的一致。柏西迪乌斯记到,在将近40年的神父和主教生涯中,他"在教会里持续不断、充满活力和极具影响力地以健全的头脑和准确的判断力,宣扬上主的话,一直到最后患病……没有人阅读了他的作品而不会受益。但是我相信,那些能够在教会亲耳听他讲道亲眼见到他的人,受益更大……他的确如人们所写的那样,'怎样说就怎样做'"。①

---

① Possidius, *Vita Augustini*(《奥古斯丁生平》)31,载于 Kolbet 前引书。